基金项目

陕西省教育厅哲学社会科学重点研究基地2014年科研计划项目：
传统价值观在秦东地区农村治理中的作用发挥研究（14JZ011）

2012年陕西省社会科学基金项目：
我国传统价值观在当前农村治理中的作用发挥研究
——以秦东地区农村为例（12Q011）

中华优秀传统文化在新农村建设中的价值与作用研究

——以关中地区为例

钱海婷 著

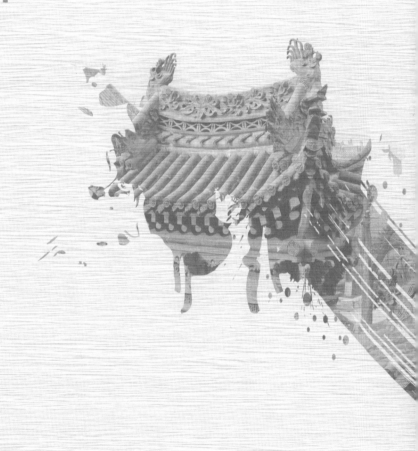

中国社会科学出版社

图书在版编目(CIP)数据

中华优秀传统文化在新农村建设中的价值与作用研究：以关中地区为例／钱海婷著. —北京：中国社会科学出版社，2015.9
ISBN 978 - 7 - 5161 - 6758 - 8

Ⅰ.①中…　Ⅱ.①钱…　Ⅲ.①农村文化—建设—研究—中国　Ⅳ.①G12

中国版本图书馆 CIP 数据核字（2015）第 182388 号

出 版 人	赵剑英
选题策划	刘　艳
责任编辑	刘　艳
责任校对	陈　晨
责任印制	戴　宽

出　　版	中国社会科学出版社
社　　址	北京鼓楼西大街甲 158 号
邮　　编	100720
网　　址	http://www.csspw.cn
发 行 部	010 - 84083685
门 市 部	010 - 84029450
经　　销	新华书店及其他书店

印刷装订	三河市君旺印务有限公司
版　　次	2015 年 9 月第 1 版
印　　次	2015 年 9 月第 1 次印刷

开　　本	710 × 1000　1/16
印　　张	15.25
插　　页	2
字　　数	279 千字
定　　价	58.00 元

凡购买中国社会科学出版社图书，如有质量问题请与本社营销中心联系调换
电话:010 - 84083683

目　　录

第一章　中华优秀传统文化及其价值诉求

第一节　中华优秀传统文化及其基本特征

中华民族五千年文明史，孕育的辉煌灿烂的华夏文化，哺育着勤劳善良、果敢勇毅的中华儿女。中华传统文化博大精深，历史悠久，表现形态多样，是中华文明不可或缺的部分。优秀的中华传统文化反映着中华民族的精神特质和思想观念，是中华民族身份认同、文化认同与国家认同的重要凭据之一。

一　中华优秀传统文化界说

中华优秀传统文化是中华民族几千年文明的结晶，源远流长，博大精深，兼容并蓄，和而不同。从《诗经》、《说文解字》、《尔雅》、《论语》、《孟子》、《荀子》、《老子》、《庄子》、《楚辞》到《水浒传》、《西游记》、《三国演义》、《红楼梦》等，一部部著作典籍书写着中国文学与思想文化的发展脉络；从祖冲之的圆周率、张衡的地动仪到火药、指南针、造纸术等四大发明，无不记录着我们祖先对未知世界的探索及追求科技进步的卓越品质；从仓颉造字到甲骨文、金文、大篆、小篆、隶书、草书、行书到草书，无不记载着中华民族文明史的演进历程；从陈胜、吴广揭竿而起到维新变法、思想启蒙运动，再到孙中山的民主革命，从动刀动枪、师夷长技以制夷到公车上书、科举废除，再到武装起义，直至满清王朝的覆灭，其间既有和风细雨般的变革，亦有暴风骤雨式的革命，这一切无不清晰地记录着中华民族筚路蓝缕的前进轨迹。总而言之，光辉灿烂的中华传统文化不仅是中华民族发展史较为重要的记录形式之一，也是中国社会发展的重要影响因素之一。

人类历史上的文明古国，只有中华文明从未断绝、延续至今。以传统文化为立国之基的中国已屹立于世界之林五千余载，而历史上曾强盛一千多年的罗马帝国，早已荡然无存。在此过程中，中华传统文化在其中发挥的作用是值得我们探究的。然而，在当今时代，有人却认为传统文化已经过时。曾几何时，中华传统文化遭到了打压，甚至变成了"保守"、"落后"的代名词。一段时期，人们唯西方文化是从，崇洋媚外，言必称"希腊"，甚至摒弃了中华民族固有的优秀传统文化。然而，时至今日，人们经历了"群魔乱舞"或"众神狂欢"的喧嚣之后，逐渐开始转为内省，审视昔日的一切，痛定思痛，许多国人已经清醒地意识到，在优秀传统文化深入人心的时代，人民身心安稳，甚至曾享受着"夜不闭户，路不拾遗"的生活。由于对传统文化的背弃，人们的价值观念发生了变化，"夜不闭户"、"路不拾遗"已极为少见，取而代之的是社会活动中恶性事件的频发，以致不少人缺乏内心的安全感。当今，不少人即使主动将自己锁在一道道铁栏内，也可能会遭遇被抢劫或偷窃的厄运。民众在反思，学者在反思，社会在反思。近年来，尤其是党的十八大和十八届三中全会以来，习近平总书记多次强调要坚持制度自信和文化自信，要大力弘扬中华传统文化，推进文化创新。习近平总书记多次指出，中华传统文化植根于中华民族的心灵深处，是中华民族的瑰宝，是华夏儿女的精神家园，应该继承和发扬中华传统文化，使其焕发新的时代魅力。教育部为落实十八届三中全会关于中华传统文化教育的精神，还专门印发了《完善中华优秀传统文化指导纲要》，呼吁全社会重视中华传统文化教育，着力将中华传统文化的教育体系融入课程和教材体系，计划分阶段有秩序地推进中华传统文化教育。我们相信，在中华优秀传统文化指导纲要的规范和要求下，中华优秀传统文化的教育一定会落在实处。这无疑让国人备感振奋，能使其在"迷茫"中找到方向，找到指引前进的启明灯。

中华优秀传统文化的优势在于它从哲学、科学的角度去揭示宇宙、社会、人生的本质和意义，既能充分说理，又不无实证，始终以关心现实社会人生为怀，这些特征不是一般宗教文化能比拟的。一般而言，宗教文化往往建立在人对神灵等异化力量信仰与膜拜的基础之上。因而，宗教与现实社会难免会有脱节之处。虽然也有人根据中华传统文化之中的儒家学说与道家学说的相关特点，提出了儒教与道教的说法，但"儒教"终究不是一种宗教，道家学说和宗教意义上的"道教"也是有区别的。即使依据道家学说而存在的道教，也将希望寄托于今生今世，而非来生来世。今天，在物欲横流的社会中，在各种诱惑中，一些人常常经不起外界的引诱，他们的信仰也难免发生动摇。当宗教不能准确、科学地解释自身及现实社会人生的时候，关注现实社会与现实人生的学问无疑会成为这个时代的显学。今天，航天科技、信息技术、互联网技术、生物技术等日新月异。在这种背景下，科学观念当然很容易被人们接受。尽管如此，人类所面临的困惑仍然是多方面的，尤其是面对现代科技的负面效应而产生的困惑。在此形势下，传统文化所蕴含的人生哲学与生存智慧无疑又成了当代人可资借鉴的宝贵资源。因此，用现代语言把中国传统文化的内涵表达出来，深入发掘中华传统文化的当下价值，无疑有利于传承优秀的民族文化，也有利于建构和谐社会。2014 年五四青年节，习近平总书记在北大与广大青年学生畅言青年的责任和担当时，强调"中华优秀传统文化已经成为中华民族的基因，植根在中国人内心，潜移默化影响着中国人的思想方式和行为方式"①。不仅如此，在国内多个场合，甚至在联合国教科文组织总部的讲话里，习总书记也多次强调尊重不同文明的重要性。在文明问题上，生搬硬套、削足适履不仅是不可能的，而且是十分有害的。一切文明成果都值得尊重，一切文明成果都要珍惜。

二 中华优秀传统文化的基本特征

关于中华优秀传统文化的特征，前贤时俊曾多角度、多维度撰文阐释，我们在这里不赘述前贤的研究成果，而是在前贤时俊研究的基础上，重点从文化习得的角度，阐述中华优秀传统文化的特征。

第一，可继承性。中华优秀传统文化是一代又一代先辈哲人思想的凝结，是中华民族的集体无意识，可以通过后天努力习得。因此，其具有可继承性的特点。2012 年，习近平总书记在参观《复兴之路》展览时曾发表了《承前启后 继往开来 继续朝着中华民族伟大复兴目标奋勇前进》的讲话；2014 年 2 月，习总书记会见连战先生时，作了《共圆中华民族伟大复兴的中国梦》的演讲。在这两个重要讲话中，习总书记都谈到了继往开来对实现中华民族复兴之梦的重要性。基于此，站在新的历史起点上，我们不仅不能对中华传统文化妄自菲薄，而且应该汲取其精华，剔除其糟粕，继承传统文化中优秀的文化，并将其发扬光大。"2014 年 2 月 24

① 潘旭涛：《民族的根与魂》，《人民日报》（海外版）2014 年 7 月 31 日第 5 版。

日，习近平强调，培育和弘扬社会主义核心价值观必须立足于中华优秀传统文化。牢固的核心价值观，都有其固有的根本。抛弃传统、丢掉根本，就等于割断了自己的精神命脉。博大精深的中华优秀传统文化是我们在世界文化激荡中站稳脚跟的根基。中华文化源远流长，积淀着中华民族最深层的精神追求，代表着中华民族独特的精神标识，为中华民族生生不息、发展壮大提供了丰厚滋养。中华传统美德是中华文化的精髓，蕴含着丰富的思想道德资源。不忘本才能开辟未来，善于继承才能更好创新。对历史文化特别是先人传承下来的价值理念和道德规范，要坚持古为今用、推陈出新，有鉴别地加以对待，有扬弃地予以继承，努力用中华民族创造的一切精神财富来以文化人、以文育人。习近平指出："要讲清楚中华优秀传统文化的历史渊源、发展脉络、基本走向，讲清楚中华文化的独特创造、价值理念、鲜明特色，增强文化自信和价值观自信。要认真汲取中华优秀传统文化的思想精华和道德精髓，大力弘扬以爱国主义为核心的民族精神和以改革创新为核心的时代精神，深入挖掘和阐发中华优秀传统文化讲仁爱、重民本、守诚信、崇正义、尚和合、求大同的时代价值，使中华优秀传统文化成为涵养社会主义核心价值观的重要源泉。要处理好继承和创造性发展的关系，重点做好创造性转化和创新性发展。"①

"中华优秀传统文化教育，是构建中华优秀传统文化传承体系，推动文化传承创新的重要途径。当今世界，文化在综合国力竞争中的地位和作用更加凸显，越来越成为民族凝聚力和创造力的重要源泉。"② 因此，我们必须继承中华优秀传统文化，但继承不能仅仅局限于口头上，还必须将其落到实际的行动中，必须去伪存真，切实继承优秀的传统文化。"青少年是祖国的未来，民族的希望，加强对青少年学生的中华优秀传统文化教育，对于培养中华优秀传统文化的继承者和弘扬者，推动文化传承创新，建设社会主义先进文化具有基础作用。"③

第二，可创造性。文化不是一成不变的，而是与时俱进，具有鲜明的时代特征。自 2012 年以来，习近平总书记多次指出，在当前形势下，我们应坚持文化发展，推动文化创新。所谓文化创新就是指文化的可创造

---

① 《把培育和弘扬社会主义核心价值观作为凝魂聚气强基固本的基础工程》，《当代广西》2014 年第 5 期。
② 《完善中华优秀传统文化教育指导纲要》，《中国教育报》2014 年 4 月 2 日第 3 版。
③ 同上。

性，是在文化守正的基础上推动文化创新。经过几千年的历史演变，经过无数的风雨洗礼，流传于后世的文化大都是先民或前辈的心血凝结，是不同文化积淀的结果。不同的文化层，对当今人们的影响力是有差异的。新的历史时期，我们要坚持"古为今用"，使中华传统文化焕发新的时代魅力。当今社会的竞争主要是综合国力的竞争，而文化又是综合国力的一个非常重要的组成部分。因此，提升文化软实力就成了提升国家综合实力的重要路径。为此，我们需要在继承传统文化的基础上，不断挖掘传统文化的当代价值，并融入时代内容，赋予其新的生命。

当前，我国加强中华优秀传统文化教育，正是中华优秀传统文化可创造性的体现，也是"培育和践行社会主义核心价值观，落实立德树人根本任务的重要基础。世界多极化、经济全球化深入发展，国内经济社会转轨转型，深刻变革，现代传播技术迅猛发展，世界范围内各种思想文化的交流交融交锋更加频繁，社会思想观念日益活跃。青少年学生思想意识更加自主，价值追求更加多样，个性特点更加鲜明，社会上一些不良思想倾向和道德行为，对青少年学生健康成长产生了不容忽视的影响。加强中华优秀传统文化教育，对于引导青少年学生增强民族文化自信和价值观自信，自觉践行社会主义核心价值观具有重要作用"[1]，对于文化创新和提升文化软实力具有重要的意义。

第三，受众广。中华民族人口众多，加上生活在海外的华人和华侨，已经占世界总人口的相当比重。生活在华夏大地的中华民族，耳濡目染，或多或少都会受到传统文化的影响，以至根植于他们的内心深处。世界文明古国中，唯独中华传统文化从未断层，一代代口耳相传，绵延至今。不仅如此，中华文化还曾对韩国、日本、朝鲜、越南等国影响甚大，今天，人们依旧能感受到中华文化对这些国家的影响。随着社会经济发展，人口流动日益频繁，中华儿女越洋过海到世界各地求学、生活，他们将中华文化远播四海，并对其他文化也产生一定的影响力。如今，研究中华文化的外国汉学家已越来越多，中华文化典籍的外译工程也日渐成熟，国外的孔子学院在逐年增多，学习汉语的外国人数在逐年递增，这一切都有助于中华文化的传播与弘扬。从某种意义上来说，这无疑增加了中华传统文化的受众。与世界上其他文化相比，中华文化受众的广度就可想而知。基于

---

① 《完善中华优秀传统文化教育指导纲要》，《中国教育报》2014 年 4 月 2 日第 3 版。

此，我们应加强对受众的中华优秀传统文化教育，引导广大受众"更加全面准确地认识中华民族的历史传统、文化积淀、基本国情，认清中国特色社会主义的历史必然性，坚定走中国特色社会主义道路、实现中华民族伟大复兴中国梦"①。

第四，博大精深，影响深远。中华优秀传统文化是中华民族在中国古代社会形成和发展起来的比较稳定的文化形态，是中华民族智慧的结晶，是中华民族的历史遗产在现实生活中的展现。中华优秀传统文化源远流长、博大精深，其蕴含着丰富的文化科学精神，并主要体现在三个方面：一是凝聚之学，中华优秀传统文化是具有凝聚力的文化，这种文化的基本精神是注重和谐，通常将个人与个人、个人与群体、人与自然等有机地联系起来，形成了一种文化关系；二是兼容之学，中华优秀传统文化并不是一个封闭的系统，在中国古代，尽管对外交往受到某种限制，但中华文化还是以开放的姿态实现了对外来文化的兼容并蓄，如吸收佛教文化等；三是经世致用之学，文化的本质特征是促进自然、社会的人文之化，中华优秀传统文化突出了儒家经世致用的学风，它以"究天人之际，通古今之变"（《汉书·司马迁传》）为出发点，以"修身、齐家、治国、平天下"为目标，力求实现其自身价值。

传统文化能否成为治国理政的政治资源，这关涉的乃是"道"的选择，而非仅仅是"术"的运用。一国的政治文明的成熟，固然需要吸收借鉴其他国家的优秀成果，但根本还是要把这棵大树栽培在本国历史的土壤之中。这不仅仅是出于"历史的惯性"的考虑，更是政治的智慧。每个文明都有自己内在的肌理，强行打乱这些理路，只会造成血脉的闭塞、身体的萎靡。因此，在社会主义新农村建设背景下，中华优秀传统文化的当下价值与作用就无法被忽视了。

第二节　中国传统文化的基本价值诉求

价值观是关于价值即人的生存意义的看法、观点和态度，它是"一定社会群体中的人们所共同具有的对于区分好与坏、正确与错误、符合或违背人们愿望的观念，是人们基于生存、享受和发展的需要，对于什么是

___
① 《完善中华优秀传统文化教育指导纲要》，《中国教育报》2014年4月2日第3版。

好的或者不好的根本看法，对于某类事物是否具有价值以及具有何种价值的根本看法，是人们所特有的应该希望什么和应该避免什么的规范性见解"①。"它表现为人们对于一系列基本价值的观念、态度、信仰及理想，是人类生活的精神支柱，决定着人类行为的取向，制约着人们以何种心态和意愿去开创自己的生活，因而它对于人类的生活和社会发展具有重要的指导意义。"②

传统价值观，是指一个民族在长期的历史发展过程中，形成的对客观事物（包括人、事、物）的意义、重要性的惯性的评价标准和看法。中国传统文化历来关注现实人生，"孔子曾说：'未知生，焉知死。'《周易》云：'天行健，君子以自强不息。'正是这种积极入世的人生哲学，培育了中华民族敢于向一切自然与社会的危害和不平进行顽强抗争的精神。中国人自古以来就有不信邪、不怕'鬼'的精神，王充的《论衡》、范缜的《神灭论》便是这方面的记载，他们强调人生幸福靠自己去创造。中国儒家文化所讲的'力行近于仁'，在一定程度上体现了'行重知轻'的认识论思想，这与实践品格具有某种一致性"③。也就是说，早在先秦两汉时期，中国人已经认识到实践是认识的源泉。因此，在实现"四个现代化"的过程中，理论知识固然重要，但我们更应重视社会主义现代化建设中的各种实践活动。

为观照实现人生，中国传统文化非常重视人的内在修养与精神世界，鄙视贪婪与粗俗的物欲。孔子多次论道："德之不修，学之不讲，闻义不能徙，不善不能改，是吾忧也。"④ 孟子提出"充实之谓美"（《孟子·尽心下》），认为："人之有道也，饱食、暖衣、逸居而无教，则近于禽兽。"⑤ 与此同时，孟子还指出："富贵不能淫，贫贱不能移，威武不能

---

①　袁贵仁：《价值学引论》，云南人民出版社 1991 年版，第 379 页。

②　朱晓哲：《我国社会转型时期的价值观刍议》，《河南商业高等专科学校学报》2010 年第 4 期。

③　李福军：《试论中国商业广告的接受心理原则对民族传统文化的选择》，《当代文坛》2011 年第 1 期。

④　（春秋）孔子：《论语·述而第七》，张燕婴译注，中华书局 2007 年版，第 86 页。

⑤　（战国）孟子：《孟子·滕文公上》，金良年译注，上海古籍出版社 2004 年版，第 112 页。

屈，此之谓大丈夫。"①　显而易见，中国优秀传统文化对那种贪生怕死、忘恩负义、追逐名利的小人是非常蔑视的。因而，古代哲人非常重视人的道德修养。在谈到对真理的追求时，孔子曾认为"朝闻道，夕死可矣"（《论语·里仁》），屈原曾大力宣扬"路漫漫其修远兮，吾将上下而求索"（《离骚》）的精神。这种执着追求真理、勇于奉献的精神，是推动现代思想发展的源动力，是新思想或价值观形成的重要因素。孟子说："老吾老以及人之老，幼吾幼以及人之幼，天下可运于掌。"②　如孟子所说，"一个社会只有严于律己，宽以待人，形成团结互助，尊老爱幼的社会风尚，社会才能充满温馨与和谐，才能让人乐在其中，才能给人带来希望与力量。"③　此外，爱国主义也是中华民族的优良传统，是中华优秀传统文化重要内容之一。如顾炎武所云："天下兴亡，匹夫有责。"（《日知录·正始》）千百年来，这种对自己祖国的深厚感情是中华民族凝聚力的重要源泉之一。上述所举种种，仅仅是中华优秀传统文化精华的一部分，但足以说明中国传统文化博大精深的一面。罗素曾认为，合理的人生观是中国文化的优点之一。罗素的语言虽然简短，但也是对中国文化的一种高度概括和深刻认识。中华传统文化所推崇的上述精神都是美好人格的重要内容，这种传统美德，对当代民众人格的塑造同样具有非常重要的价值和意义。

　　既然中华传统文化非常重视人的内在修养与精神世界，那么它们的核心价值观又是什么呢？这虽然是一个仁者见仁智者见智的问题，但中华传统文化具有相对的稳定性却是毋庸置疑的。自古以来，中国人就把思想道德、人格品质、精神意识放到评价人素质高低的首位。物质富有从来就没有成为衡量一个人是否高尚的准则，中国古代也从来没有产生过什么福布斯富豪榜，仅仅富有是无法得到社会普遍认可与尊重的。在古代中国，"万般皆下品，唯有读书高"，"士为国之宝，儒为席上珍"等品评标准也曾经广为流传。中国人不仅尚德尊士，而且赞同舍生取义。这精神不仅把财富放到了人精神之下的地位，甚至还把生命放到为人与道义的次等位

---

①　（战国）孟子：《孟子·滕文公下》，金良年译注，上海古籍出版社 2004 年版，第 126 页。

②　（战国）孟子：《孟子·梁惠王上》，金良年译注，上海古籍出版社 2004 年版，第 15 页。

③　李福军：《试论中国商业广告的接受心理原则对民族传统文化的选择》，《当代文坛》2011 年第 1 期。

置。由此可见，金钱本位主义的观念从来就没有为中华传统文化的核心价值观及其评价准则所接受，最起码没有成为主流。《世说新语·德行第一》曾记载了一则小故事："荀巨伯远看友人疾，值胡贼攻郡，友人语巨伯曰：'吾今死矣，子可去！'巨伯曰：'远来相视，子令吾去，败义以求生，岂荀巨伯所行邪！'贼既至，谓巨伯曰：'大军至，一郡尽空，汝何男子，而敢独止？'巨伯曰：'友人有疾，不忍委之，宁以吾身代友人命。'贼相谓曰：'吾辈无义之人，而入有义之国。'遂班军而还，一郡并获全。"① 从这个故事来看，不仅平常老百姓遵从仁义道德，就连盗贼也敬重这一价值观。人常言"君子爱财，取之有道"（高阳《胡雪岩全传·平步青云》上册），甚至民间还有谚语"打死不做贼，饿死不讨饭"。上从王公大臣，下到贩夫走卒，都要讲究做人的气节和品质——不能见钱眼开、见利忘义。我们不得不承认，这种价值观是中华传统文化与中华民族的一笔宝贵财富。历史上，几千年来的封建统治阶级和儒家学者们的教化功夫做得很到家，也很有成效。因而，金钱本位的价值观从来就没有在中华民族的主流价值观里赢得立足之地。显而易见，人本位是中华传统文化的核心价值观之一。因而，中华传统文化也不乏闪烁着以思想道德为主要内核的人性光辉。

　　谈到中华传统文化的价值观，我们自然有必要弄清楚"价值观"的含义及其内在学理结构。在李德顺、朱晓哲等人看来，价值观念的概念及其学理结构主要包含五个方面的内容："第一是'主体的历史方位感'，其主要是指一定价值观念的主体是什么人，是主体对于自己历史方位的观念，进而成为该主体评价一切社会现象以及自己和他人行为的出发点。第二是'社会秩序之信念'，其主要是指一个主体对人类社会生活应该是什么样的结构，什么样的秩序及其运行方式等，形成自己特有的一套看法或者理论体系，进而形成或者决定人们对某种社会制度或者社会现象的具体认识。第三是'社会规范意识'，其主要是指人们对各种社会规范会在两个层次上形成一定的信念和深层选择：一个是对规范与人的总体关系有一个基本的立场和态度；另一个是对具体规范体系的选择和信奉。它是最直接、最具体、最表层意义上的价值观念。现在通常所说的价值观念，往往

---

① （南朝宋）刘义庆：《世说新语·德行第一》，余嘉锡笺疏，中华书局1983年版，第11页。

就是指这个层面上的信念。第四是'价值实践'意识，其主要是指人们对自己所选择和追求的价值，在实施方式上有什么特殊的信念和信条。第五就是'价值本位'意识，其主要是指现实中的价值各种各样，人们会现实地选择作为各种价值换算通项的最重要价值。"①

上述五个方面其实是有机联系、互为影响的，在某种程度上，这种关系形成了人们心目中的价值坐标，并影响着人们对事物的判断和评价。② 我国的改革开放与社会主义现代化建设，是一场根本性的社会变革。当前，改革已经进入"深水区"，关系到社会的各个方面，可谓"牵一发而动全身"。我们知道，改革开放和社会主义市场经济体制的确立，是我国经济发展历史的重大转折。这一重大转折不仅仅改变了农村固有的经济关系，同时也改变了农村的文化价值关系。诚如伟大的哲学家马克思所说："物质生活的生产方式制约着整个社会生活、政治生活和精神生活的过程。"③ 因此，我们可以根据李德顺教授提出的五个维度角度，解析社会转型背景下人们价值观念的变迁。换言之，在某种意义上，人们价值观念的变化是社会发展变革的一面镜子。

中国传统文化的核心价值观是中华传统文化的精神命脉，也是我们老祖宗安身立命的重要依据。由于中华文化源远流长、博大精深、兼容并蓄，因此，中国传统文化既有普适性核心价值观，在不同的时期、不同的地域、不同的文化流派又有各具特色的核心价值观。尽管如此，中国传统文化富于地域、时代及流派特色的核心价值观之间并不驳杂拒斥，而是和而不同，相互补充甚至是相依相生。与此同时，虽然不同时期、不同地域、不同流派的传统文化核心价值观各具特色，但它们都是对中华文化普适性核心价值观"经世致用，和而不同"的诠释。如韩焕忠所说："中国传统文化的核心价值观，是指在中国传统文化的各种价值观念中居于核心地位、起着主导作用的价值观。中国传统文化的核心价值观包含两层意思：其一，是指中国传统文化的组成部分，即儒、道、佛三家各自的核心价值观；其二，是指儒、道、佛三家共同形成的中国传统文化所体现的核心价值观。儒家文化的核心价值观可以概括为自强不息、厚德载物。道家

---

① 李德顺：《新价值论》，云南人民出版社 2004 年版，第 304—305 页。
② 朱晓哲：《我国社会转型时期的价值观刍议》，《河南商业高等专科学校学报》2010 年第 4 期。
③ 《马克思恩格斯全集》（第 2 卷），中央编译局编译，人民出版社 1972 年版，第 82 页。

文化的核心价值观可以概括为道法自然，逍遥齐物。中国佛教的核心价值观可以概括为慈悲为怀，普度众生。中国传统文化各家在处理与其他文化传统之间的关系时，普遍体现出融合会通、和而不同的价值取向。"① 尽管中华文化博大精深，但由于地域文化常常是民族文化的组成部分，文化的时代性又不否定文化的稳定性，因此，我们将主要讨论中国主要传统文化流派的核心价值观与中华文化总体的核心价值观及其关系。从以上引语来看，韩焕忠先生从儒、释、道核心文化理念的角度讨论了中国文化的核心价值观。由于"人"是文化的核心要义，因此，中国传统文化的核心价值观其实是关于人自身问题的深入或终极思考，即对为人处世最根本的价值判断。按照这样的思路来看，儒家文化的核心价值观应该是崇尚"进取精神"；道家文化的核心价值观应该是"热爱生活与珍爱生命"；中国佛教的核心价值观应该是推崇"宽宏大量与以苦为乐"的生存哲学。

"进取精神"是儒家文化非常推崇的一种处世哲学，"自强不息"与"厚德载物"语出《周易》，其所主张的其实是一种积极进取的精神。《周易·象传上·乾》云："天行健，君子以自强不息。"即天道运行周而复始，永无止息，谁也不能阻挡，君子应效法天道，自立自强，不停地奋斗下去。《周易·象传上·乾》云："地势坤，君子以厚德载物。""坤"象征大地，君子应效法大地，胸怀宽广，包容万物。孔子虽然意在解释卦象，但与此同时，这两句话也体现了其君子人格及其处世哲学的基本要义。君子处世，就应该像天那样高大刚毅而自强不息，自我力求进步，永不停止。不仅如此，在儒家看来，具有君子人格的人还应具有宽广的胸怀，能够容纳和善于接受不同意见和建议，不断地丰富自己的内涵。说到底，儒学也是一种积极进取的人生哲学。孔子主张"知其不可而为之"（《论语·宪问》），孟子认为"故天将降大任于是人也，必先苦其心志，劳其筋骨，饿其体肤，空乏其身，行拂乱其所为，所以动心忍性，曾益其所不能"②。显而易见，在孔子和孟子看来，只有艰苦奋斗，才能增长能力，才能成就事业。孔孟把"修身、齐家、治国、平天下"看作人生最基本的使命。在他们看来，无论社会角色如何，好男儿都要以天下为己

---

① 韩焕忠：《中国传统文化的核心价值观》，2012 年 9 月 1 日，中国社会科学网（http://www.cssn.cn/n）。

② （战国）孟子：《孟子》，金良年译注，上海古籍出版社 2004 年版，第 268 页。

任，辅国安良，经世致用。因此，儒家便主张"内圣外王之道"。在儒家看来，理想的文化人格应是内有圣人之德，外施王者之政，即将人格理想与政治理想相结合。为了造就这种理想的文化人格，每个人都要积极进取，循"礼"向"仁"。孟子认为："富与贵，是人之所欲也；不以其道得之，不处也。贫与贱，是人之所恶也；不以其道得之，不去也。君子去仁，恶乎成名？君子无终食之间违仁，造次必于是，颠沛必于是。"①宋儒张载所谓的"为天地立心，为生民立命，为往圣继绝学，为万世开太平"②，也何尝不是对儒家学者所崇尚的积极进取精神及其使命感和责任心的一种文化阐释。正因为具有这种精神，两千多年来，中华民族虽然历经磨难，但我们筚路蓝缕，积极进取，一路走来，仍然创造了一个又一个辉煌。

道家最为推崇的概念"道"，其原始意义是指道路，引申为人应遵守的规则和运动变化的规律，以及那些自觉遵守规则和规律的人所达到的自由境界。老子提倡"道法自然"，"自然而然"。"得道"则意味着通过修身养性，达到合乎宇宙规律，契和天地的地步。道家主张要任由事物按照自己的本性生长发育，绝不能以人为的方式改变其固有的习性。只有这样，事物才能正常地发展，其本性才可能避免被扭曲，天下才可能因为没有强权而太平。"自然而然"即"无为"，"道法自然"则"无不为"。"无为"是从"道法自然"中获得的方法论，而"无不为"则是由此方法论而达到的最为理想的效果。"道法自然"，就可以实现庄子所谓的"至人无己，神人无功，圣人无名"③，并达到"逍遥"自在的"无待"之境。以此处世，则可以成就庄子所谓的"夫吹万不同，而使其自己也。咸其自取，怒者其谁邪？"，从而实现"天地与我并生，万物与我为一"（《庄子·齐物论》）的"齐物"之境。也就是说，遵从"道法自然"的基本法则，既可以使自己的本性获得充分的发挥，也可以使他人或他物获得完全的自由。从道家的价值理念来看，道家虽然没有儒家"己欲立而立人，己欲达而达人"（《论语·雍也》）的古道热肠，但却有"我无为

---

① （春秋）孔子：《论语·里仁第四》，张燕婴译注，中华书局2007年版，第42页。
② （宋）张载：《张载集·近思录拾遗》，章锡琛点校，中华书局1978年版，第376页。
③ （战国）庄子：《庄子·逍遥游》，孙通海译注，中华书局2007年版，第10页。

而民自化，我好静而民自正，我无事而民自富，我无欲而民自朴"① 的清醒与冷静，在某种程度上，道家的处世哲学也可以修正儒家过于注重个人社会使命的弊端。以自己的无为、好静与无欲，去换取人民的自然顺化，即使人民自我化育，自然富足与自然淳朴。也就是说，道家把回归人生的本然状态，即使人"道法自然"而又"自然而然"看作最高的价值诉求。由于这种状态是生命的一种本然状态，加之道家无论是推崇修道，还是喜好炼丹服药，其目的都是为了以人为的方式延长人生命的长度。因此，"热爱生活与珍爱生命"无疑是道家价值观最核心的部分。

中国佛教主张慈悲为怀，普度众生。在佛教看来，人生在世，生苦、老苦、病苦、死苦、爱别离苦、怨憎恨苦、求不得苦、五盛蕴苦等在所难免。因此，佛教认为，对每一个人来说，"苦"都是命中注定的，生命不息，苦难不止。"在道家的始祖老子看来，道的运行是为苦圣谛；招致人生诸多痛苦的根源在于人有各种欲望，即对顺境的贪、对违境的嗔和对无违无顺之境的痴，是为集圣谛；若要从各种痛苦中解脱出来，必须灭除各种欲望，达到清净寂灭的境地，是为灭圣谛；而要实现清净寂灭，就必须修习正见、正思维、正语、正业、正命、正精进、正念、正定等八圣道，是为道圣谛。小乘佛教知苦、断集、慕灭、修道，追求灰身灭智，最终实现的是个人的出离和解脱；而大乘佛教则以慈悲为怀，对一切众生的各种痛苦都感同身受，将拔众生于苦海而给予众生快乐视为自己获得彻底解脱的前提。在儒家达则兼济、穷则独善的传统影响下，中国佛教形成了以大乘为主融合小乘、一切众生皆有佛性的一佛乘思想，因此，以慈悲为怀，自觉觉他、自利利他、自度度他，普度众生，就成为中国佛教最基本和最核心的价值观念。这也是普门示现、大慈大悲、救苦救难的观世音菩萨在中国获得广泛信仰的根本原因。"② 显而易见，韩焕忠先生把"慈悲为怀，普度众生"看作中国佛教最核心的价值观。中国佛教之所以把"慈悲为怀，普度众生"作为其最基本的价值诉求，是因为其主张做人要"宽宏大量"、"以苦为乐"。因此，我们认为"宽宏大量"、"以苦为乐"的生存哲学才是中国佛教最根本的价值诉求。

① （春秋）老子：《道德经·德经第五十七章》，崔仲平译注，黑龙江人民出版社 2004 年版，第 60 页。
② 韩焕忠：《中国传统文化的核心价值观》，2012 年 9 月 1 日，中国社会科学网（http://www.cssn.cn/n）。

　　尽管中国传统文化各个流派的价值诉求有所不同，但在总体上，它们却共同体现了"经世致用，和而不同"的价值取向。如儒家主张"天下一致而百虑，同归而殊途"（《周易·系辞下》），即殊途同归。由此可见，儒家文化并不偏执，它在宣扬自己价值观的同时，也能看到异质文化的价值。《庄子·齐物论》云："是以圣人和之以是非而休乎天钧，是之谓两行。""两行"即主观与客观并行不悖，物我各得其所。"齐物论"其实阐述了庄子的相对主义认识论。"道家的'两行'与'齐物论'，实际上就意味着允许和承认各种思想观念和文化形态都具有充分发展的权利和自由。中国佛教也非常注重与儒道文化的会通与融合，逐渐形成了以儒治世、以道治身、以佛治心的文化分工。儒、道、佛三家在理想人格、理想境界、修行方法等许多方面具有同构性，因而可以相互融合和会通，实现和谐相处。但儒家关注人文化成，道家重视自然无为，佛教则主张清净解脱，三种文化的思想传统和价值追求又具有极大的异质性，因而又无法实现完全的同化。在融合会通、和而不同的价值观念指导下，中国传统文化形成了儒、道、佛三家并立共存的基本态势。儒家是中国传统文化的主体，佛道二家则是作为儒家文化的补充而成为中国传统文化的重要组成部分。中国人'学焉各得其情性之所近'，优游于三种文化传统之中，尊其一而容其二，形成了中国传统价值观的多样性和丰富性，为中国人的精神翱翔提供了广阔的思想空间，也为今天社会主义核心价值体系的构建提供了宝贵的文化资源。"① 这一文化精神同时也体现了中国传统文化的包容性，"譬如天地之无不持载，无不覆帱，譬如四时之错行，如日月之代明。万物并育而不相害，道并行而不相悖，小德川流，大德敦化。此天地之所以为大也"②。这段话也可以诠释中华传统文化对异质文化所持有的包容态度。

---

　　① 韩焕忠：《中国传统文化的核心价值观》，2012 年 9 月 1 日，中国社会科学网（http：//www.cssn.cn/n）。

　　② 《大学·中庸第三十章》，王国轩译注，中华书局 2007 年版，第 129 页。

第二章 社会转型背景下的中国农村与中国农民

第一节 社会转型背景下中国农民价值观嬗变研究

反观人类演变和社会发展的历史，任何一种经济体制的变革，都不是单纯的经济变迁，其背后必然伴随着文化的冲突与撞击。中国经历了数次社会大变革，每次变革都对国人已有的价值观产生了冲击，为了适应社会变革，人们都要或多或少调整自己已有的价值观，进而适应社会的发展。然而，每次价值观念的调整都伴随着强烈的文化冲突，特别是我国农村从传统农业向现代农业的转变、从自给自足的自然经济向市场经济转变，从单一产业向多种农业产业的转变的过程中，必然会引起农民价值观深刻而巨大的变化。随着社会转型的深入推进，传统价值观随之悄然发生变化。在这些变化中，尤为显著的就是农民传统价值观的变迁。

一 中国农民价值观研究及其反思

农业不仅在中国起步较早，而且在相当长的时间内，尤其是长达两千余年的封建时代，其在中国的国民经济中一直处于主体地位。因此，农耕文化不仅在中国源远流长，而且影响深远，以至于中国传统的文学艺术甚至整个传统文化都或多或少地被打上了农耕文化的烙印。正因为在相当长的一段时间内中国以农业立国，所以在讨论中国传统文化价值观的时候，不仅要讨论传统文化的价值理念在知识分子身上的投射，还要讨论传统文化的价值诉求在农民身上的投射。关于中国的农民价值观问题，学界有不少讨论。朱晓哲在其硕士论文《当代社会转型期中国农民价值观念的变迁》中，列举了当今学界对中国农民价值观的判断。袁银传认为，中国农民传统的价值观是一种小农价值观，其核心内容集中表现为非主体性价值和执着"和谐"的价值目标，而这又是具体通过小农的自然崇拜、祖宗传统崇拜和个人权威崇拜等表现出来的。小农所追求的总体价值目标是自然和谐、社会和谐（包括人际关系的和谐）和自身和谐。这种人生和谐的价值目标追求又是通过"福"、"禄"、"寿"和"财"等方面具体的价值目标和取向体现出来的。① 陈菲等人认为，中国农民传统的价值观是求"福"、务实及和合。② 张大勇先生认为，中国农民传统的价值取向主要有如下特点：第一，功利意识浓厚，推崇"义利并重"，更讲求实惠、私利。第二，礼法大于"法理"，亲情伦理至上，安于"命运"，国家、公共意识淡漠。第三，注重传统，崇信劳动、勤奋、节俭的人生价值观。③ 秦永州认为，传统农民价值观主要包括五个方面的内容：第一，权威崇拜、寄托与安分守己的臣民意识。第二，循环思想与经验型、静态型的经世观念。第三，封闭意识和内向心态。第四，功利型的价值目标和对出人头地的痴迷。第五，平均主义和公有思想。④ 吴发明等学者认为，中国传统农民价值取向与其传统思维方式有关，主要表现在三个方面：第一，依附性思维方式。农民自己的意志和利益由别人代表而非自己。第二，保守型思维方式，不敢轻易越雷池一步，不善于创新求变。第三，畸变思维方式，常常有一种非正常的思维方式，怀疑一切，否定一切，贪求一切。⑤

在学界研究成果的基础上，朱晓哲对上述观点进行了归纳总结。他认为，从当前研究成果来看，传统农民的价值观主要表现在三个方面：第一，过分依赖客体的价值观，即农民对自然、家族、宗法血缘、权威的崇拜，将一切寄托于客体，期望通过依靠客体的主宰来维护整体的和谐。第二，封闭意识和内向心态，是指大部分农民墨守成规、因循守旧，不愿意求新创新，大多封闭守旧，不求身贵显达，但求安分无事，是一种封闭意识和内向心态。第三，平均主义和公有思想，是指农民内心深处都抱有一

---

①　袁银传：《中国农民传统价值观浅析》，《毛泽东邓小平理论研究》2000 年第 1 期。

②　陈菲、王凤英、李现曾：《中国传统文化中的不同价值观群体及其评价》，《中共宁波市委党校学报》2001 年第 6 期。

③　张大勇：《中国社会传统人生价值观与农民价值取向特点》，《中国农业大学学报》（社会科学版）1999 年第 3 期。

④　秦永州：《传统农民价值观念的内省》，《中国农民观察》2002 年第 5 期。

⑤　吴发明、胡秀梅：《关于中国农民传统思维方式的几点思考》，《河南机电高等专科学校学报》2001 年第 3 期。

种 "不患寡而患不均"、"等贵贱、均贫富" 的观念，灵魂深处是平均主
义和公有思想。第四，重视传统和勤劳节俭。大多数农民非常注重传统，
勤劳善良，勤俭持家，怀揣着踏实劳作、勤奋和节俭的人生观。

从以上的资料罗列来看，朱晓哲所列举的五篇论文无一例外，都是从
负面界定农民的价值观的。朱晓哲在总结之中虽然看到了农民价值观中崇
尚 "勤俭" 的一面，但就总体而言，其评述主要是对以上五篇文章的总
结归纳。也就是说，当前学界对传统农民价值观中积极的一面还缺乏深入
的发掘，比如传统农民也有与人为善的价值诉求等。

当前，农业虽然还被视为国民经济的第一产业，但它在国民经济中所
占的比重与地位已经发生了重大的变化。不仅如此，在产业结构优化升级
与农村经济社会巨大变迁的历史背景下，当代农民的思想观念已经发生了
巨大的变化。在此背景下，当代农民的价值观是什么，与传统农民的价值
观相比较有何不同，应该是值得思考的话题。在此问题上，通过实证研
究，朱晓哲认为，当代农民的价值观取向总体来说是积极向上的，他们注
重家庭人伦，强调追求品格境界，努力劳动，遵守法律规范和民间乡约，
维护公共利益，某种程度上表示出一定的从众行为。但是，当代农民的价
值观不是整齐划一的，也存在着个体之间的差异。在朱晓哲看来，当代农
民的价值观差异主要表现在五个方面：一是性别差异。在学习工作、法律
规范、家庭人伦和爱情等几种取向上不存在显著的性别差异，但在品格境
界、金钱权力和从众认同等几种价值取向上存在显著的性别差异，表现为
男性较女性更注重金钱权力和从众认同，而女性较男性更注重品格境界。
二是年龄差异。不同年龄段的农民，他们认识世界的态度不同，其价值观
取向存在很大的差异。年龄较小的农民更注重金钱权力，甚至对金钱充满
膜拜，他们大胆追求爱情，从众认同感比较强；年龄较大的农民能冷静对
待金钱权力，不会为之而癫狂，爱情观和公众认同感相对较小。造成这种
差异的主要原因与不同年龄段农民的生活阅历及外界社会对其冲击力和影
响力的程度不同有关。三是教育水平差异。不同教育水平的农民在金钱权
力和家庭人伦两种价值观取向上有显著差异，小学教育水平的农民在这两
种价值观取向上的得分显著高于初中、高中和中专以上的农民。教育水平
低的农民因为外出流动的机会较少，收入偏低，因而更重视金钱和亲情价
值。四是婚姻状况差异。不同婚姻状况的农民在金钱权力、学习工作、从
众认同、家庭人伦和爱情五种价值观取向上具有显著差异，且绝大多数价

值观取向上的差异主要存在于未婚和已婚之间，未婚农民的得分显著低于已婚。婚姻代表着责任和义务，金钱、家庭、爱情成为必须重视的生活要素，因此，已婚群体在这些方面比未婚群体有更强的倾向性，同时由于婚姻与年龄，也使这一群体因更重视平稳生活而倾向于高从众认同。离异群体除了从众认同和爱情以外，其他价值观取向得分均较高，可能与婚变能使人更以理性的目光对待生活有关。离异也使得他们比未婚农民更看重金钱权力等生活基础的价值。五是地区差异。不同地区的农民在金钱权力、从众认同、家庭人伦、爱情和公共利益五种价值观取向上差异显著。①

　　显而易见，朱晓哲虽然意识到了当代农民价值观的新变化，以及当代农民的价值观差异，但他的分析还不足以回答我们在前文提出的问题——与传统相比，当代农民的价值观发生了怎样的变迁？不仅如此，其对当代农民价值观差异的分析也存在值得商榷的地方，诸如性别、年龄、教育水平、婚姻、地区差异必然会导致金钱观念差异的结论。这种判断显然有些突兀，因为对金钱的态度与其性别、年龄、教育水平、婚姻状况、生存地域没有必然的联系，更何况不少判断的支撑材料主要是问卷调查数据，而参与者的真实态度又难免会影响数据的真实性。

二　社会转型背景下的中国农民及其价值观嬗变

　　长期以来尤其是改革开放以前，中国广大农村往往处于一种封闭或半封闭的状态。在这种社会状态中，广大农民与外界的交流必然是有限的。在"使民重死而不远徙"（《道德经》第八十章）等的观念影响下，农民大都重复着"日出而作，日落而息"（先秦《击壤歌》）的生活，坚守着祖宗留下的"基业"。除了自然灾害和战争等不可抗拒的因素之外，农民很少会自发地向外扩张或迁徙，很少自发地向城市迁移流动。在信息闭塞、活动范围有限的情况下，广大农民虽然生活并不富裕，但由于人与人之间的收入差距并不是很大，因此，他们也往往能够安贫乐道，以至于人与人之间的关系往往比较单纯，广大农村社会也比较"和谐"。然而，改革开放以来，随着中国农村社会从封闭或半封闭向开放社会的转变，农民的生活方式有了更多的选择。随着新型大众传媒与大众文化在农村渐次兴

① 朱晓哲：《当代社会转型期中国农民价值观念的变迁》，硕士学位论文，重庆交通大学，2010年，第8—14页。

起，都市文明也随之席卷广大农村。在此之际，离开土地赴城市务工经商也成了不少农民尤其是新生代农民可以选择的人生道路之一。当一部分进城务工经商者成功入住城市或发财后衣锦还乡的时候，他们的人生道路往往就会产生巨大的示范引领作用，甚至成为其他农民兄弟的楷模。于是，背井离乡，向城市进军便成了众多农民的共同选择。

在此情况下，中国社会的转型在一定程度上削弱了传统文化对农民价值观的导向作用。传统的乡村生活方式、家庭伦理、家族及其邻里关系曾经都是农民价值观的重要影响因子。然而，在当代中国社会渐次转型的时代背景下，传统的生活方式与人际关系都在发生着巨大变化。随着人们交际网的日益拓宽，人们早已跳出了祖祖辈辈赖以生存的狭小地域。在外界事物的刺激和影响之下，过去固有的传统价值观念也受到了一定程度的冲击。在此背景下，传统道德、传统生活方式以及血缘宗法关系在广大农民生活及其人际交往之中的地位与作用便趋于弱化。

"社会转型促使农村社会出现能力分层。几千年来，中国社会实行的是国家集中管理的刚性社会结构，这一结构使社会始终处于高度整合状态，传统的农业生产对劳动力素质的要求不是很高，农民的生活方式、劳作方式也是高度稳定、单一和趋同的。随着中国由传统农业社会向现代工业社会的转变，社会劳动分工体系也发生了巨大的变化，进而影响着原有职业体系结构的改变，孕育出了一系列新兴行业和职业。"[1] 这些行业或职业对就业者的文化水平和素养有着明确的要求，农民的个人收入与其接受教育程度、能力素养及其占有相关资源的多少有一定的联系。在此过程中，其中一部分农民因为文化程度高，素质强、能力高，头脑灵活或拥有一技之长，往往会率先成为先富群体，而另一部分农民因文化程度较低，能力相对较弱，往往找不到特别满意的工作，甚至一时无法适应社会的急剧变化。这种转型，在一定程度上，也会使广大农民产生诸多的生存焦虑，甚至使他们内心深处"不患寡而患不均"（《论语·季氏》）的意识面临着强烈的挑战。

中华人民共和国的成立与社会主义制度的建立，在一定程度上，强化了工人阶级和农民阶级的政治地位，改变了农民的经济弱势地位，从而为

---

[1]　朱晓哲：《当代社会转型期中国农民价值观念的变迁》，硕士学位论文，重庆交通大学，2010年，第18页。

每个人实现平等权利提供了政治保证。在计划经济时代，尽管与城市相比，在各种资源的分配上，农民处于弱势地位，但是农村社会按劳分配的分配方式及后来的联产承包责任制，在某种程度上，往往使广大农民沉浸在满足现状的生活状态之中，从而就减少甚至不会使其在心理上产生过于强烈的失衡感。可是，改革开放以来，随着市场经济向农村的蔓延及其快速发展，广大农民的生活状态与心理状态便悄然发生变化。随着农业生产效率的提高，广大农村出现了大量的剩余劳动力。在农业收益无法与务工经商收益抗衡的情况下，大多数新生代农民便不愿意重复祖辈"面朝黄土背朝天"的生活，开始重新审视并规划自己的生活。于是，大量农民涌入城市便在所难免。虽然广大农民在城市与农村之间的流动日益频繁，但原有的城乡"二元"体制又使广大农民工难以真正地融入城市。进城务工的农民在劳动报酬、工作环境、劳动强度、子女就学等方面，都无法与城市居民同日而语。这种状况一方面使广大进城农民难以对城市产生认同感，以至于造成他们心理的失衡，另一方面，严峻的现实又促使他们千方百计地融入城市。他们渴望子女与城市人一样接受高质量的教育，享受城里人的生活。在这种情况下，从某种意义而言，他们常常处于迷茫、纠结，而又奋力挣扎的两难窘境。

当前的社会分化涉及农村社会生活的各个方面，尤其是社会经济领域。农村社会经济领域的分化集中表现为农村经济关系的不断变革与劳动分工的不断深化，其对农村社会的变革与分化发挥着基础性的调节作用。在农村经济领域发生巨大变革的历史背景下，农村风俗习惯等乡村文化也在随之发生变迁。乡村经济与乡村文化的发展与变革，又必然会影响广大农民的价值观。对广大农村而言，从计划经济向市场经济的转变，是一场巨大的社会变革。无论从历史背景来说，还是从内容与目标来说，这种变革都是一项充满艰巨性、复杂性与风险性的巨大工程。在这次变革中，广大农民的思想观念、认知结构与价值观等难免会受到一定的影响，而广大农民的思想观念、认知结构与价值观的变迁，反过来又往往会促进广大农村的社会转型。因此，在当前社会转型背景下，广大农民价值的变迁是一个不可忽视的话题。

以市场为导向的经济领域改革，使得广大农民主体意识进一步增强，以至于他们对国家、集体的依附性在渐次减弱。在高度集中统一的计划经济时代，农民习惯于听从或遵从集体的决策，久而久之，对集体的依赖性便形成了他们较为重要的文化人格之一。"实行家庭联产承包责任制之后，形成了以家庭为单位的自主生产模式，农民个人成为生产的主体，决策权不再是集体，转为农民自己决策，农民个人不再事事依赖集体和政府。市场经济的发展将准备不足的农民推到了城市，参与市场实践的亲身经历使一部分农民自主、自立意识不断增强，思想中的独立性进一步强化，但难免会有一部分农民会产生不适应感，从而产生价值迷茫。市场经济加大了农民生活的风险和生存的压力。我国历史上长期处于封建专制制度统治之下，生产力低下，科学技术不发达，思想观念落后。"① 中国要发展，必须进一步深化改革，革除僵化的经济发展模式，摒弃绝对平均主义。因此，让一部分人、一部分地区先富起来就成了打破这种僵局的重要方式之一。邓小平同志的"两个大局"思想就是为了摒弃绝对平均主义，以突出区域经济优势，并发挥示范引领作用。改革开放以来，随着经济技术深入发展，中国经济逐步与世界经济尤其是西方发达国家的经济接轨。这种变革也带动了城镇企业组织结构的变化，于是，市场的中介与调节作用就被逐步强化。在此背景下，广大农民虽然有了更大的选择空间和范围，但现实对农村劳动力也提出了更高的要求。由于不少农民的个人素质与能力都难以和熟练的产业工人相提并论，因此，农民工往往被冠以"民工"的共名。他们不仅常常从事的是"脏、累、差"等风险高、劳动强度大、收入低的工作，而且他们的收入待遇也不稳定，甚至所从事的工作也不稳定。在此情况下，他们的家庭收入和生活水平也常常处于不稳定的状态。市场经济是一种竞争经济，一个竞争的环境既能给社会带来活力，同时也会加重人们的心理压力。因此，市场竞争的惨烈性及其结果的不可预期性使农民的生活风险也难免会加大。

因为工作和收入不稳定，又居无定所，因此，竞争激烈的市场经济就难免会增加农民的无助感。"在市场经济条件下以个人主义为本位的价值理念并不能增进农民的福利，与之相反，这种个人主义价值观使农民整体越来越被边缘化，他们不能从个人主义价值中获得自己生存的价值，他们既看不到长远利益，也看不到整体利益，他们的短期行为不仅无法使他们

---

① 朱晓哲：《当代社会转型期中国农民价值观念的变迁》，硕士学位论文，重庆交通大学，2010年，第19页。

获得自己的福利，也不能改变自己的生活命运。"① 广大农民的这种生存状态必然影响到了他们的利益诉求、价值立场和人生态度。面对激烈的生存竞争，他们便不再安于现状，而致力于发家致富。与传统的价值取向不同，不少农民不再以务农为本而是以务工、经商赚钱为本。与此同时，广大农民心目中最理想的财富载体也不再是粮食，反而金钱在更多人眼里成了财富的标志与载体。甚至，有些人为了获得财富不惜铤而走险。也就是说，与传统农民相比，个人利益更成为当代农民的价值诉求。如此一来，不仅城乡之间、行业之间存在着差异，因为种种原因，农村与农村之间，农民与农民之间也存在着巨大的差异。因此，上述关系之间的利益调节难免是当今农村社会发展与治理必须面对并着力解决的问题。

"利益差别是一个社会发展与进步所需要的，以利益需求来调节人们的积极性也是有效的。一个社会只有运用利益来调动人们的积极性，只有让人们获得的利益有所区别，不同利益的追求者之间才会形成一种此消彼长、相互竞争的态势，社会才会充满生机和活力。中国农村改革开放的真正目的在于打破旧有的绝对意义的平均主义利益格局。通过联产承包责任制等一系列改革，赋予农民一定的土地，农民能够将劳动和其他市场要素的投入与财富和利益的获得紧紧连在一起，他们可以决定投入的要素，这极大地激发了农民的积极性与创造性。从十一届三中全会到今天的社会主义新农村建设，利益问题始终是农村改革发展的轴心，各种利益主体的自主权不断扩大，利益的分化也势必发生，形成农民实际价值活动的趋利性和务实性。时至今日，利益原则已经渗透到农民生活的方方面面。随着市场经济的不断深入发展，农村社会分化产生的许多利益群体和阶层的利益意识不断被唤醒，一再被强化，进而激荡起错综复杂的利益诉求，各利益主体不仅有着明确的利益取向和自主意识，而且都非常明确地了解自己的利益所在。因此，可以认为，日益觉醒的利益意识既是社会发展的重要力量，也是农民价值观变革的内在动因。在财富分配上，中国人有着根深蒂固的平均心理。'均贫富'、'等贵贱'的口号和'共财、通财'的道德规范虽然对社会进步和社会正义有促进作用，但也容易导致人们将'公平'与'平均'等同起来，不利于调动社会成员的积极性。改革开放之

---

① 朱晓哲：《当代社会转型期中国农民价值观念的变迁》，硕士学位论文，重庆交通大学，2010 年，第 20 页。

前的人民公社'大锅饭'体制，将'均贫富'发展到极致，使人们的均富心理也得到了进一步强化和满足。改革开放以后，市场经济打破了旧有的分配格局，实行了让一部分人先富起来的政策，原来的绝对平均主义被打破。农民因为自身的局限性和体制的因素，在这场利益重新分配和调整的过程中，收益最少。中国有8亿多农民，农民一直是接受教育最少的群体。由于历史、地域、政策等原因，城乡之间、地区之间的教育发展极不平衡，教育机会不均等，而农村是教育最薄弱的环节。即使在改革开放以后，国家对农村和城市的教育投入仍然有显著的差别。在一些地区农民的孩子仍念不起书，辍学率依旧居高不下。科学文化素质的低下成为农民缺乏竞争力的又一制约因素，造成农民在激烈竞争的市场中，缺乏主动选择的空间，在价值选择上显得盲目和惆然，陷入了一个恶性循环的怪圈。长期以来，农民以一家一户为单位，固守土地、自给自足、封闭保守、知足常乐，具有浓厚的乡土情结，这是农民在农业社会形成的性格特征。新中国成立后，这种价值观并没有失去存在的土壤，高度集中统一的计划经济只是从形式上把一家一户的小个体家庭以组合的方法结成为一个'大家'即人民公社，所有财富集体所有和平均主义的分配制度只是在一定程度上满足了农民的'均富'梦想，但传统农民的性格特征和价值观念并没有从根本上受到影响，农民仍然被限定在一个封闭而固定的空间里，与外界交往甚少，缺乏进取心和主动性，缺乏合作和开放竞争意识。"[①] 随着改革开放的深入，市场经济浪潮不断冲击着农民，他们必然被卷入了市场经济的浪潮之中，无处躲藏，不得不面对现实，但是，农民在激烈的社会竞争中明显处于弱势。因而，传统道德便难免受到了市场经济的冲击和挑战。自1978年以来，党和国家非常重视农村法制的宣传与普及工作，党和国家不遗余力地开展农村普法教育，通过送法下乡等一系列活动，不断增强农民的法律意识，随着法律宣传和普及的不断深入，农民由被动接受逐渐转变为主动学习，农民的法制观念得到普遍提高。但是据调查显示，农村法制建设仍然是法制建设的薄弱环节，不少农民法制观念淡薄，当自己的合法权益受到侵害时，不少农民往往束手无策，不知道用法律手段保护自己，不懂得通过法律途径为自己伸张正义，更令人痛心和扼腕的是，

① 朱晓哲：《当代社会转型期中国农民价值观念的变迁》，硕士学位论文，重庆交通大学，2010年，第20—25页。

有些人还会采取一些非理性的方式解决问题，使一些原本简单的问题复杂化，甚至变有利为不利，更有甚者会身陷囹圄。

"由于历史、政策、经济、文化等多方面的原因，农民的整体文化素质低下，法律观念落后，在很多农村，半文盲、半法盲占相当比例。随着农村经济的发展、村民生活空间的扩展、人口流动的频繁和信息渠道的畅通，不同年龄、不同层次人群的价值观念出现明显的分化，这一方面为农村经济的发展增添了活力，同时也对农村基层党组织加强农民思想政治教育、巩固思想阵地建设提出了新课题，增大了农村基层党组织在意识形态领域工作的难度，对农村基层党组织的思想政治工作提出了新的更高的要求。据我们调查，当前存在以下问题应该引起政府部门和专家学者的重视。一是基层组织软弱甚至涣散。部分农村党组织缺乏阵地意识，对农民的思想政治教育工作滞后，农村党组织普遍存在着'一手硬、一手软'现象。许多农村基层组织不健全，缺乏凝聚力和战斗力，村党支部和村委会工作不协调、分工不明确、工作相互推诿、管理混乱，影响了基层组织作用的发挥，使得一些本来能够在基层解决的问题无法解决，保护不了村民们的利益。二是农村思想政治教育缺乏有效载体。据调查显示，目前农村基层普遍缺乏内容丰富、群众喜闻乐见的群众性活动，很多时候仍停留在张贴标语、演场戏等传统做法上，内容单一，缺乏平等性和感染力，无法适应村民对精神、文化生活的多元化需求，导致群众对党的思想、政策、法规了解甚少，为一些封建腐朽思想的滋生留下了较大的精神真空地带。"① 此外，当前部分基层党组织还存在官僚意识与宗族意识。部分基层党组织官本位意识浓厚，认为自己是"父母官"，高人一等，说话带官腔，喜欢以"官员"自居，脱离老百姓，群众基础薄弱，发挥不了党组织的真正作用。有些党组织宗族意识较强，发展党员时只吸纳本族青年，对异姓进行打压，将党员的名额和资格牢牢控制在手，使党支部成为自己家族成员会，党组织无法真正有效地发挥作用。出现上述问题，虽然原因非常复杂，但基层党组织负责人的个人素质也是非常重要的影响因素之一。如果基层党组织负责人自身文化素质不高，对党的诸多精神领会不到位，就无法起到模范带头作用。鉴于此，社会转型时期农民价值观的转变

① 朱晓哲：《当代社会转型期中国农民价值观念的变迁》，硕士学位论文，重庆交通大学，2010年，第25—26页。

值得党和政府及专家学者共同关注。只有正确认识社会转型时期价值观对农民的影响，才能制定有效科学的策略，才能真正落实社会主义新农村建设目标，才能真正推进和谐社会建设。

第二节 新农村建设及其面临的问题

长期以来，党和国家非常重视农业、农村和农民问题。中国共产党十六届五中全会通过的《十一五规划纲要建议》明确提出，要按照"生产发展、生活宽裕、乡风文明、村容整洁、管理民主"的要求，扎实推进社会主义新农村建设。其后，党的十七大、十七届六中全会、十八大和十八届三中全会等重大会议也反复强调，要大力推进社会主义新农村建设。社会主义新农村建设不是简单的村庄、村落建设或房舍建设，而是一项全面、复杂的工程。要建设社会主义新农村，就需要了解农村社会的现实状况，知晓和了解村民的真实生活、物质诉求和文化需求，全面考察与村民生活息息相关的问题。"改革开放以来，我国农村文化建设取得了显著的成就，但由于受多种因素的制约，新农村文化建设依然落后于经济发展水平，存在的问题也比较多。主要表现在：农村文化人才匮乏，农民的文化水平、思想道德素质普遍偏低，农村文化生活水平滞后、文化活动相对贫乏，文化产业落后，优秀文化遗产流失，封建落后文化复兴，文化交流融合缓慢，农村内部文化组织松散，农民文化自主创新不够，农村基础设施落后，农村公共文化服务体系不健全，文化人才，文化产品严重不足，农民的文化消费能力低，财政投入不足，文化体制、机制不健全，等等。"[1]其实，当前的农村文化建设状况只是新农村建设所面临的重要问题之一。除此之外，当前农村所存在的所有问题，都是新农村建设不可回避的问题。因此，只有正视当前农村尤其是新农村建设中所存在的问题，并着力解决这些问题，新农村建设才能顺利推进。

社会主义新农村建设不是一蹴而就的，往往随着形势的新发展，会面临诸多新问题。根据相关资料及实际调研来看，当前的新农村建设本身也存在一定的问题，尤其是西部地区。

---

① 刘冠文：《传统和谐文化视野下的新农村文化建设》，硕士学位论文，大连交通大学，2010年，第20页。

一 当代农民与新农村建设不相适应的地方

当前，不少地区的新农村建设，明显存在重经济轻文化的弊病。加之，新农村建设是一项由政府主导的旨在促进农村可持续发展的战略。在当前的新农村建设中，农民在新农村建设规划制定与实施方面的发言权往往是相对有限的。因而，在一些地方的新农村建设中，农民的主体地位并没有得到充分的体现。农民主体性地位的缺失主要表现为当前新农村建设中农民主体意识与参政议政能力的严重欠缺。目前，广大农民在新农村建设中主体性地位的严重缺失虽然不无政策和基层干部的原因，但农民自己的问题也是不容忽视的。改革开放以来，随着农村社会经济与教育文化事业的发展及城乡互动的频繁，广大农民的科学文化素养与思想道德水平已有了较大的提高。与此同时，广大农民的时间观念、竞争观念、价值观念、人才观念等有了明显的增强。尽管如此，但由于广大农民的思想道德观念与价值观仍然存在一定的缺陷，甚至与市场经济及当前农村社会经济的发展趋势还存在不相适应的地方，这些问题必然影响着新农村建设的顺利推进。

（一）安于现状的思想还比较普遍

在漫长的封建社会，对广大农民而言，"忠"和"孝"是做人的基本准则。在这种情况下，除非因为生存难以为继被迫揭竿而起，在更多时候，面对严酷的封建专制统治和森严的等级制度，顺从和忍让往往是广大农民最为普遍的处世态度，甚至不无"愚忠"、"愚孝"的思想。不仅如此，在自给自足的自然经济时代，由于广大农村的科技与商业文化发展比较滞后，重农轻商思想又比较盛行，因而，长期以来，广大农民对土地的依赖性难免就比较大，甚至不无安于现状的思想。新中国成立以来，广大农村虽然发生了翻天覆地的变化，农民参与生产劳动的积极性也得到极大的激发，但农民的小农意识并没有得到清除，甚至仍然长期存在。于是，在家庭联产承包责任制和农民进城务工已成为一种不可逆转的社会潮流的历史背景下，广大农民各自为阵的生活生产方式及其根深蒂固的小农意识，不仅会使他们的集体观念被淡化，而且他们参与集体事务的热情也难免随之减弱。因此，一旦面临集体事务的时候，并不是所有人都能主动站出来，甚至不少人还不无"等、靠、要"的思想。在他们眼里，农村的发展变革还是要依靠政府，农民个人的力量只能去解决个人的发展问题。

不仅如此，在生产生活中，农民还常常喜欢用自己过去的经验来判断现在的事情。如果是没有经验的事情，他们中的不少人难免会持观望态度。此外，对于生活中的某些陈规陋习，即使意识到，他们也未必能做到断然放弃。今天，在关中地区，仍有不少农民尤其是发展滞后地区固守土地的农民，仍以"老婆孩子热炕头"为生活幸福的全部内容。广大农民安于现状的思想制约着广大农村的繁荣与发展，也影响着广大农民参与当前新农村建设中的积极性和主动性。

（二）不少农民缺乏自主创新意识

中国农民缺乏自主创新意识具有历史的根源，"从历史背景上看，中国两千多年的封建社会是典型的人治社会，是一个君权专制、百姓个性受到极端压抑的社会。封建社会奉行的是一套'三纲五常'的伦理准则，强调遵守、服从，只有'皇帝利益'、'官吏利益'、'家长利益'。封建王朝为了自己的政权稳定，对广大人民实行高压统治。老百姓一旦被判定有重罪，就会株连九族。一个个惶惶不可终日地生活着，连说话都唯恐招致杀身之祸，没有人敢标新立异、图谋创新。这样，就扼杀了农民微弱的创新意识，往往使农民个性也在潜移默化中被抹杀，难以形成个体农民的主体意识、利益意识，却形成了中国特有的带有封建政治文化色彩的农民人格，进而影响农民的思维和行为模式。在农村，人们较热衷于投亲靠友图发展，而不是凭借个人的创新能力求得社会的认同。在中国农村，听话、老实、本分、循规守矩的农村青少年受到欢迎，敢于向老祖宗遗留下来的陈旧习俗说'不'的则被视为大逆不道。农村孩子逐渐成长为农夫、农妇时，便安于现状，不思进取，保守落后，原有的一点点创新冲动也就被时间冲刷得荡然无存了。自觉性是人能够成为主体的根本特征。当前由于受到自身素质和国家政策法规的制约，农民的自主性受到严重束缚。对于农民来说，选择职业和劳动方式及对自己的劳动对象和劳动成果的支配似乎可以自主，但实际上由于农民择业的范围狭小，劳动方式和劳动对象单一，这种自主是十分局限的。创造性是主体能动性的最高表现，而在能动性不足的情况下，农民的创新精神、创业意识就受到很大限制"①。其实，农民创新意识的缺乏不仅仅制约着广大农民的创新精神和创业意识，

---

　　① 刘冠文:《传统和谐文化视野下的新农村文化建设》，硕士学位论文，大连交通大学，2010年，第20—21页。

也影响着广大农民参政议政能力的发挥。因为没有新思路，也提不出新方略，还缺乏必要的热情，在参与村组事务渠道不畅的情况下，他们常常就忽略了自己的发言权和自主权。

（三）不少农民的思想观念仍比较落后

今天，农民虽然对城市不再陌生，甚至城市为其提供了更为广阔的发展空间，但见识的增多并未从根本上改变广大农民精神面貌。在当今农村，不仅安于现状的农民大有人在，而且，不少农民的诸多观念与时代的要求仍有距离甚至还存在不少问题。刘冠文认为当今农民思想观念的落后性"主要表现为观念因循守旧，不思变革，不愿接受新事物，思维模式单一，循规蹈矩，缺乏开拓性；思想狭隘，目光短浅，满足于现状；农村部分青年道德失范，社会正义感淡化，荣辱观、是非观混乱；尊老爱幼、夫妻和睦、邻里互助等家庭美德和社会公德意识淡化。传统的尊老道德观念趋向弱化，甚至有虐待老人的现象，少部分老年人生活难以为继，前景令人担忧。这些都表明农民的善恶、美丑、是非等道德标准在农村被严重扭曲"①。由此可见，在致富奔小康的过程中，农民不仅要从物质上富裕起来，而且还要从精神上富裕起来。在当前情况下，如果广大农民的思想观念不能跟上时代的发展和新农村建设的需要，新农村建设很可能难以达到预期目的。

（四）农民的集体观念和责任意识还比较薄弱

土地承包到户极大地解放了农村的生产力，也调动了广大农民的劳动积极性。尽管如此，但相对于农业合作化时代而言，由于集体劳动相对较少，农民之间直接交流的机会无疑就减少了。在家庭的独立性得到更为显著的凸显的同时，随着农民之间直接交流机会的减少，广大农民之间的人际关系难免会变得有些疏远。由于家庭和个人的地位被凸显了出来，在致富奔小康成为国家人民集体无意识的时代背景下，个人及家庭的发展往往就成了许多人心目中最为重要的事情。于是，对一些农民来说，集体观念与责任意识的淡化就在所难免。因而，在广大农村，"乐于奉献"与"关心集体"的人已不是十分普遍。"有些地方，农民对国家、集体利益不关心，只以自己的利益为中心；有的人只关心自己发家致富，对公益的事漠

---

① 刘冠文：《传统和谐文化视野下的新农村文化建设》，硕士学位论文，大连交通大学，2010年，第21页。

不关心；还有对国家在农村实施重点建设不支持，或横加阻挠。不少地方集体经济薄弱，腐败现象蔓延，党风政风受到很大损害。履行责任义务感淡化，部分农民对法律法规和党的政策作片面理解，对自己享受的权利烂熟于心，而对自己应尽的义务却知之甚少。"① 新农村建设既涉及农民的个人利益，也关涉广大农村的前途和命运。因此，农民集体观念和责任意识的强弱会对新农村建设产生深远的影响。

二　农村精神文明建设中存在的突出问题

近年来，农村的一些陋习又有沉渣泛起的迹象，如封建迷信思想的蔓延。这些不良现象虽然发生在个别地方，也只在局部范围内形成一定气候，但它的影响还是不容忽视的。如此等等的不良习俗无疑与现代科学技术是相对立的，因而，与现代文明极不协调，严重地影响着广大农民现代科学意识的建立，也阻碍着他们开拓进取的步伐，影响、阻碍着新农村建设的顺利推进。

（一）文化单一，低俗文化有回潮之势

近年来，随着农民物质财富的日益增长，他们也渴求精神生活能获得同步发展。然而，现实中却存在村民日益增长的物质生活与精神文化生活不平衡，甚至广大农民的精神文化生活需要难以满足的矛盾。如今的影视剧大都表现言情、都市和历史等，或为青年男女的恩爱缠绵，或为历史剧的荒诞穿越，或为后宫佳丽的明争暗斗，而关于农村文化题材的影视剧相对较少，个别影视剧中偶尔出现农民形象，很多时候也非傻即愚，或木讷口吃，往往是剧中揶揄、调笑和取乐的对象，剧中将农民的生理或智力、心灵等缺陷无限放大，任意践踏他们的尊严，博取众人的狂欢。这些影视剧无法满足广大农民的精神文化需求，个别践踏村民自尊的影视剧甚至还会引起农民的抵触与不满。据我们调查，当前农村文化市场相对冷清。许多乡镇，尤其是偏远山区的乡镇，大都没有书店或图书室，优秀读物、科普读物和戏曲等一些健康的精神食粮，农民无法享受。相反，一些不良的封建思想在不少农村却有所抬头。很多村民热衷于建寺庙、建祠堂、塑神像、修坟墓等活动，农村封建迷信活动已呈现公开化、组织化、产业化的

---

① 刘冠文：《传统和谐文化视野下的新农村文化建设》，硕士学位论文，大连交通大学，2010 年，第 22 页。

特点，很多农民不仅在精神上寄托于神灵，而且在经济上依靠神庙。与此同时，电子游戏、麻将、"摇碗子"、"摇筛盅"、"扎金花"等赌博活动在农村日渐猖獗，黄色书刊，淫秽影碟，思想反动的盗版影碟等在农村也屡见不鲜。一些打着"养生、保健、强体"等旗号形式各异的行骗活动，在当今农村依旧时有发生，甚至农村成为某些不法分子宣传、发动邪恶思想的主阵地，成为滋生反动思想的土壤。也就是说，农村文化形式的单一，致使低俗文化回潮。这些问题与社会主义新农村建设的要求格格不入，不但阻碍着广大农民思想文化素质的提高，而且严重制约、影响农村经济社会发展和安全稳定。

封建迷信活动盛行，歪风邪气上升已经成为一种不得不重视的社会问题。"一些地方的农民富裕起来之后，不是感谢党的好政策，盘算着今后怎样更快地发展，而是把这一切归之于神灵的保佑。为答谢神灵，在自己经济状况并不十分宽裕的情况下，大兴土木，修建庙宇，要好好供奉神灵，乞求它不断带给自己好运气。一些农民建房、娶媳妇、为自己修坟造墓，都要请人算命、占卜、看风水、选黄道吉日。所以，在农村，算命、看相等形形色色以从事迷信活动为业者随处可见。一些人专门拜师学巫术、学'阴阳'，宣扬封建迷信，有的'算命先生'甚至成了专业户。有的地方丧事奢办，做道场，请神汉等，严重败坏了农村的社会风气。"① 如果这种势头得不到遏制，那么社会主义精神文明建设和新农村建设将大打折扣。因此，在新农村建设中务必要加强精神文明建设。

（二）私欲膨胀，社会公德教育有待加强

随着国内经济的快速发展，因多元文化的冲击，农民固有的价值观受到严重的挑战。在经济利益的诱惑下，农民的价值观发生了巨大的变化，甚至一些传统的价值观被颠覆，取而代之的是以自我经济利益为中心的、畸形的价值观渐次浮出了历史的地表。于是，道德滑坡、诚信缺失等问题便出现并日渐突出。

1. 金钱观念的负面影响不容忽视

在经济利益的驱逐下，部分村民唯利是图，往往置法律与村规不顾。例如，部分农民为追求一己之利，一些村落变成了"传销的天堂"；有些

---

　　① 刘冠文：《传统和谐文化视野下的新农村文化建设》，硕士学位论文，大连交通大学，2010年，第23页。

村子成了情色交易的场所；有些村庄成了吸毒、贩毒的窝点；有些村子变为制假、贩假的据点；有些村庄变成了盗窃团伙的"根据地"。这些现象在许多"城中村"中比较普遍。有些村官或乡镇干部为了追求"政绩"，对这些行为往往熟视无睹，一旦"东窗事发"，一些村官或乡镇干部不仅会包庇这些行为，甚至会有意干扰有关部门的调查。这些干部与农民为了追求个人利益的最大化，其行为不但背离了淳朴、善良、仁厚等传统美德，甚至不无违法乱纪的嫌疑。这些问题的出现虽然有着非常复杂的原因，但唯利是图的观念仍然是一个不容忽视的原因。面对金钱利益的诱惑，一些人不仅难以自抑，而且还蠢蠢欲动。于是，"人各为己"与"金钱至上"的观念在当今农村依然存在。甚至，还有人迷失了自我，以至于"有奶便是娘"、"有钱便是爷"的说法在当今农村也并不陌生。在经济利益的驱使下，个人利害已经成了众多人的决策依据。因此，邻里之间有时仅仅因为一个小小利益纠纷，也可能会争得面红耳赤，甚至拳脚、棍棒相加或者拔刀厮杀。不仅如此，一些人为了满足对金钱的欲望，甚至走上了违法犯罪的道路。尽管发展农村经济，让农民尽快富裕起来是新农村建设的重要目标，但实现这一目标的根本保证是遵法守纪。千百年以来，"君子爱财取之有道"（高阳《胡雪岩全传·平步青云》上册）是中国人发家致富的一条基本底线。只有如此，社会才能安稳，人心才能平静，人性才可能不被金钱扭曲。一旦不当得利成为一种见怪不怪的现象而普遍存在，那么每个人的个人利益都可能面临被随时侵犯的风险。在这种情况下，很可能会出现人人自危的局面。因此，在新农村建设中，我们必须要注意金钱观念的负面影响。上述现象不仅制约着广大农村的健康发展，而且也影响着全社会的和谐稳定。

2. 奉献精神有待加强

因为过分地看重个人利益，一些农民的价值观难免会发生变化，以至于金钱成了他们的重要决策依据之一。长期以来，养儿防老是中国人的一种共识。然而，这种情况却发生着变化。在调研中，我们得知，在陕西关中地区，由于绝大多数青壮农民常年外出打工，因此，空巢老人的问题不仅较为普遍，而且比较突出。由于子女长期在外，这些老人往往得不到充分照顾，以致他们的晚年生活并不幸福。不仅如此，不少老人还要承担抚养孙子、收种庄稼的任务。如果说上述情况可能实属无奈的话，子女们因为个人利益争端而在赡养父母问题上推诿扯皮甚至遗弃老人的事件就应得到深思了。关中农村，老人被子女"离婚"的现象时有出现。如老人子女比较多，一旦大家都不愿意单独承担赡养义务的时候，他们常采用的办法，要么是把父母分别分配给不同的子女赡养，要么是轮流赡养。在此过程中，一旦子女之间产生了矛盾，不仅子女之间就不再来往，父母也因此会被彻底分开而不能相互来往。更有甚者，还出现过有人将父母驱逐出家门，老人以捡破烂为生的现象。有些兄妹之间为照顾父母争吵不休，甚至会大打出手，父母无奈只好选择"独居"。为了避免矛盾，当前，关中农村有不少老人选择"独居"。这些老人大都自己种田、做饭、洗衣，偶尔会收到子女送来的粮食和生活费。今天，中国正快速走进老龄化社会，农村老人的养老问题不仅是农村的重大问题，也是事关全国经济社会健康发展与优良社会风气建构的现实问题。

金钱至上观念的负面影响不仅表现在亲情、友情、爱情等人类美好的感情有时难免被金钱扭曲，而且也容易导致个人主义的盛行，以至于不少人往往会缺乏履行公民义务的自觉性。"不少人把金钱至上作为自己的价值追求，认为这就是市场经济，集体主义和爱国主义意识淡化，个人主义严重，不讲义务，只讲利益和权利，不关心国家大事，农闲时节农村聚众抹牌赌博现象屡见不鲜。价值观念扭曲，受资产阶级腐朽文化的影响，部分农村青年拜金主义、享乐主义和极端个人主义思想严重。自私自利，只讲索取，不讲奉献，称雷锋精神为傻子精神。现代人类社会暴力、犯罪、颓废、堕落、绝望以及其他一些丑恶社会现象（如黄、赌、毒）等在农村极为严重。另外，社会公德意识差，亲情、友情不如金钱，基本上失去了助人为乐、见义勇为、艰苦朴素的传统美德。农户之间缺乏团结互助精神，小偷小摸、顺手牵羊的事情时有发生。这些农村负面文化的存在，正在严重侵蚀着一部分农民的心灵，污染着社会风气。"① 无论是在赡养父母方面所出现的问题，还是在履行公民义务方面所存在的问题，究其原因主要是因为一些人过分看重个人利益，缺乏奉献精神。上述现象与社会主义新农村建设和精神文明建设的要求相去甚远，为促进新农村建设，并构建和谐社会，我们务必要注重社会公德教育。

（三）犯罪率有攀升态势

随着经济社会的快速发展，二元对立的城乡结构已发生了重大的变

---

① 刘冠文：《传统和谐文化视野下的新农村文化建设》，硕士学位论文，大连交通大学，2010年，第23页。

化。尽管如此，城市的优越性仍然非常显著。因此，新一代农民大都不愿重复祖辈"面朝黄土背朝天"的生活，于是，不少人便背井离乡进城务工，甚至一些人不无"宁要城里一张床，不要农村一间房"的思想。在此背景下，便出现大量农民涌入城市的现象。虽然在城市中"闯荡"、谋生的绝大多数农民仍然保持中国农民为人朴实、吃苦耐劳、珍惜友情等优良传统，但也有个别人抵制不住城市的各种诱惑，便免不了会发生盗窃、抢劫、强奸、诈骗等犯罪行为。不仅如此，从相关报道来看，农民工犯罪率呈现上升趋势。另外，"退耕还林"、"粮食直补"、"农村低保"的惠民工程中，一些别有用心的人，为了不当得利，也不惜施以违法犯罪的手段。在广大西部地区，随着国家保护生态环境的需要，为再造"秀美山川"，自 20 世纪 90 年代开始，国家大力实施"退耕还林"、"粮食直补"等惠民政策。像关中一些山区的农民，即使不种田，也可以领取相应的资金和补助。如此一来，拥有广阔土地和林产的农民每年都能领取一笔数目不小的补助。随着国家"退耕还林"政策的不断深入，农民领取的补贴也在不断增加。这本来是一件千载难逢的好事情，然而一些人却把这些惠民工程当成了"唐僧肉"，如某些基层干部不惜以冒名顶替、虚报数字、形象工程等手段非法侵占相关资金。此外，也有个别农民因为有了"稳定"的收入，衣食无忧，便游手好闲。某些人不仅不懂得珍惜，反而还可能铺张浪费，甚至会沾染上酗酒、吸毒、赌博等不良习气。近年来，除都市中的农民工问题之外，在农村地区，打架、斗殴、偷窃、抢劫等犯罪行为也并不罕见，甚至也有攀升趋势。这些问题不仅是事关城市建设、城市文明的问题，同样也是社会主义新农村建设必须面对的问题。

（四）读书无用论有抬头迹象

随着大学生就业难等问题的出现，加之经济利益的驱使，"读书无用论"在当今农村又有抬头之势，以致一些适龄儿童中途辍学，早早进入社会。当然，这种现象与当年"撤点并校"的负面效应不无关系。因为一些地方政府为节省开支而大规模地"撤点并校"，无形之中增加了农村孩子尤其是一些地处偏远农村孩子的上学难度，于是，当一些人家无力克服困难的时候，他们的孩子就只能望学校兴叹了。另外，在学龄人口下降的趋势下，随着辍学孩子人数的增加，也无疑会出现在校学生人数锐减的情况。因此，便会出现一种恶性循环。一些地方政府为了节约社会公共开支，便会进一步加大撤并学校的力度。如此一来，一些适龄儿童求学的路途便会变得更加遥远，以至于部分本应入学读书的孩子，因为学校距离远，求学不便，常常会推迟入学或中途辍学。可能正是因为如此等等的原因，近年来，国家明令禁止撤并学校，以确保学生就近入学。尽管如此，仍有许多适龄学生中途辍学跟随父母出外打工。尤其在大学生就业困难仍然存在的情况下，一些农村青年对读书兴趣难免会降低。因此，改变这种现象，提高农村青年的科学文化素养仍然是一个不容忽视的社会问题，如果这个问题解决不好，那么新农村建设必然将大打折扣。

三　民间文化保护已刻不容缓

由于农耕文化在中国源远流长，影响深远，因此，广大农村地区往往是中华文化不可或缺的重要载体，尤其是民间文化。"中国地大物博，民族众多，历史悠久，农村的民族民间文化资源极为丰富。既有具有民族传统的花会、花灯、戏曲、杂技、龙舟、舞狮、舞龙等民间艺术，又有具有地域特色的陶瓷、雕刻、剪纸、编织、绘画等民间工艺，还有古村、古镇、古民居、古祠堂等传统建筑。可以说这些优秀传统艺术、民俗活动、节庆礼仪、民间工艺等构成了丰富多彩的民族传统文化生态系统，它们在农村经济社会发展的历史长河中，曾发挥了巨大作用。随着城市化的进程和社会文化的转型，农村传统文化生态也面临巨大冲击，这些优秀的物质文化遗产和非物质文化遗产正濒临失传与破坏，严重影响了农村文化的发展。"①

(一) 民间文化传统面临失传的风险

在全球化背景下，广大青年农民尤其是进城务工的青年农民也热衷于追随世界潮流或向城里人看齐。于是，农村青年对传统文化及家乡的地方文化的认同感正在衰落，如当今农村民俗文化衰落已成为一种不可扭转的趋势。春节曾经是汉族人最重要的节日，尤其是广大农村地区。然而，对广大进城务工的青年农民甚至中年农民来说，"春节"回家团聚已经不是十分紧要的事情了。尽管每到年关，回乡农民工在春运客流中占有很大的比重，但留守在城市的农民工也为数不少，甚至有些人一连好几年都不回家过年。因此，就连农村人自己都明显感觉到春节的"年味"在逐渐变淡。

---

① 刘冠文：《传统和谐文化视野下的新农村文化建设》，硕士学位论文，大连交通大学，2010年，第23—24页。

不仅如此，"元宵节"、"清明节"、"端午节"、"中秋节"、"七夕"、"寒食节"与"腊八节"等节日也在淡化，反而是西方的"圣诞节"、"万圣节"与"情人节"等节日受到了众多农村青年男女的青睐。正因为广大农村青年对传统文化与地方文化的热情已大打折扣而热衷于现代都市文化，因此，许多地方文化尤其是民间艺术与工艺常常面临着后继乏人的困境，如舞狮、舞龙、杂技、戏曲、花会、花灯、社火等民间艺术及陶瓷、绘画、编织、雕刻、剪纸等民间工艺主要靠老艺人传承，由于鲜有青少年学徒，这些民间技艺的命运不能不令人担忧。不仅如此，即使现存的"传统工艺也丧失传统特色与民族气息。随着对外开放和旅游业的发展，许多具有地方特色的民族工艺品已成为畅销商品。我们发现，在传统工艺商品化的过程中，传统工艺受外地游客的消费意识、消费行为的影响和当地传统工艺市场竞争所左右，导致一些传统工艺发生'变异'，改变了传统工艺原来的民族风格、制作工艺和原义，丧失了特色，显得不伦不类。这不但损害、贬低了当地传统工艺品的声誉、形象和价值，还因失去'个性'而最终导致丧失对外地游客的吸引力，使其面临难以持续发展的困境"[1]。

（二）农村文物景观还缺乏有效保护

当前，社会主义新农村建设虽然已取得了一定的成效，但广大农村的新规划与农村文物景观保护方面仍面临着一定的问题。"伴随着社会主义新农村建设，广大农村的面貌和农民的生产生活条件发生了巨大改变，农民的生活质量和整体素质提高了，农民得到了实惠，但是在新农村建设中也存在忽视保护农村传统文化的问题，突出表现在新建起来的新村、新屋缺乏文化内涵，丧失了广大农村千姿百态的传统民族风格。这种现象在农村城镇开发以及乡村旅游开发中较为普遍。许多具有历史研究价值的古街道、古民居被随意改造和拆除；古民居内外有价值的木雕门窗被随意粉饰和更换，失去了它原有的古朴风貌和艺术品味，导致历史文化内涵丧失；部分农户拥有的古书、古字画及其他艺术珍品被随意放置或变卖，现存的也缺乏妥善保管，虫蛀、腐蚀较为突出；有些记载了大量的地方历史文化信息的金石碑刻，风吹雨蚀，字迹逐渐模糊，没有得到应有的保护；一些比较有历史研究价值的古桥被改造或拆除；一些历史悠久的寺观庙宇缺乏

---

① 李宝芬、马元斌：《新农村建设视阈下的文化软实力建设》，《淮北师范大学学报》（哲学社会科学版）2011 年第 4 期。

修缮；等等。这是我国非物质文化遗产的一大损失，因此，保护农村文化生态刻不容缓。"①

四　农村文化衰落的原因

（一）城市文化向乡村蔓延

改革开放以来，随着城市化的加速推进及农村生活生产条件的改善，城乡二元制的社会格局已发生了重大变化。在这种情况下，城乡之间的文化交流已变得十分频繁。不仅如此，城市在为民间文化提供新的生存与发展空间的同时，乡村也为城市文化提供了更广阔的生存与发展空间。虽然曲艺、剪纸、泥塑、刺绣、编织等民间文化在乡村社会面临着一定的生存困境，但城乡文化的交流与互动却使它们走进了都市人的生活，甚至不无商机。在民间文化向城市蔓延的同时，城市文化也借助国家的文化产业政策向乡村寻找商机。在文化消费多元化的今天，城市里的经营性文化团体也面临着众多困境。为抢占市场，曾经身份"高贵"的城市剧团、歌舞团、茶社与马戏团等社团也纷纷向乡村进军。虽然它们未必会在农村设立常驻机构，但它们往往不会轻易放过任何一个赚钱的机会，尤其是乡村物资交流大会带来的商机。城市文化向乡村的蔓延无疑挤压了民间文化并不宽裕的生存空间，并加速了乡村文化的衰落。与此同时，随着城乡交流的深化，城市人的生活方式与生活观念也势必会成为不少农村人学习仿效的对象。不仅如此，即使不有意为之，在城乡交流互动非常频繁的时代背景下，农村人的生活态度、价值观念与处事方式也难免会受到都市文明的影响。在这种情况下，农村人传统的生活态度、价值观念与处事方式无疑会受到某种冲击，甚至会发生一定的变化。这种冲击及其引发的变化虽然会促进传统农民向现代农民转变，但也使一些农民面临着一定的迷茫与困惑。

（二）现代文化的比较优势

20世纪90年代以来，尤其随着"村村通工程"的顺利实施，电视、电话已经在农村普及。不仅如此，在信息化和新农村建设的时代背景下，互联网也已经进入农村的普通百姓家。在这种情况下，看电视、上网已经

---

① 刘冠文：《传统和谐文化视野下的新农村文化建设》，硕士学位论文，大连交通大学，2010年，第24—25页。

成为农村人文化休闲娱乐的重要方式。由于可供选择的电视频道多，节目内容丰富，声像俱全，图文并茂，播放时间长甚至是不间断播放，因此，电视已经成了当今农村人必备的家电之一。互联网在农村的普及率虽然不是很高，但当代农民尤其是青年农民对互联网已不再陌生，甚至有些农民已经用上了互联网，并享受到了互联网给其带来的好处。由于互联网不仅信息容量大，而且能方便快捷地获取信息，并能实时实现交互式信息交流，因此，互联网建设也成了当前农村信息工程建设的重要内容之一。尽管互联网的负面效应在当今农村也有所显现，但互联网在农村仍在加速发展，甚至是农村人与外界沟通的重要渠道之一。当前，随着智能手机的普及，利用移动终端上网，也成了农村人尤其年轻人的一种极其重要的文化娱乐方式。在此背景下，民间传统的文化娱乐方式如社火、戏曲、聚众聊天等必然受到了冲击。与此同时，群众性文化娱乐方式也正在减少，而个体化的文化娱乐方式正在渐次增多。

（三）西方文化的兴起

当前，世界已进入信息化和全球化的时代。"随着西方文化的全球化扩散，其诸多主流的、非主流的消费观和价值观也纷纷渗透在中国农民的日常生活方式和生活观念之中。然而，一方面，受传统思想约束、长期处于封闭落后环境的中国农民缺乏对精华和糟粕的判断和选择能力，缺乏有选择地对两者进行融合创新提升的能力，只能被动地在西方文化和东方文化相互冲击下，逐渐迷失了方向。在各种文化的浸渍下，中国优秀的传统文化价值观念面临着被消融和改造的命运。另一方面，由于西方文化和中国传统文化缺乏一致的价值观基础，两者之间有着本质的区别，西方文化无法在中国顺利地落地生根发芽。于是，在多种思潮共同作用下的中国农村文化，逐渐陷入了不洋不土、不中不外的怪圈中。"①

综上所述，社会主义新农村建设还面临诸多问题，因此，新农村建设依旧任重道远。鉴于中华优秀传统文化在公民道德教育和社会治理方面不无当下价值，因此，发掘和弘扬中华优秀传统文化在社会主义新农村建设中的价值与作用，使之为新农村建设服务，也无疑是一个对社会主义新农村有现实意义的课题。

---

① 刘冠文：《传统和谐文化视野下的新农村文化建设》，硕士学位论文，大连交通大学，2010 年，第 25—26 页。

第三章　中华传统文化中的"以人为本"及其对新农村建设的启发意义

中华传统文化的孕育、形成和完善与农业文明都不无关系，因此，在广大乡村，中华传统文化及其价值观的影响就难免比较深远。不仅如此，在相当长的一段时间内，中华传统文化及其价值观还深深地融进了广大农民的日常生活，甚至成为他们的一种集体无意识。当前，随着大众传媒及其文化产业在广大农村的迅速崛起，在城乡互动日益频繁和青壮年农民大举进城的时代背景下，广大农民的文化生活已经有了更大的选择空间。在此形势下，随着普法教育及精神文明建设的深入推进，广大农民的公民意识在逐步提高，他们的价值观也在悄无声息地发生着变化。尽管如此，广大农村农业生产的必要性还没有丧失，农耕文化的根基还没有坍塌，广大农民的身份认同和文化认同与农耕文化仍有着千丝万缕的联系。加之传统文化及其价值观还具有诸多不容忽视的当代价值，因此，在当今的乡村世界，传统文化及其价值观仍然是不可或缺的。在此背景下，积极发挥传统文化及其价值观的当下价值与功用，无疑有利于推进农村社会治理工作与社会主义新农村建设。

党的十七大报告曾明确指出，文化建设不仅事关社会主义精神文明建设，而且还是提升中华民族凝聚力和创造力的重要途径之一。因此，在文化日益成为当今世界综合国力竞争重要影响因素的时代背景下，促进社会主义文化大发展与大繁荣已势在必行。此后，党的十八大报告进一步指出："要深入开展社会主义核心价值体系学习教育，用社会主义核心价值体系引领社会思潮、凝聚社会共识。推进马克思主义中国化、时代化、大众化，坚持不懈用中国特色社会主义理论体系武装全党、教育人民，深入实施马克思主义理论研究和建设工程，建设哲学社会科学创新体系，推动中国特色社会主义理论体系进教材进课堂进头脑。广泛开展理想信念教育，把广大人民团结凝聚在中国特色社会主义伟大旗帜之下。大力弘扬民族精神和时代精神，深入开展爱国主义、集体主义、社会主义教育，丰富人民精神世界，增强人民精神力量。倡导富强、民主、文明、和谐，倡导自由、平等、公正、法治，倡导爱国、敬业、诚信、友善，积极培育社会主义核心价值观。"①为了推进文化强国建设，十八届三中全会指出，建设社会主义文化强国，增强国家文化软实力，必须坚持社会主义先进文化的前进方向，坚持中国特色社会主义文化发展道路，坚持以人民为中心的工作导向，进一步深化文化体制改革。要完善文化管理体制，建立健全现代文化市场体系，构建现代公共文化服务体系，提高文化开放水平。在全球化背景下，对我们而言，文化建设不仅是促进物质文明与精神文明建设调协发展的重要举措之一，也是发展知识经济和提升国家整体实力的重要渠道之一，还是实现中国梦的重要途径之一。今天，中国正处在改革开放和实现中国梦的关键时期。为早日实现中华民族伟大复兴的中国梦，党的十八届三中全会绘制了全面深化改革的伟大蓝图。在促进农村改革方面，十八届三中全会以赋予农民更多权利和利益，并以推进城乡发展一体化为主线，明确提出了"三个赋予"、"七个允许"、"四个鼓励"、"五个保障"、"六个推进"、"三个建立"、"六个完善健全"、"四个制度改革"、"五个城乡统筹"等一系列促进农村改革与发展的重大举措。不难看出，这些举措无一不是为了促进广大农村全面、协调、可持续发展。对广大农村而言，在全面建设高水准小康社会的历史背景下，温饱问题早已不再是困扰农村发展的主要问题，当前的新农村建设则是以"生产发展、生活宽裕、乡风文明、村容整洁、管理民主"为目标，而这些目标的实现，不仅要依赖于物质文明建设，也要依赖于精神文明建设。其中，社会主义新农村文化建设必然是不可或缺的。

当然，社会主义新农村的文化建设并不意味着是对传统文化及地方文化的简单背离，而是在去伪存真、去粗取精的基础上，大力发掘传统文化与地方文化的当代价值，积极建构富有时代气息并能体现社会主义核心价值观的乡村文化。如刘冠文认为："社会主义新农村文化是农村文化的新状态，新发展，它既不同于城市文化，也不同于传统农村文化，而是融合

---

① 胡锦涛：《坚定不移沿着中国特色社会主义道路前进　为全面建成小康社会而奋斗——在中国共产党第十八次全国代表大会上的报告》，《党建》2012 年第 12 期。

当代文化的先进性与传统文化的特色形成的一种创新型文化。其内涵包括农民的思想道德、知识水平、行为操守的提升，农村文化生活环境的改善，农村文化体系的建立和完善等。对优秀民族传统文化的继承和发扬，适应经济社会的发展而不断创新，并积极吸收城市文化、现代文化、西方文化等不同文化中的积极因素；消除文化积淀中的糟粕，保留优秀文化传统，导入现代文明因素，与先进文化相对接、相兼容，是内涵丰厚的民族特色和现代品格兼具的文化。其本质是推进农民的知识化、文明化、现代化，培养具有积极性、创造性、自主性的新型农民。"① 如同刘冠文所言，传统文化不仅是社会主义新农村文化建设中不可或缺的重要文化资源之一，而且是培育新型农民的重要教育资源之一。自古以来，"文化化人"就是中国人最基本的文化观之一。因此，在社会主义新农村建设中，中华优秀传统文化及其价值观的当下功用是不可忽视的。

第一节　中国传统文化的关键词
——"道"的文化内涵及其价值诉求

在中华文化尤其是传统文化中，"道"是最为重要的关键词之一。从古至今，尽管人们对于"道"的理解不尽相同，甚至为此长期争论不休，但不可否认，中国人对"道"的理解与阐释常常与"天、地、人"等概念联系在一起，如"天之道"、"地之道"、"人之道"等论断。虽然这些论断对"天、地、人"的哲思常常是各为其用，各得其所，但它们都是从自己的价值立场和文化诉求出发探索"天、地、人"存在与发展的本质规律，以获得一种阐释"天、地、人"的元语言或"真理性"知识。这种极具阐释能力的概念及其对"天、地、人"哲思，往往折射着其视野中的世界观、人生观和价值观。

《易传》认为："一阴一阳之谓道。继之者善也，成之者性也。仁者见之谓之仁，知者见之谓之知，百姓日用而不知，故君子之道鲜矣。显诸仁，藏诸用，鼓万物而不与圣人同忧，盛德大业至矣哉！"② 在《周易》

---

① 刘冠文：《传统和谐文化视野下的新农村文化建设》，硕士学位论文，大连交通大学，2010 年，第 9 页。

② 《周易卷九·系辞上传》，黄寿祺，张文善译注，上海古籍出版社 2007 年版，第 381 页。

看来，一阴一阳的相反相生，运转不息，就叫做"道"，其是宇宙万事万物盛衰存亡的根本。传继此道并发扬光大以开创万物的就是"善"，成就万事万物的是天命之性，亦即道德之义。有仁德的人见此性此道，能从其中发现"仁"，聪明的人体察此性此道，能从其中发现"智"。百姓日常受用，遵循此道此性而各安其所，却不知晓，所以君子之"道"的丰富内涵知之者就更少了。天地之"道"（即易道）显现于仁德而遍及整个宇宙，潜藏于日用而不易察觉，在自然而然地化育万物而与圣人尚存忧患之心却有所不同。然而，圣人却努力地效法"道"。因此，他的高尚品德和庞大功业往往是至极无比的。不难看出，《周易》所谓的"道"强调的是事物之间相克相生，而又各安其所、各遂其生、自然而然的特性，这显然也是一种世界观。正因为如此，《周易》认为凡事都要顺应事物自身固有的发展变化规律，并要重视其内部矛盾对立统一的关系。《周易·说卦》云："昔者圣人之作《易》也，将以顺性命之理，是以立天之道，曰阴曰阳；立地之道，曰柔曰刚；立人之道，曰仁曰义，兼三才而两之，故《易》六通而成卦。分阴分阳，分阴分阳，迭用柔刚，故易六位而成章。"① 从以上分析来看，其实《周易》是以辩证发展的眼光审视世界的。由于其对"天、地、人"的阐释与把握都是从这个角度出发的，因而，其世界观、人生观和价值观中就不无辩证发展的思想。

与《周易》相似，道家也是从世界万物生成与发展规律的角度来阐释"道"的。

道家思想认为"道"是宇宙的本源，也是统治宇宙中一切运动的法则，如老子曾在他的著作中说："有物混成，先天地生。寂兮寥兮，独立而不改，周行而不殆，可以为天地母。吾不知其名，强字之曰道，强为之名曰大。大曰逝，逝曰远，远曰反。故道大，天大，地大，人亦大。域中有四大，而人居其一焉。人法地，地法天，天法道，道法自然。"② 在老子看来，"道"先于天地万物而存在。"道"无声无形，也不依靠任何外力而独立长存永不停息，循环运行而永不衰竭。"道"是世界的本源。宇宙间有四大，人居其中之一。天大，地大，人也大，是因为道大，它广大

---

① 《周易卷九·系辞上传》，黄寿祺，张文善译注，上海古籍出版社2007年版，第428—429页。

② （春秋）老子：《道德经·第二十五章》，崔促平译注，黑龙江人民出版社2003年版，第27页。

无边而运行不息，运行不息而伸展遥远，伸展遥远而又返回本源。在天、地、人和道的关系方面，老子认为人取法于地，地取法于天，天取法于"道"，"大道"则取法于自然。老子不仅认为"道"是世界的本体，而且认为万事万物是发展变化的，如《道德经》第四十二章云："道生一，一生二，二生三，三生万物。"不仅如此，老子还认为万事万物都包含着矛盾，不过这种矛盾是辩证统一的，如"万物负阴而抱阳，冲气以为和。人之所恶，唯孤、寡、不谷，而王公以为称。故物或损之而益，或益之而损。人之所教，我亦教之。强梁者不得其死，吾将以为教父"①。显而易见，老子并不是单纯地为论"道"而论道，他所说的"道"虽然抽象到让人难以把握的地步，但并不空泛。从《道德经·第四十二章》来看，老子已经在结合人事论"道"了。

作为老子哲学思想的继承者和发展者，庄子虽然强调"顺其自然"与"回归自我"，但常常也结合人事论"道"，如"天下有道，圣人成焉；天下无道，圣人生也。方今之时，仅免刑焉。福轻乎羽，莫之知载；祸重乎地，莫之知避"②。不仅如此，庄子还继承并发展了老子的辩证法思想，如"相与于无相与，相为于无相为"（《庄子·大宗师》），"方生方死，方死方生。方可方不可，方不可方可"（《庄子·齐物论》），"是亦彼也，彼亦是也。彼亦一是非，此亦一是非"（《庄子·齐物论》）等。在天道与人道的关系方面，庄子主张人道要顺从于天道。《庄子·在宥》云："何谓道？有天道，有人道。无为而尊者，天道也；有为而累者，人道也。主者，天道也；臣者，人道也。"③ 什么是道？庄子认为，天有天道，人有人道。无为而尊贵的，是天道；事必躬亲而劳累的，是人道。处于主宰地位的，是天道；居于从属地位的，是人道。显而易见，不管是老子，还是庄子，他们都把"道"视为事物的固有规律，并以辩证发展的眼光看待世界。因此，他们的世界观、人生观和价值观就难免受其影响，甚至以此为基础。道家思想在董仲舒以前曾经颇为盛行，如西汉司马谈在《论六家要旨》中云："道家使人精神专一，动合无形，赡足万物。其为术也，因阴阳之大顺，采儒墨之善，撮名法之要，与时迁移，应物变化，立俗施

---

① （春秋）老子：《道德经·第四十二章》，崔促平译注，黑龙江人民出版社2003年版，第47页。

② （战国）庄子：《庄子·人间世》，孙通海译注，中华书局2007年版，第90页。

③ （战国）庄子：《庄子·在宥》，张耿光译注，贵州人民出版社1992年版，第186页。

事，无所不宜，指约而易操，事少而功多。"① 董氏之后，儒学虽然一统天下，但道家学派却并没有因此而退出历史的舞台，甚至仍然深刻地影响着中国社会的方方面面。关于道家的价值观问题，孙伟平先生曾有较为详细的论述。他认为道家的价值观主要体现在"人道合一"的价值主体意识；"道法自然"以"道"为本位的价值本体；"齐善恶"等相对主义的价值标准；"绝圣弃智"、"无为而治"的价值行为取向；"反者，道之动；弱者，道之用"的价值实践方略；返璞归真、"小国寡民"的价值理想②。

　　与道家相比，儒家更是从人事的角度论"道"的，如"子贡曰：'夫子之文章，可得而闻也；夫子之言性与天道，不可得而闻也。'"③ 在子贡的心目中，孔子是很少谈天"道"的，以至于自己都没有听说过。在《论语》中，"道"常指孔子的思想或主张，如"道不行，乘桴浮于海。从我者，其由与?"④ 在这句话中，"道"可当作孔子的"主张"或"思想"来讲。在孔子看来，如果他的主张得不到落实，那么他就泛舟大海之上，只与共识者同行。既然孔子把自己的思想主张看作"道"，并如此重视"道"，那么在孔子那里，"道"是依赖于什么而存在的? 它的主要内涵又是什么呢? 在《论语·述而》中，孔子认为："志于道，据于德，依于仁，游于艺。"⑤ 显而易见，孔子将"道"与"仁德"紧密地联系在了一起。曾子说："士不可以不弘毅，任重而道远。仁以为己任，不亦重乎? 死而后已，不亦远乎?"⑥ 在这句话中，"道"可当"道路"来讲。曾参认为，士人应该刚强果断，因为实行仁德的责任重大，路途遥远。尽管曾参以"刚强果断"为话题，但其强调却是实行"仁德"的重要性及其任务的艰巨性。不难看出，曾参的说法与孔子如出一辙。除重视"仁德"之外，孔子还非常推崇"忠恕"。《论语·里仁》记载："子曰：'参乎，吾道一以贯之。'曾子曰：'唯。'子出，门人问曰：'何谓也?'曾子曰：'夫子之道，忠恕而已矣!'"⑦ 显而易见，在曾子看来，孔子学说中

　　① （汉）司马谈《论六家要旨》，参见（汉）司马迁《史记》，许嘉璐编译，汉语大词典出版社 2004 年版，第 1552 页。
　　② 孙伟平：《老庄道家价值观论纲》，《中国人民大学学报》2012 年第 3 期。
　　③ （春秋）孔子：《论语·公治长第五》，张燕婴译注，中华书局 2007 年版，第 58 页。
　　④ 同上书，第 54 页。
　　⑤ 同上书，第 88 页。
　　⑥ 同上书，第 108 页。
　　⑦ （春秋）孔子：《论语·里仁第四》，张燕婴译注，中华书局 2007 年版，第 46 页。

一以贯之的中心是"忠恕"。

　　孔子不仅重视"仁德"与"忠恕",而且还把基于"仁德"与"忠恕"的"道"看作人之为人的根本。在他看来,这种"道"是君子人格不可或缺的部分。基于此,在《论语·里仁》中,孔子认为:"士志于道而耻恶衣恶食者,未足与议也。"① 在这句话中,"道"虽然可以当作"真理"来讲,但从上下文来看,其所强调的则主要是为人处世之道,即人不仅要有远大的志向,而且还要有"德",有"义",否则不会被人认可。因此,孔子认为:"君子谋道不谋食。耕也,馁在其中矣;学也,禄在其中矣。君子忧道不忧贫。"② 在孔子看来,君子重在谋求道义而不是谋求衣食。君子担心的应该是道义得不到落实,而不是贫穷。在强调"道"的重要性的同时,孔子还认为:"道不同,不相为谋。"③ 也就是说,在孔子看来,人不仅要重视个人修养,而且要遵从共同的"仁德"、"忠恕"原则。如果做人的主张不同,那么就很难合作共处。从上文的分析来看,尽管"道"是做人的准则,它的影响力是十分巨大的,但在人与"道"的相互关系中,人要积极主动而不能被动。对此,孔子认为:"人能弘道,非道弘人。"④ 在孔子看来,人要将"仁德"发扬光大,而不是被动地等待"仁德"发挥作用。正因为"道"如此重要,因此,孔子认为,为了得"道"要在所不惜,如"朝闻道,夕死可矣"⑤。

　　作为儒学"亚圣"的孟子,继承并发扬了孔子的思想。"仁义"也是孟子道德论的核心思想,他不仅把"仁、义、礼、智"看作最基本的道德范畴,而且还认为它们是每个人生命中与生俱来不可或缺的部分。在孔子"仁学"思想的基础上,孟子将伦理和政治相结合提出了"仁政"之说。孟子不仅要求统治者推己及人,用"老吾老以及人之老,幼吾幼以及人之幼"(《孟子·梁惠王上》)的心态对待人民,而且还非常看重全民教育的重要意义。在孟子看来,由于教育能使百姓"明人伦",因此,教育也是建立"人伦明于上,小民亲于下"⑥ 的和谐融洽的人伦秩序与理想

---

① （春秋）孔子:《论语·里仁第四》,张燕婴译注,中华书局2007年版,第44页。
② （春秋）孔子:《论语·卫灵公第十五》,张燕婴译注,中华书局2007年版,第244页。
③ 同上。
④ 同上书,第243页。
⑤ （春秋）孔子:《论语·里仁第四》,张燕婴译注,中华书局2007年版,第44页。
⑥ （战国）孟子:《孟子·滕文公章句上》,金良年译注,上海古籍出版社2004年版,第106页。

社会的重要途径之一。其实，孟子所追求的理想社会无非是一种衣食富足、君民同乐的和谐社会，孟子所谓的人伦秩序就是"父子有亲，君臣有义，夫妇有别，长幼有序，朋友有信"①。孟子认为："天下有道，以道殉身；天下无道，以身殉道。未闻以道殉乎人者也。"② 显而易见，在孟子的心目中，天下治乱与否，和人们能否遵"道"有密切的关系，而这种与人始终相随的"道"其实是建立在上述人伦秩序基础之上的行为准则。不仅如此，孟子还把这种准则看作是天经地义的东西。他认为无论在什么情况下，人绝对不能放弃做人的准则而迁就他人。因此，孟子在谈到"道"的时候，不仅指涉儒家的"仁义"、"忠恕"和"礼智"，也常常指涉建立理想社会和人伦秩序的方法与途径。

"桀、纣之失天下也，失其民也；失其民者，失其心也。得天下有道，得其民斯得天下矣；得其民有道，得其心斯得民矣；得其心有道，所欲与之聚之，所恶勿施，尔也。民之归仁也，犹水之就下，兽之走圹也。"③ 在这段话中，"道"就是"途径"或"方法"的意思。在孟子看来，桀和纣之所以会失去天下，是因为其失去了人民，而失去人民的原因，则是其失去了民心。因此，取得天下的途径是得到人民，得到人民的途径是赢得民心，赢得民心的途径则是投其所好，远其所恶。如果能做到这些，那么人民就会一心向仁，如同水往下方流、野兽奔向旷野一样。在《孟子·离娄上》中，孟子还认为："居下位而不获于上，民不可得而治也。获于上有道，不信于友，弗获于上矣。信于友有道，事亲弗悦，弗信于友矣。悦亲有道，反身不诚不悦于亲矣；诚身有道，不明乎善不诚其身矣。是故诚者，天之道也，思诚者，人之道也。至诚而不动者未之有也，不诚未有能动者也。"④ 在这段话中，"道"也当作"途径"或"方法"来讲。在孟子看来，得到君主的信任有途径，不能取信于朋友就不能得到君主的信任；取信于朋友有途径，侍奉父母不孝顺就不能取信于朋友；孝顺父母有途径，自身不真诚就不能孝顺父母；使自身真诚有途径，不懂善恶就不能使自身真诚。诚是上天的准则，追求诚则是为人的准则。显而易

---

① （战国）孟子：《孟子·滕文公章句上》，金良年译注，上海古籍出版社2004年版，第112—113页。
② 同上书，第291页。
③ 同上书，第154页。
④ 同上书，第156页。

见，在上述两段话中，孟子论"道"其实是强调人伦秩序建立、维系和遵从的重要性。孟子曰："道在迩而求诸远，事在易而求诸难。人人亲其亲、长其长而天下平。"① 在孟子看来，学习圣贤，施行仁道，不必舍近求远。只要人人都能做好自己身边的事情，天下也就太平了。因此，孟子曰："君子深造之以道，欲其自得之也。自得之则居之安；居之安则资之深，资之深则取之左右逢其源，故君子欲其自得之也。"② 孟子认为无论是个人修养，还是做学问，都要有一定的方法去深入把握其最基本的东西，只有这样才能有独特的心得。这里所说的"基本东西"无疑是指儒家的基本主张，因此，孟子所说的"道"其实是指儒家的"仁、义、礼、智"及其实践途径与方法。

由于"仁、义、礼、智"及其实践策略都以人为载体而存在，也依赖于人而发挥作用，因此，儒家无论是谈论治国之道，还是谈论为人之道，都非常重视个人道德修养及其影响和现实意义。《大学》有云："古之欲明明德于天下者，先治其国；欲治其国者，先齐其家；欲齐其家者，先修其身；欲修其身者，先正其心；欲正其心者，先诚其意；欲诚其意者，先致其知；致知在格物。物格而后知致，知致而后意诚，意诚而后心正，心正而后身修，身修而后家齐，家齐而后国治，国治而后天下平。自天子以至于庶人，壹是皆以修身为本。其本乱，而末治者否矣。其所厚者薄，而其所薄者厚，未之有也。"③ 在《大学》看来，修身是齐家、治国、平天下之本。修身的前提是获得知识，而获取知识的基本途径则是认识研究万事万物之道，即探求事物自身固有的规律。这里所谈的人之道，其实就是儒家一再强调的人之为人的本性及建构于其上的人伦秩序。显而易见，儒家所说的"修身"其实就是学习为人之道，其最高理想是造就所谓的"君子人格"。不仅如此，儒学认为修身养性还是人的一种天性。《中庸》云："自诚明，谓之性；自明诚，谓之教。诚则明矣，明则诚矣。"④ 在《中庸》看来，真诚向善是人的天性，教育能够促进人格完善无非是因为其顺应了人的天性。显而易见，儒家学说不仅重视"仁、义、礼、智"等做人的基本准则，而且还强调要将它们内化为人的一种素养。

① （战国）孟子：《孟子·离娄上》，金良年译注，上海古籍出版社 2004 年版，第 156 页。
② 同上书，第 174 页。
③ 《大学·中庸》（《大学》第一章），王国轩译注，中华书局 2006 年版，第 4—5 页。
④ 《大学·中庸二十一章》，王国轩译注，中华书局 2006 年版，第 104 页。

不仅如此，在很早的时候，儒家学说就非常重视"仁、义、礼、智"等做人准则的落实状况及其影响。《中庸》认为："唯天下至诚，为能尽其性；能尽其性，则能尽人之性；能尽人之性，则能尽物之性；能尽物之性，则可以赞天地之化育；可以赞天地之化育，则可以与天地参矣。"[①]在《中庸》看来，人不仅要知其性，而且还要尽其性。只有人人能发挥自己真诚向善的本性，万物才能发挥自己的本性并得到关照，自得其所，自遂其生。只有这样，人类才能帮助天地化育生命，并使自己立于与天地同在的不朽地位。不难看出，人与万物，人之道与天地之道是密切相关的。在谈到"天地之道"时，《中庸》说："天地之道，可一言而尽也：其为物不贰，则其生物不测。天地之道：博也，厚也，高也，明也，悠也，久也。今夫天，斯昭昭之多，及其无穷也，日月星辰系焉，万物覆焉。今夫地，一撮土之多，及其广厚，载华岳而不重，振河海而不泄，万物载焉。今夫山，一卷石之多，及其广大，草木生之，禽兽居之，宝藏兴焉。今夫水，一勺之多，及其不测，鼋鼍蛟龙鱼鳖生焉，货财殖焉。"[②]在这里，我们所看到的不仅是天、地、人相依相生的关系，而且是天、地、人本为一体，人之道与天地之道相偕相同的关系。也就是说，在《中庸》看来，天地之道和人之道一样，都是真实至上。不仅如此，圣人和天地也是同德的。这一论述所阐明的道理无非是我们经常所提到的"天人合一"思想，这也是儒家所宣扬的"大道"之一。

由于自董仲舒以来，儒家文化一直是封建时代的主流文化，因此，儒学思想不仅具有绝对的比较优势，而且其影响还非常深远。中国历史上屡屡出现的复古思潮，更多时候，其实是复古崇儒，如韩愈的《原道》。《原道》观点鲜明，有破有立，引证今古，层层剖析，驳斥佛老之非，论述儒学之是。韩文不仅体现了其排斥佛老的立场，也体现了其恢复古道、尊崇儒学的宗旨。《原道》云："博爱之谓仁，行而宜之之谓义，由是而之焉之谓道，足乎己而无待于外之谓德。仁与义为定名，道与德为虚位。故道有君子小人，而德有凶有吉……凡吾所谓道德云者，合仁与义言之也，天下之公言也。"[③]在韩愈看来，仁就是博爱，合宜于仁的行为叫做

---

①　《大学·中庸二十二章》，王国轩译注，中华书局 2006 年版，第 106 页。
②　同上书，第 114—115 页。
③　(唐) 韩愈：《韩昌黎全集·杂著》，上海：世界书局 1931 版，第 172 页。

"义"，从仁义再向前延伸就是"道"，仁义内化为人自觉的人格则是"德"。显而易见，韩愈对"仁"、"义"、"道"、"德"的阐释与儒家先贤的解说如出一辙。仁者爱人，"义"又以"仁"为本。此外，无论是"道"，还是"德"，其都是以仁义为基础的。在谈到先王的政教时，韩愈不仅重申了他对"仁"、"义"、"道"、"德"及其关系的理解，而且还列举了它们的表现方式、实现途径和现实意义。"夫所谓先王之教者，何也？博爱之谓仁，行而宜之之谓义。由是而之焉之谓道。足乎己无待于外之谓德。其文，《诗》、《书》、《易》、《春秋》；其法，礼、乐、行政；其民，士、农、工、贾；其位，君臣、父子、师友、宾主、昆弟、夫妇；其服，麻、丝；其居，宫室；其食，粟米、果蔬、鱼肉。其为道易明，而其为教易行也。是故以之为己，则顺而祥；以之为人，则爱而公；以之为心，则和而平；以之为天下国家，无所处而不当。是故生则得其情，死则尽其常。"① 在韩愈看来，用"仁"、"义"、"道"、"德"来教育自己，就能和顺吉祥；用其对待别人，就能做到博爱公正；用其修养内心，就能平和而宁静；甚至，用其治理国家与天下，也无不当之处。因此，高扬"仁"、"义"、"道"、"德"，既能使人活着的时候感受到人与人之间的情谊，又能使人心境平和，即使面对死亡也能坦然从容。

　　其实，儒家学说本身就是一个重视伦理道德教育和人格修养的学术派别。儒家以孔子为师，以六艺为法，崇尚"礼乐"和"仁义"，提倡"忠恕"和不偏不倚的"中庸"之道，主张"德治"和"仁政"，这既是儒学基本理念的重要内容，也是儒家之"道"的重要内容。在这种视角下，儒家不仅重视个人修养的重要性，而且还常常把有关个人修身养性的问题与治国安邦的宏大叙事紧密联系在一起。因而，无论是阐释"仁"、"义"、"礼"、"智"、"信"等儒家文化的基本理念，还是论及"三纲"、"四维"、"五伦"、"八德"、"十义"等儒家文化的基本命题，"修身"、"齐家"、"治国"、"平天下"总是密切相关的。由于"齐家"、"治国"、"平天下"都要由人来完成，因此，"修身"必然是十分重要的，如孟子说："天下之本在国，国之本在家，家之本在身。"② 显而易见，儒家非常看重个人修身的价值，尤其是其社会价值。

---

① （唐）韩愈：《韩昌黎全集·杂著》，上海：世界书局1931版，第172页。
② （战国）孟子：《孟子·离娄上》，金良年译注，上海古籍出版社2004年版，第150页。

总而言之，无论是道家学说，还是儒家学说，它们对"道"的阐释与理解虽有不同，但"道"却不失为二者共同关注的文化哲学理念之一。儒、道作为中华文化非常重要的组成部分，各具特色，又相辅相成，共同造就了中华文化的个性与中华民族的文化基因。无论是对道家而言，还是对儒家而言，"道"不仅属于知识论的范畴，也属于认识论的范畴。因而，从中华传统文化的整体性角度而言，在一定程度上，"道"不仅承载着中华文化的诸多基本理念，也折射着中华民族的一些思维方式与安身立命的基本原则。正是因为非常看重人与世界万物的联系及文化的教化作用，中华传统文化就非常重视"修身养性"之于个人的重要价值和意义。与此同时，其必然也强调世界观、人生观和价值观的重要性，甚至"修身养性"的目的也无非是为建立"三观"。由于中华传统文化中的"道"无论是强调自然规律，还是强调做人的准则，抑或强调人与人、人与万物的相互关系，其都会或多或少地涉及"何以为人"及人自身的价值与意义等问题，因此，中华传统文化虽然在"人"的问题上难免存在不少缺陷，但不可否认，"人"始终是中华传统文化的核心概念和中心话题之一。这既是文化的本质使然，也是中华传统文化对"人"学命题的高度关注使然。

第二节　"以人为本"的文化渊源及其基本内涵

中华传统文化尤其是儒家文化虽然难以摆脱"存天理，灭人欲"的负面影响，以至于饱受诟病，甚至一段时期还成为批判和否定的对象，如"五四"与"文化大革命"时期。尽管在人权等涉及个人尊严与自由的问题上，中国传统文化可圈可点之处并不是很多，甚至还比较欠缺，但我们却不能否认，中华传统文化仍不失关注人自身价值与作用的宝贵思想与优良传统，如"以人为本"。早在春秋时期，管仲就明确提出了"以人为本"的观点。在《管子·霸言》中，管仲向齐桓公分析了成就霸业的相关问题。在此期间，管仲曾非常肯定地说："夫霸王之所始也，以人为本。本理则国固，本乱则国危。"① 在管仲看来，成就霸业务必要以百姓为本，因为百姓能否安居乐业往往直接影响着国家的安危治乱。除管仲明

---

① （春秋）管仲：《管子·霸言第二十三》，谢浩范，朱迎平译注，贵州人民出版社1996年版，第357页。

确提出了"以人为本"的观点之外，《春秋穀梁传》、《墨子》、《孟子》、《荀子》及其前后的诸多先哲都曾讨论过这个话题。《春秋穀梁传》云："民者，君之本也，使人以其死，非正也。"① 在《春秋穀梁传》看来，民众是国君维持其统治的根本，驱使民众去作战送死，是不合正道的。

与《管子》和《春秋穀梁传》相比，《墨子》则从更为具体的角度去讨论"以人为本"的问题。墨子认为，能否"尚贤使能"是能否治理好国家的关键原因之一。因而，他指出："官无常贵，而民无终贱。有能则举之，无能则下之。举公义，辟私怨，此若言之谓也。"② 在墨子看来，选拔官员不仅要出于公心，要抛开私怨，而且要坚持德才兼备的原则，按能力和贡献论功行赏。显而易见，墨子已经注意到了"人"的因素在治国理政中的重要作用与影响。因此，墨子强调，"得意，贤士不可不举；不得意，贤士不可不举。尚欲祖述尧、舜、禹、汤之道，将不可以不尚贤。夫尚贤者，政之本也"③。从这段话来看，在墨子的心中，无论天下太平与否，都要重视选拔贤士，因为崇尚、重用贤士是统治者为政的根本。墨子所说的"尚贤使能"虽然和管仲所说的"以人为本"不尽相同，但二者在本质上却是一致的。"尚贤使能"对贤士与能人的重视又何尝不是强调人为政务之本呢？更何况墨子还明确提出了"夫尚贤者，政之本也"④ 的观点。在中国古典文献中，"人"常指"人民"。不仅如此，"人"与"民"二字有时也会连用，合并成为一个词组，如《诗经·大雅·抑》中就有这样的词组。《诗经·大雅·抑》云："质尔人民，谨尔侯度，用戒不虞。慎尔出话，敬尔威仪，无不柔嘉。白圭之玷，尚可磨也；斯言之玷，不可为也！"⑤ 此诗意在说明，治理人民的关键是官员要自警自律，慎用法度。由于"人"不仅可以解为"人民"，且"人"、"民"连用的现象也时有出现，因此，管仲所说的"以人为本"，则可以说成"以人民为本"或"以民为本"。其实，无论是"以人为本"，还是"以人民为本"抑或"以民为本"，其最基本的含义都是强调"人"之于万事万物尤其是治国理政的重要性。不仅如此，在更多时候，这里所说的

---

① 《春秋穀梁传·桓公十四年》，承载译注，上海古籍出版社 2004 年版，第 92 页。
② （战国）墨子：《墨子·尚贤》，李晓龙译注，中华书局 2007 年版，第 52 页。
③ 同上书，第 53 页。
④ 同上。
⑤ 程俊英、蒋见元：《诗经注析·大雅·抑》，中华书局 1999 年版，第 859 页。

"人"其实主要是指普通百姓。

与《诗经》齐名的《书经》曾说："民为邦本，本固邦宁。"① 应该说，这句话中的"民为邦本"与管仲所说的"以人为本"如出一辙，"以民为本"其实是对"以人为本"的具体化，二者都强调民众之于国家社稷的重要意义。不仅如此，"以民为本"使"民众"的重要性更为鲜明地凸显了出来。在此方面，孟子曾有较为深入细致的思考与论述。在《孟子·尽心下》中，孟子不仅提出了"民为贵"，还提出了"民为宝"的论断。孟子认为："民为贵，社稷次之，君为轻。是故得乎丘民而为天子，得乎天子为诸侯，得乎诸侯为大夫。"② 从孟子的角度来看，之所以要强调"民贵君轻"，不仅是因为仁者爱人，而且是因为得民心者得天下。因此，孟子指出："诸侯之宝三：土地，人民，政事。宝珠玉者，殃必及身。"③ 也就是说，在孟子看来，对统治者而言，最珍贵的不是金银财宝，而是土地、民众与政务。为了体现和落实"以民为本"的政治主张，孟子不仅要求统治者要重视民心所向对国家长治久安的重要意义，而且还要求统治者要乐民所乐，忧民所忧。在《孟子·梁惠王下》中，齐宣王曾向孟子请教治国之道，孟子曰："乐民之乐者，民亦乐其乐；忧民之忧者，民亦忧其忧。乐以天下，忧以天下；然而不王者，未之有也。"④ 要求统治者把民众的忧和乐都放在心上，不仅是孟子"仁政"学说的重要内容之一，也是其"民本"思想的重要内容之一。虽然孟子强调的是民心向背对政权稳定的重要影响，但在另一个层面，其"仁政"学说与"民本"思想也无疑说明民众的个人选择及其社会效果对国家事务的影响是不可避免的。

在中国历史上，"民本"思想不仅源远流长，而且影响深远。除了管仲、墨子和孟子等先哲之外，历朝历代诸多知识分子都谈论过这一话题。《荀子·王制篇》在谈到治国策略的时候，荀子有这么一段话：

马骇舆，则君子不安舆；庶人骇政，则君子不安位。马骇舆，则莫若静之，庶人骇政，则莫若惠之。选贤良，举笃敬，兴孝弟，收孤

---

① 《尚书·五子之歌》，李民，王健译注，上海古籍出版社 2004 年版，第 93 页。
② （战国）孟子：《孟子·尽心下》，金良年译注，上海古籍出版社 2004 年版，第 300 页。
③ 同上书，第 307 页。
④ （战国）孟子：《孟子·梁惠王下》，金良年译注，上海古籍出版社 2004 年版，第 32 页。

寡，补贫穷，如是则庶人安政矣。庶人安政，然后君子安位。传曰：
"君者，舟也；庶人者，水也；水则载舟，水则覆舟。"此之谓也。
故君人者，欲安则莫若平政爱民矣；欲荣，则莫若隆礼敬士矣；欲立
功名，则莫若尚贤使能矣；是君人者之大节也。三节者当，则其余莫
不当矣。①

　　荀子以驭马之术比拟治国策略，他认为，统一天下，武力征伐不是唯
一的途径，争取民心才是更为有效的方略，因为只有人心所归的君主，其
政权才能长治久安。因此，荀子在政治上极力倡导"平政爱民"、"隆礼
重士"和"尚贤使能"的主张。在荀子看来，君主治国如同驭马。拉车
的马惊恐，那么君主在车上就坐不安稳。同理，如平民百姓扰乱政局，那
么君主的统治地位也就可能不稳固。马惊车，不如让马平静下来。平民百
姓扰乱政局，就不如给他们恩惠。选拔贤德善良的人，推举忠厚恭敬的
人，提倡孝顺父母和尊敬兄长，收养孤寡无依之人，救助贫困之人，如果
能真正做到这些事情，那么平民百姓就必然会拥护君主。百姓安心，然后
君主才能安稳地坐在王位上。这个道理，古人早已说过，君主是船，平民
百姓是水。水能承载船只，也能倾覆船只。因此，君主想要其政权长治久
安，就要使其政局稳定，人民安居乐业。君主想要获得荣誉，就不如尊崇
礼义，敬重有才能的人。君主想要建功立业，就不如推举品行高尚的人，
任用有才能的人。这三条是治国理政的重要原则，只要这三条原则恰当，
那么其他方面也就自然会随之恰当。荀子不仅在《荀子·王制篇》中较
为详尽地阐述了其"以民为本"的治国方略，而且在《荀子·哀公》中，
还借助孔子与鲁哀公的对话，又重申了"以民为本"治国方略的重要意
义。据《荀子·哀公》记载，鲁哀公向孔子请教增强忧患意识的策略，
孔子指出，只有深入实际，充分了解老百姓的疾苦，才能真正明白何者为
哀，何者为忧，何者为劳，何者为惧。不仅如此，孔子还说："且丘闻
之，君者，舟也；庶人者，水也。水则载舟，水则覆舟。君以此思危，则
危将焉而不至矣。"② 显而易见，在荀子看来，对统治者而言，失去民众

---

① （战国）荀子：《荀子·王制篇第九》，高长山译注，黑龙江人民出版社 2004 年版，第
141 页。

② （战国）荀子：《荀子·哀公篇第三十一》，高长山译注，黑龙江人民出版社 2004 年版，
第 587 页。

的拥护与支持无疑是最危险的事情。

西汉时，贾谊的《新书》在总结秦王朝灭亡的历史教训时，也论述了"民为邦本"的思想。《新书·大政上》云：

> 闻之于政也，民无不为本也。国以为本，君以为本，吏以为本。故国以民为安危，君以民为威侮，吏以民为贵贱，此之谓民无不为本也。闻之于政也，民无不为命也。国以为命，君以为命，吏以为命。故国以民为存亡，君以民为盲明，吏以民为贤不肖，此之谓民无不为命也。闻之于政也，民无不为功也。故国以为功，君以为功，吏以为功。国以民为兴坏，君以民为强弱，吏以民为能不能，此之谓民无不为功也。闻之于政也，民无不为力也，故国以为力，君以为力，吏以为力。故夫战之胜也，民欲胜也；攻之得也，民欲得也；守之存也，民欲存也。故率民而守，而民不欲存，则莫能以存矣。故率民而攻，民不欲得，则莫能以得矣。故率民而战，民不欲胜，则莫能以胜矣。故其民之为其上也，接敌而喜，进而不能止，敌人必骇，战由此胜也。夫民之于其上也，接而惧，必走去，战由此败也。故夫蓄与福也，非粹在天也，必在士民也。呜呼，戒之戒之！夫士民之志，不可不要也。呜呼，戒之戒之！①

在贾谊看来，治国理政必须以人民为本。国家、君主、官员不仅要树立"以人民为本"的思想观念，也要把人民视为自己的生命。为此，国家要把是否有利于人民当作安危盛衰的重要影响因素之一，君主要把是否有利于人民当作荣辱明昏的重要准则之一，官员要把是否有利于人民当作贵贱功过的重要准则之一。人民是力量之源，只要人民拥护并乐于遵循政令，那么即使在战争中，无论攻防也常常能胜券在握。由于灾难和福事并不单纯取决于天意，更取决于民众，故而，有关老百姓的事宜不但要慎重，而且要考察民众的志向意愿。因此，贾谊在强调"以人民为本"的同时，也非常重视对民众引导教化的重要意义。贾谊说：

> 夫民者，万世之本也，不可欺。凡居于上位者，简士苦民者是谓

---

①　（汉）贾谊：《新书·大政上》，上海古籍出版社1988年版，第63页。

愚，敬士爱民者是谓智。夫愚智者，士民命之也。故夫民者，大族也，民不可不畏也。故夫民者，多力而不可适也。呜呼，戒之哉，戒之哉！与民为敌者，民必胜之。君能为善，则吏必能为善矣；吏能为善，则民必能为善矣。故民之不善也，吏之罪也；吏之不善也，君之过也。呜呼，戒之，戒之！故夫士民者，率之以道，然后士民道也；率之以义，然后士民义也；率之以忠，然后士民忠也；率之以信，然后士民信也。故为人君者，其出令也，其如声，士民学之，其如响，曲折而从君，其如景矣。①

在贾谊看来，正因为民众是万世之本，其决定着各级官员的命运和国家的安危，因此，既不能与人民为敌，又不能疏于引导教化人民。用正道引导民众，民众就会遵循正道；用忠义引导民众，民众就会遵循忠义；用诚信引导民众，民众就会遵循诚信。如若能做到这个地步，那么政令就会如同声音。一旦政令发出，就必然会有回声，亦即会得到民众的响应。如此一来，民众就会真诚地拥护政府，甚至与其如影相随。显而易见，贾谊所说的"以人民为本"不仅强调要取信于民众，也要依赖民众，还要重视教化民众的重大意义。

西汉经学家刘向在《说苑·杂言》中，也谈到了"以人为本"的问题。《说苑·杂言》记述了荣启期与孔子的一则对话。在这则对话中，荣启期提出了"天生万物，唯人为贵"的观点。"唯人为贵"其实就是"以人为本"，因为二者都是对人自身价值的肯定与推崇。《说苑·杂言》云："孔子见荣启期，衣鹿皮裘，鼓瑟而歌。孔子问曰：'先生何乐也？'对曰：'吾乐甚多。天生万物，唯人为贵，吾既已得为人，是一乐也。人以男为贵，吾既已得为男，是二乐也。人生不免襁褓，吾年已九十五，是三乐也。夫贫者士之常也，死者民之终也，处常待终，当何忧乎？'"②荣启期是春秋时期的一位隐士，他与孔子的这段对话，《列子·天瑞》与《孔子家语·六本》中均有记载。尽管这则对话出现在《说苑·杂言》中并无多少原创价值，但刘向并非只是机械的文字搬家，而是一种典型的"六经注我"（宋陆九渊《陆九渊集·语录》）式的读书与著作方法。在

---

① （汉）贾谊：《新书·大政上》，上海古籍出版社1988年版，第64—65页。
② （汉）刘向：《说苑·杂言》，台湾商务印书馆1979年版，第590—591页。

荣启期看来，虽然他快乐的原因很多，但最重要的原因则是"自己也能够成为人"。荣启期认为，大自然生育万事万物，只有人最为尊贵，而他既然能够成为人，那么这自然就成为他快乐的第一个原因。由此可见，在荣启期的心目中，人是最为尊贵的。在《说苑·杂言》中，刘向陈述荣启期的观点其实是为了说明自己的理念。因此，这段引语也间接折射出了刘向"以人为贵"与"以人为本"的价值立场。

魏晋时期，陈寿《三国志·蜀志·先主刘备传》中，刘玄德携民渡江的故事，也体现了"以人为本"的价值理念。据西晋史学家陈寿《三国志·蜀志·先主刘备传》记载，刘备驻军樊城时，遭遇曹操突袭，被迫撤离。经过襄阳时，诸葛亮建议刘备攻打刘琮，夺取荆州。刘备不忍心趁人之危，当时刘琮刚刚即位，又面临曹操大军压境之困。尽管刘备不忍心攻打刘琮，但刘琮的不少部下及众多荆州百姓却依然归附了刘备。到了当阳时，人数多达十几万，每天仅走十多里路，而曹操此时正率领五千精兵以每天行军三百多里的速度追击刘备。在此形势下，有人劝说刘备"宜速行保江陵，今虽拥大众，被甲者少，若曹公兵至，何以拒之？"虽然刘备也心急如焚，但他又不忍心抛弃追随他的百姓。于是，回应说："夫济大事必以人为本，今人归吾，吾何忍弃去！"[1]果不其然，曹军在当阳长坂坡追上了刘备。长坂坡一役，刘备溃不成军，损失惨重，甚至丢失了老婆孩子。为了不辜负广大百姓对自己的信任，刘备不惜冒犯兵家之大忌，以致蒙受了重大的损失。尽管刘备的选择不失为一种战略失误，但其以人为本、爱民如子的壮举却成了流传千古的一段佳话。

初唐时期，魏徵和唐太宗也曾论及"以人为本"的话题。贞观六年，唐太宗对君臣说，天下统一，但我们要居安思危。《尚书》曾说，百姓所爱戴的是君王，而君王所畏惧的却是百姓。作为国君，圣明有道，百姓就会拥护他。如果国君昏庸无道，百姓就会抛弃他。这是多么令人恐惧的事情啊！听了太宗之言，魏徵说，如今陛下能够居安思危，国运自然会长久。当然，魏徵毕竟不是溜须拍马之徒，在肯定了唐太宗伟大功绩的同时，他通过赞同唐太宗"以人为本"的观点也表达了自己的立场。魏徵对曰："臣又闻古语云：'君，舟也；人，水也。水能载舟，亦能覆舟。'

---

① （晋）陈寿：《三国志·蜀志·先主刘备传》，许嘉璐编译，汉语大词典出版社2004年版，第558—559页。

陛下以为可畏，诚如圣旨。"① 在《谏太宗十思疏》中，魏徵也曾认为，怨恨不在于大小，可怕的是失去民心，水能载舟也能够覆舟，这是应该时刻警惕的教训。其实，不仅先秦、汉唐诸多帝王将相和知识分子非常关注"以人为本"的命题，而且历代不少知识分子都或多或少论及"以人为本"这一话题，如清代唐甄、黄宗羲、顾炎武都继承并发展了民本思想。

总而言之，自管仲以来，"以人为本"的思想及以此为根基的价值观受到了诸多帝王与历代知识分子的高度关注，并在如何落实这一治国理政策略方面，既开展了广泛深入的商榷与讨论，又开展了富有成就的实践与探索。尽管在更多时候历代知识分子和封建帝王强调"以人为本"是出于维护皇权统治的目的，但我们也不可否认，在此过程中，不仅人自身的价值与作用得到了高度认可，而且为了达到政权长治久安的目的，知识分子与封建统治者对"仁政"的推崇与践行，也在一定程度上，让普通民众得到了实惠，并促进了中国社会的发展。此外，我们也必须认识到，今人对传统文化某些观点或思想的误解，也影响了人们对传统文化尤其是既存在正面价值也存在负面影响及被人误解的某些思想资源及其当下价值的发掘与接受，如人们对"存天理，灭人性"的误解，就影响了人们对其本义的追溯以及对其当下价值的发掘。因此，中国传统文化的诸多缺陷并不影响我们对某些思想观念的合理成分尤其是其当代价值的肯定与推广，如"以人为本"。

第三节　传统文化中"以人为本"的实践路径

一　保民爱民，实行仁政

"以人为本"首先体现在把人民当作执政之基与治国之本。早在春秋时期，管仲就认为："政之所兴，在顺民心。政之所废，在逆民心。民恶忧劳，我佚乐之。民恶贫贱，我富贵之，民恶危坠，我存安之。民恶灭绝，我生育之。能佚乐之，则民为之忧劳。能富贵之，则民为之贫贱。能存安之，则民为之危坠。能生育之，则民为之灭绝。故刑罚不足以畏其意，杀戮不足以服其心。故刑罚繁而意不恐，则令不行矣。杀戮众而心不

---

① （唐）吴兢：《贞观政要·政体第二》，骈宇骞，骈骅译注，中华书局 2009 年版，第 14 页。

服，则上位危矣。故从其四欲，则远者自亲；行其四恶，则近者叛之，故知'予之为取者，政之宝也'。"① 显而易见，在管仲看来，民心向背是政令能否顺利贯彻执行并发挥作用的根本。因而，要想得到民众的衷心拥护，就要想民众所想，忧民众所忧，多予少取。只有这样，民众才能甘愿为落实官方的政令赴汤蹈火。其实，"以人为本"不仅是对民众在治国理政中重要作用的重视，也是对人自身价值的重视。春秋隐士荣启期所说的"天生万物，唯人为贵"既是对人自身价值的重视与高扬，也是对"以人为本"的准确阐释。只要真正做到了"天生万物，唯人为贵"，那么"以人为本"的理念就必然会落到实处。中华传统文化对人的生命及其价值的珍惜与推崇，其实就是对"以人为本"理念的具体落实与实践。《论语》记载："厩焚。子退朝，曰：'伤人乎？'不问马。"② 马棚失火，孔子却先问是否伤人而不问马。显而易见，在孔子看来，人要比马重要，这无疑体现了孔子对人的生命及其价值的重视。据《左传·昭公十八年》记载，昭公十八年五月，宋、卫、陈、郑相继发生了火灾，郑国人请求听从裨灶的建议用瓘斝、玉瓒祭祀以救灾，可子产却不同意。"子太叔曰：'宝以保民也，若有火，国几亡。可以救亡，子何爱焉？'"③ 不难看出，在太叔看来，再珍贵的宝物也没有人的生命珍贵。当郑国再次发生火灾时，子产令府人、库人各自戒备自己管辖的区域，先把人员转移到安全地区。火灾后，不仅减免了受灾人家的赋税，还给他们免费发放了重建材料。此外，下令号哭三天，都城集市全部关闭，以示哀悼。

正因为人的生命无比珍贵，广大民众的拥护又是统治者治国理政的基础，因此，自古以来，诸多知识分子和不少开明的君主就非常看重爱民、保民的重要意义。《尚书·梓材》云："皇天既付中国越厥疆于先王，肆王惟德用，和怿先后迷民，用怿先王受命。已，若兹监！惟曰：'欲至于万年惟王，子子孙孙永保民。'"④ 在《尚书·梓材》看来，只有广施德政，使所有人心悦诚服，才能不辜负前辈的夙愿。要想使国家长治久安，

① （春秋）管仲：《管子·霸言第二十三》，谢浩范，朱迎平译注，贵州人民出版社1996年版，第4页。
② （春秋）孔子：《论语》，张燕婴译注，中华书局2007年版，第145页。
③ （春秋）左丘明：《左传·昭公十八年》，李梦生译注，上海古籍出版社2004年版，第1087页。
④ 《尚书·梓材》，李民，王健译注，上海古籍出版社2004年版，第283页。

就要永远保护好自己的人民。据《国语·周语上》记载，周穆王欲征伐犬戎，祭公谋父极力劝阻。祭公谋父认为，先王之所以能使周的基业世代相传并不断壮大，无非是因为其善待百姓。"至于武王，昭前之光明而加之以慈和，事神保民，莫弗欣喜。商王帝辛，大恶于民。庶民不忍，欣戴武王，以致戎于商牧。是先王非务武也，勤恤民隐而除其害也。"① 在《国语》看来，因为武王继续发扬光大先人光明磊落的德行并又增以仁慈和善举，敬奉神灵、保护百姓，甚至武王出兵伐商也是为了体恤百姓的忧患除去他们的祸害。故而，神人无不欢欣喜悦，百姓也就无不乐于拥戴武王。商王帝辛被民众深恶痛绝，无非是由于百姓无法忍受其残暴统治。据《左传·庄公三十二》记载，看到梁惠王派内史过（周大夫）祭祀神灵，虢公也派祝应、宗区、史嚣祭祀神灵诉求扩充疆土。史嚣说，我听说，"国将兴，听于民；将亡，听于神。神，聪明正直而一者也，依人而行"② 。由此可见，在史嚣看来，国家兴盛主要是决定于人民，而非神灵。神灵只是依各人作为的不同而赐福或降祸。神灵之所以给梁王赐福是因为其保民爱民，给虢公降祸则是因为其对人民残暴无道。也就是说，在治国理政方面，听取民众的呼声其实要比听取神灵的呼声更重要。

北宋时，曾巩也曾论及听取基层意见的重要性问题。据《与孙司封书》记载，皇祐三年，司户孔宗旦就向州将陈拱报告，侬智高有造反的迹象。面对孔宗旦不厌其烦的反复汇告，陈拱不但不在意，反而怒斥孔宗旦多事。后来，侬智高果然造反。孔宗旦被缚后，侬智高虽然给予高官厚禄等许诺，但孔宗旦却对此无动于衷。不仅如此，孔宗旦还怒斥侬智高卑鄙无耻，以至于被侬智高杀害。当孔宗旦被人遗忘，甚至被误解时，曾巩云："盖先事以为备，全城而保民者，宜责之陈拱，非宗旦事也。今猥令与陈拱同戮，既遗其言，又负其节。为天下者，赏善而罚恶；为君子者，乐道人之善，乐成人之美。"③ 在曾巩看来，保全城池与民众，是非常重要的事情。侬智高之所以会造反并给大宋王朝造成重大的损失，陈拱不关

---

① 《国语卷一·周语上》，上海师范大学古籍整理组校点，上海古籍出版社1978年版，第3页。

② （春秋）左丘明：《左传·庄公三十二》，李梦生译注，上海古籍出版社2004年版，第170页。

③ （宋）曾巩：《曾巩集·与孙司封书》，陈杏珍、晁继周点校，中华书局1998年版，第247页。

爱民众、不听取基层意见无疑是非常重要的原因。如果不是这样，这场历史灾难有可能会幸免。因而，曾巩认为，面对这场历史灾难，不能随意地判定孔宗旦与陈拱同罪。既不能忘记孔宗旦的忠言，又不能辱没他的高节，而要乐于称道别人的善行，乐于成全他人的好事。不随意辱没他人并称道其善行，其实就是对他人价值与作用的推崇，这种做法无疑既是"以人为本"思想的一种表现形式，也是"以人为本"的一种实践方式。

要求统治者爱民保民，其实就是要求其实行"仁政"，而广施"仁政"也是实现"以人为本"价值诉求的重要途径。正因为如此，在"仁者爱人"的基础之上，孟子从孔子的"仁学"思想出发，把伦理和政治紧密结合，明确提出了"仁政"学说。据《孟子·梁惠王上》记载，梁惠王请教孟子，怎样才能战胜强敌以告慰逝者的在天之灵？孟子回答说："王如施仁政于民，省刑罚，薄税敛，深耕易耨；壮者以暇日修其孝悌忠信，入以事其父兄，出以事其长上，可使制梃以挞秦、楚之坚甲利兵矣。彼夺其民时，使不得耕耨以养其父母。父母冻饿，兄弟妻子离散。彼陷溺其民，王往而征之，夫谁与王敌？故曰：仁者无敌，王请勿疑。"① 在孟子看来，只有爱民保民广施仁政，给民众切实减轻刑罚赋税，才能战无不胜，因为仁者无敌。因此，孟子大力推崇"保民而王"的主张。据《孟子·梁惠王上》记载，齐宣王问孟子，怎样才能称王于天下，孟子回答说："保民而王，莫之能御也。"② 在孟子看来，只要能够爱民保民，那么就必然能够称王天下。

其实，无论是主张保民爱民，还是推行"仁政"，其都是为了落实"以人为本"的价值诉求，也是为了获得民心。不仅如此，二者之间还是相辅相成的。因此，无论是有远见卓识的知识分子，还是贤明的君主，他们都非常重视民心向背的重要意义。孟子曾说："桀、纣之失天下也，失其民也；失其民者，失其心也。得天下有道，得其民斯得天下矣；得其民有道，得其心斯得民矣；得其心有道，所欲与之聚之，所恶勿施尔也。民之归仁也，犹水之就下、兽之走圹也。"③

① （战国）孟子：《孟子·梁惠王上》，金良年译注，上海古籍出版社 2004 年版，第 9—10 页。

② 同上书，第 13 页。

③ （战国）孟子：《孟子·离娄上》，金良年译注，上海古籍出版社 2004 年版，第 154 页。

二　制民之产，重视民生问题

要实现以民为贵，就要实行仁政，而推行仁政最为关键的环节则是让人民安居乐业，制民之产，与民同乐。孟子认为：

> 无恒产而有恒心者，惟士为能。若民，则无恒产因无恒心。苟无恒心，放辟邪侈，无不为己。及陷于罪，然后从而刑之，是罔民也。焉有仁人在位，罔民而可为也？是故明君制民之产，必使仰足以事父母，俯足以畜妻子，乐岁终身饱，凶年免于死亡，然后驱而之善，故民之从之也轻。今也制民之产，仰不足以事父母，俯不足以畜妻子，乐岁终身苦，凶年不免于死亡。此惟救死而恐不赡，奚暇治礼义哉？王欲行之，则盍反其本矣。五亩之宅树之以桑，五十者可以衣帛矣；鸡豚狗彘之畜无失其时，七十者可以食肉矣；百亩之田勿夺其时，八口之家可以无饥矣；谨庠序之教，申之以孝悌之义，颁白者不负戴于道路矣。老者衣帛食肉，黎民不饥不寒，然而不王者，未之有也。①

在孟子看来，让百姓衣食无忧，安居乐业是施行仁政的基本目标，而要达到这样的目标，就必须制民之产。因为只有民众拥有自己的产业，才能侍奉父母，赡养妻儿。不仅如此，民众拥有必要的生活、生产资料，也可以坚定其对生活的信念，以避免无事生非。明代时，高启《吴趋行》也反映了物产丰富与否对民风平和与否的影响，如"土物既繁雄，民风亦和平"②。这种关系其实也是孟子强调"制民之产"的重要原因，因此，孟子曾建议梁惠王要积极发展生产。孟子说："不违农时，谷不可胜食也；数罟不入洿池，鱼鳖不可胜食也；斧斤以时入山林，材木不可胜用也。谷与鱼鳖不可胜食，材木不可胜用，是使民养生丧死无憾也。养生丧死无憾，王道之始也。五亩之宅树之以桑，五十者可以衣帛矣；鸡豚狗彘之畜无失其时，七十者可以食肉矣；百亩之田勿夺其时，数口之家可以无饥矣；谨庠序之教，申之以孝悌之义，颁白者不负戴于道路矣。七十者衣

---

① （战国）孟子：《孟子·梁惠王上》，金良年译注，上海古籍出版社 2004 年版，第 16 页。
② 李圣华：《高启诗选》，中华书局 2005 年版，第 255 页。

帛食肉，黎民不饥不寒，然而不王者，未之有也。"① 从孟子的意图及其可能性而言，他的主张既是施行仁政的重要策略，也是落实"以人为本"理念的重要策略。

西汉时期，淮南王刘安也谈到了"以人为本"及其实践策略问题。刘安认为，人民是国家之本，而食物又是人民之本。因此，他非常重视发展生产。如《淮南子（上）·主术训》所云："食者民之本也，民者国之本也，国者君之本也。是故人君者，上因天时，下尽地财，中用人力。是以群生逐长，五谷蕃殖。教民养育六畜，以时种树，务修田畴，滋植桑麻。肥高下，各因其宜。丘陵阪险不生五谷者，以树竹木。春伐枯槁，夏取果蓏，秋畜疏食，冬伐薪蒸，以为民资。是故生无乏用，死无转尸。"② 虽然刘安强调发展生产的必要性主要是为了维护其统治地位，但不可否认，他对人民之于国家社稷的重要作用的观念还是十分肯定的。显而易见，刘安不仅强调"以人为本"，而且还强调把积极发展生产作为落实"以人为本"理念的重要举措之一。自古以来，风调雨顺，五谷丰登，国泰民安，不仅是广大老百姓的集体无意识，也是历代王朝及各级贤明官员的共同心声与政治愿景。在古代中国，历代君主帝王热衷于拜谒天地与封禅大典虽然是出于其政治利益的考量，但也不乏为民祈丰年与幸福的诉求。

"封禅"是古代帝王在太平盛世或天降祥瑞之时祭祀天地的大型典礼，"封"为"祭天"，"禅"为"祭地"。"封禅"之地以"五岳"为主，尤其是东岳泰山。作为一个特定概念，"封禅"一词最早出现于《管子·封禅篇》中。《管子·封禅篇》云："齐桓公既霸，会诸侯于葵丘，而欲封禅。管仲曰：'古者封泰山禅梁父者七十二家，而夷吾所记者十有二焉。昔无怀氏封泰山，禅云云；虙羲封泰山，禅云云；神农封泰山，禅云云；炎帝封泰山，禅云云；黄帝封泰山，禅亭亭；颛顼封泰山，禅云云；帝喾封泰山，禅云云；尧封泰山，禅云云；舜封泰山，禅云云；禹封泰山，禅会稽；汤封泰山，禅云云；周成王封泰山，禅社首：皆受命然后

---

① （战国）孟子：《孟子·梁惠王上》，金良年译注，上海古籍出版社2004年版，第5页。
② （汉）刘安：《淮南子第九卷·主术训》，赵宗乙译注，黑龙江人民出版社2003年版，第452—453页。

得封禅。'"① 在古代中国，"封禅"是一个历史悠久，庄重严肃的盛大典礼。"封禅"一般由帝王君主亲自主持，不仅如此，在东岳泰山和西岳华山等相当固定的封禅之地，还会修建相应的配套设施。公元前26世纪，黄帝建了明堂以祀上帝，并开启了中国古代祭祀建筑的先河。以后，中国历代统治者几乎都建造了专用于祭祀皇天后土的祭坛。由于"封禅"是极其重要的政务活动，因此，历代帝王君主都非常重视这项活动。据《管子·封禅篇》和《史记·封禅书》记载，早在先秦时期，无怀氏、伏羲、神农氏、炎帝、黄帝、颛顼、帝喾、尧、舜、禹、汤、周成王都曾举行过封禅仪式。在《史记·封禅书》中，司马迁曾引用《管子·封禅篇》中管仲与齐桓公的对白，对"封禅"一词的内容加以演释。据《史记·封禅书》记载，秦德公也曾有祭天的活动。秦穆公去世之后，一百余年的时间里，赴泰山祭天，梁父祭地的君主前后多达七十多人。秦始皇"即帝位三年，东巡郡县，祠驺峄山，颂秦功业。於是徵从齐鲁之儒生博士七十人，至乎泰山下……上自泰山阳至巅，立石颂秦始皇帝德，明其得封也。从阴道下，禅於梁父。其礼颇采太祝之祀雍上帝所用，而封藏皆祕之，世不得而记也"。② 秦二世于即位当年就祭祀了泰山与会稽。汉代以来，汉高祖、汉景帝与汉文帝也曾多次举行过祭祀天地的活动。

在《史记·司马相如列传》中，司马迁也提到了司马相如留给后世的《封禅书》。司马相如离开人世以前写了《封禅书》，并嘱托妻子找机会呈送给朝廷。在此书中，司马相如通过列举大量的事例说明，举行封禅大典早已成为一种惯例，历代君主都非常重视此事。因此，他极力建议汉武帝仿效前贤，也能重视封禅之事。司马相如认为："圣王弗替，而修礼地祇，谒款天神。勒功中岳，以彰至尊，舒盛德，发号荣，受厚福，以浸黎民也。皇皇哉斯事！天下之壮观，王者之丕业，不可贬也。愿陛下全之。而后因杂荐绅先生之略术，使获耀日月之末光绝炎，以展采错事；犹兼正列其义，校饬厥文，作《春秋》一艺，将袭旧六为七，摅之无穷，俾万世得激清流，扬微波，蜚英声，腾茂实。前圣之所以永保鸿名而常为

① （春秋）管仲：《管子·封禅篇》，谢浩范，朱迎平译注，贵州人民出版社1996年版，第614页。
② （汉）司马迁：《史记卷二十八·封禅书》，许嘉璐编译，汉语大词典出版社2004年版，第471页。

称首者用此，宜命掌故悉奏其义而览焉。"① 也就是说，在司马相如看来，圣明的君王不会废除封禅，而会完备礼义祷告地神，诚心诚意祷告天神。在中岳嵩山刻石记功，封禅泰山显示至尊。这样便可以扩展洪大的德泽，宣扬荣耀的名声，承受丰厚的福禄，来润泽百姓。盛大的封禅典礼是天下的雄伟景象，是帝王的巨大功业，不能低估轻视。因此，司马相如希望汉武帝成全这件事，然后汇集绅士官吏的智慧技能，使他们获得日月照耀，提升官职，拓展事业。与此同时，司马相如还建议应考究有关封禅的资料，整理成文章，作为如《春秋》一样的经书，以继原有的六经成为七经，流传千古，激发万代文士，发扬隐微余波，传扬英华名声，传播丰茂成果。司马相如认为，先前的圣贤之所以能永葆美名，常被称赞，无非是因为封禅。看了司马相如的《封禅书》，汉武帝欣然作颂词曰："不只如降雨，还要润得深；不只是浸渍，还要遍布均；让万物都欢欣，怀念仰慕倾心。名山尊显位，盼望君来临。君哪君啊，为何不速行。"② 显而易见，汉武帝已被司马相如的《封禅书》打动，并愉快地接受了其建议。据相关资料记载，从元封元年至汉武帝去世前两年，汉武帝在位 22 年间，曾亲赴泰山举行封禅祭祀活动多达 8 次。

除《管子》、《史记·封禅书》和司马相如的《封禅书》之外，西汉刘向的《五经通义》和唐代张守节对《史记》的解释都谈到了"封禅"之事。《五经通义》认为，每逢天下太平，皇帝便会举行封禅大典，以报天地之功。唐代张守节在解释《史记》时，也曾谈到了"封禅"的目的，其大意为，祭天以报天之功，祭地以报地之功。这种说法，其实与司马相如《封禅书》中"修礼地祇，谒欵天神"③ 的说法极为相似。由此来看，历代帝王举行封禅大典应该是情理之中的事情，尤其是功勋卓著的君主。对历代帝王君主来说，尽管祭祀天地不仅是其经常性的政务活动，而且封禅大典也在所难免，但从相关典籍看来，举行封禅大典还是有条件的。据《管子·封禅篇》记载，管仲曾经反对齐桓公赴泰山举行封禅大典。看到管仲持反对意见，桓公曰："寡人北伐山戎，过孤竹；西伐大夏，涉流沙，束马悬车，上卑耳之山；南伐至召陵，登熊耳山以望江汉。兵车之会

---

① （汉）司马迁：《史记卷一百一十七·司马相如列传》，许嘉璐编译，汉语大词典出版社 2004 年版，第 1411—1412 页。

② 同上书，第 1412 页。

③ 同上书，第 1411 页。

三，而乘车之会六，九合诸侯，一匡天下，诸侯莫违我。昔三代受命，亦何以异乎？"①听了齐桓公陈述的理由，管仲说："古之封禅，鄗上之黍，北里之禾，所以为盛；江淮之间，一茅三脊，所以为藉也；东海致比目之鱼，西海致比翼之鸟，然后物有不召而自至者十有五焉。今凤凰麒麟不来，嘉谷不生，而蓬蒿藜莠茂，鸱枭数至，而欲封禅，毋乃不可乎？"②尽管封禅大典不乏为民祈福的内容，但毕竟也是一项耗资巨大的活动。因此，在天下还不太平、五谷还未丰登、老百姓还未安居乐业的情况下，管仲便认为不宜举行封禅大典。听了管仲的分析后，齐桓公就即刻取消了举行封禅大典的计划。由此可见，早在先秦时期，民生问题已经成为国家重大决策的重要影响因素之一。在《史记·封禅书》中，司马迁也提出了帝王封禅所必需的条件，"自古受命帝王，曷尝不封禅？盖有无其应而用事者矣，未有睹符瑞见而不臻乎泰山者也。虽受命而功不至，至梁父矣而德不洽，洽矣而日有不暇给，是以即事用希。传曰：'三年不为礼，礼必废；三年不为乐，乐必坏。'每世之隆，则封禅答焉，及衰而息。"③显而易见，在《史记·封禅书》看来，只有帝王在执政期间做出了重大的功绩，即天下太平，天降祥瑞，民生安康才可封禅向天报功。由此可见，老百姓安居乐业也是举行封禅大典的重要条件之一。把老百姓安居乐业作为举行封禅大典的重要条件既体现了民生问题的重要性，也体现了知识分子和贤明君主"以人为本"的价值诉求。

正因为让老百姓安居乐业是落实"以人为本"理念的重要途径之一，因此，在古代中国，不少贤明君主在做重大决策的时候就常常会受到这个问题的影响，如唐太宗停止封禅的决定。据《贞观政要》记载，贞观六年（公元632年），突厥已经平定，外族都来朝贡，五谷连年丰收。在此形势下，地方官员和朝廷众臣纷纷上书请求唐太宗举行封禅大典。他们甚至认为："时机不可失去，天意不可违背，现在举行封禅大典，群臣们以为都有些晚了。"④在这种情况下，唐太宗便产生了举行封禅大典的想法。

① （春秋）管仲：《管子·封禅篇》，谢浩范，朱迎平译注，贵州人民出版社1996年版，第614页。
② 同上。
③ （汉）司马迁：《史记卷二十八·封禅书》，许嘉璐编译，汉语大词典出版社2004年版，第467页。
④ （唐）吴兢：《贞观政要·直谏》，骈宇骞，骈骅译注，中华书局2009年版，第58页。

于是，他就征求魏徵的意见。尽管魏徵并不否认天下已经太平，祥瑞已经出现，五谷已经丰收，唐太宗也不失为一代仁德之君，但他仍然反对举行封禅大典。魏徵说：

> 陛下功高矣，民未怀惠；德厚矣，泽未滂流；华夏安矣，未足以供事；远夷慕矣，无以供其求；符瑞虽臻，而罻罗犹密；积岁丰稔，而仓廪尚虚；此臣所以窃谓未可。臣未能远譬，且借近喻于人：有人十年长患，疼痛不能任持，疗理且愈，皮骨仅存，便欲负一石米，日行百里，必不可得。隋氏之乱，非止十年。陛下为之良医，除其疾苦，虽已又安，未甚充实，告成天地，臣窃有疑。且陛下东封，万国咸萃，要荒之外，莫不奔走。今自伊、洛之东，暨乎海、岱，崔莽世泽，茫茫千里，人烟断绝，鸡犬不闻，道路萧条，进退艰阻。宁可引彼戎狄，以示虚弱？竭财以赏，未厌远人之望；加年给复，不偿百姓之劳。或遇水旱之灾，风雨之变，庸夫邪议，悔不可追。岂独臣之诚恳，亦有舆人之论。①

听完魏徵的分析，"太宗称善，于是乃止"②。

如前文所述，自古以来，每逢太平盛世，帝王君主常常会举行封禅大典。既然盛世封禅早已成为一种传统，那么魏徵为什么还要反对唐太宗举行封禅大典呢？在魏徵看来，唐太宗功德虽高，但还未惠及所有百姓；天下虽已安定，但国力还比较薄弱；祥瑞虽已出现，但刑罚仍然比较繁重；粮食虽已丰收，但仓廪依然不实。在这种情况下，举行封禅大典无疑会加重老百姓的负担。因此，魏徵以为与其举行封禅大典，还不如再多免除几年老百姓的赋税徭役，以便广大百姓能够更好地休养生息。显而易见，在魏徵看来，是否举行封禅大典关键是看是否有利于增大广大百姓的福祉。如果不利于广大百姓休养生息，安居乐业，即便是像封禅大典这样的重大活动，也可以推迟或暂停。听了魏徵一席话，唐太宗觉得很有道理。于是，他就停止了封禅活动。从唐太宗与魏徵的交谈及其最后的共识来看，在他们的心目中，老百姓安居乐业才是最重要的事情。为此，他们宁愿停

---

① （唐）吴兢：《贞观政要·直谏》，骈宇骞，骈骅译注，中华书局2009年版，第58页。
② 同上。

止封禅活动。唐太宗与魏徵在封禅这件事情上最终达成共识，无疑体现了其"以民为本"的价值诉求。也不难看出，他们把增大百姓的福祉看作落实"以人为本"治国理念的重要途径之一。

三　体察民情，与民忧乐相通

要落实"以人为本"或"以民为本"的价值理念，就必须与人民同呼吸共命运。为达到这一目的，就不免要知民情、解民忧、化民怨、暖民心，与民同甘共苦。早在先秦时期，体察民风民俗的重要性就已经得到了不少有识之士的重视。因此，反映与表现民风民俗的民间诗词歌谣也得到上层社会的高度重视。被称为中国最早诗歌总集的《诗经》，与周代的献诗和采诗制度其实是分不开的。所谓"献诗"是指周代公卿列士献诗、陈诗，以颂美或讽谏，是有史籍可考的。"采诗"是指周王室的乐官采集民间各地之诗。先秦时期，称《诗经》为《诗》，又称为《诗三百》或《三百篇》，它收集了自西周初年至春秋中叶大约五百多年的三百零五篇诗歌，分为风、雅、颂三部分，其中"风"是地方民歌，有十五国风，共一百六十首；"雅"主要是朝廷乐歌，分大雅和小雅，共一百零五篇；"颂"主要是宗庙乐歌，有四十首。"雅"和"颂"主要来自公卿列士"献诗"或乐官创作，而"风"则主要来自于乐官"采诗"。国风是周初至春秋时期各诸侯国的民间诗歌，其以绚丽多彩的画面，反映了劳动人民真实的生活。周王朝重视采集国风，也无非是因为国风具有较高的认识价值。

先秦时期，除了"采诗"以观民风之外，还强调通过巡视与"陈诗"以观民风，如《礼记》就谈到了以巡视与陈诗为途径体察民情的事情。《礼记·王制》云："天子五年一巡守。岁二月，东巡守，至于岱宗，柴，而望祀山川。觐诸侯，问百年者，就见之。命大师陈诗，以观民风。命市纳贾，以观民之所好恶，志淫好辟。命典礼考时月，定日，同律、礼、乐、制度、衣服，正之……五月南巡守，至于南岳，如东巡守之礼。八月西巡守，至于西岳，如南巡守之礼。十有一月北巡守，至于北岳，如西巡守之礼。归假于祖祢，用特。"① 在《礼记》看来，为体察民情，每隔五年，君主就要对自己所管辖的国土全面巡视一遍。二月，去东方巡视，到

---

① 《礼记》，杨天宇译注，上海古籍出版社 2004 年版，第 147 页。

达岱宗祭祀天地，接见诸侯，拜见老人。不仅如此，还要命乐官陈诵当地的诗歌，以从中了解那里的民情风俗；命典市官报告各种物品的价格，从中了解人民的好恶；命典礼官考校时序是否准确，以确定干支，统一法制、礼仪、乐律、服饰。五月巡视南方，八月巡视西方，十一月巡视北方。回京后，要到祖庙中去汇报巡视的情况，并杀牲祭祖。无论是祭祀五岳，还是巡游四方，体察民情都是其最为重要的内容之一。由此可见，体察民情是多么重要的事情。

在古代中国，不少贤明君主之所以非常重视体察民情的重要意义，甚至不惜微服私访，无非是因为体察民情不仅能了解惠民政策的阳光效应，而且能了解广大百姓的实际生活状态，甚至能达到知冷知热的地步。因而，体察民情就无疑成为解民忧、化民怨、暖民心的重要前提。与此同时，体察民情也难免成为落实"以人为本"社会治理理念的重要途径之一。为了体察民情，落实"以人为本"的价值理念，历代诸多知识分子和贤明君主便大力提倡深入群众，与民忧乐相通。孟子曾对梁惠王说："古之人与民偕乐，故能乐也。"① 在孟子看来，古代圣贤之所以会快乐，无非是因为他们能够为民分忧，以民众的快乐为乐。统治者只有与民众忧乐相通，才可能体恤黎民百姓。只有这样，统治者才能真正把百姓放在心上，才可能与民众心心相印，形成上下和谐的政治局面。反之，如果统治者把自己的快乐建立在民众的痛苦之上，这样的快乐不仅难以长久，而且会造成民众与统治者离心离德的局面，甚至还会导致诸多的社会矛盾。在这种情况下，"以人为本"自然就无从说起。因而，当齐宣王问孟子贤者何以快乐时，孟子说："人不得则非其上矣，不得非其上者非也，为民上而不与民同乐者亦非也。乐民之乐者，民亦乐其乐；忧民之忧者，民亦忧其忧。乐以天下，忧以天下，然而不王者未之有也。"② 在孟子看来，如果执政者顺应民意，以其快乐为快乐，民众就会为执政者的快乐而快乐；如果把民众的忧苦当做自己的忧苦，那么民众也会为执政者的忧苦而忧苦。也就是说，执政者怎样对待民众，那么民众就怎样回报执政者。因而，统治者只有与黎民百姓忧乐相通，才能出现政通人和的政治局面，统治者的执政地位才能得到巩固。

———————

① （战国）孟子：《孟子·梁惠王上》，金良年译注，上海古籍出版社 2004 年版，第 3 页。
② 同上书，第 32 页。

　　此外，据《孟子·梁惠王下》记载，孟子也曾经建议齐宣王，即使娱乐也要与民同乐，因为只有这样，才能消除误会，才能取得百姓的拥护。因此，孟子对齐宣王说："此无他，与民同乐也。今王与百姓同乐，则王矣！"① 其实，孟子所强调的不仅是与民同乐的重要性，而且是音乐及文艺的教化作用。孟子的主张对后世也产生了重大的影响，汉代时，班固在《汉书·董仲舒传》中也谈到了同样的话题。班固认为："道者，所繇适于治之路也，仁义礼乐皆其具也。故圣王已没，而子孙长久安宁数百岁，此皆礼乐教化之功也。王者未作乐之时，乃用先王之乐宜于世者，而以深入教化于民。教化之情不得，雅颂之乐不成，故王者成功作乐，乐其德也。乐者，所以变民风化民俗也；其变民也易，其化人也著。故声发于和而本于情，接于肌肤，臧于骨髓。故王道虽微缺，而管弦之声未衰也。"② 显而易见，在班固看来，礼乐教化在社会安定团结与长治久安中所发挥的作用是不可小觑的。

　　正因为与民忧乐相通具有如此重大的意义，故而，长期以来，上下级之间、统治者与民众之间的相互尊重就显得十分重要。因为只有相互尊重，彼此才可能结成同甘共苦、同心同德、休戚与共的命运共同体。战国时，燕昭王即位之后，为实现民富国强的目标，他求贤若渴，甚至为招纳天下贤才而不惜一切代价。有一天，他听说郭隗是一位智谋过人的才子。于是，于是放下君主的架子，派人去把郭隗请来，虚心向其请教获得贤才信赖的方略。郭隗说："帝者与师处，王者与友处，霸者与臣处，亡国与役处。诎指而事之，北面而受学，则百己者至。先趋而后息，先问而后嘿，则什己者至。人趋己趋，则若己者至。冯几据杖，眄视指使，则厮役之人至。若恣睢奋击，籍叱咄，则徒隶之人至矣。此古服道致之法也。王诚博选国中之贤者，而朝其门下，天下闻王朝其贤臣，天下之士必趋于燕矣。"③ 在郭隗看来，只要心诚并亲自访问，那么天下有本领的人就都会投奔到燕国来。看到燕昭王非常信任与尊重自己，郭隗不仅给他提出了有价值的建议，而且还毛遂自荐，让燕昭王先聘用自己。郭隗说："今王诚

---

① （战国）孟子：《孟子·梁惠王下》，金良年译注，上海古籍出版社 2004 年版，第 26 页。
② （汉）班固：《汉书卷五十六·董仲舒传》，许嘉璐编译，汉语大词典出版社 2004 年版，第 1193 页。
③ （汉）刘向：《战国策·燕策》，缪文远译注，中华书局 2007 年版，第 394—395 页。

欲致士，先从隗始，隗且见事，况贤于隗者乎？岂远千里哉？"① 当然，郭隗毛遂自荐并不完全是出于一己之私。郭隗让燕昭王选用自己，主要是为了给人们留下一个印象——燕昭王重用人才。在郭隗看来，只要这种声誉传出去，那么天下贤才就会纷然而至。于是，燕昭王立刻尊郭隗为老师，并替他造了一幢华丽住宅。消息一传开，"乐毅自魏往，邹衍自齐往，剧辛自赵往，士争凑燕。燕王吊死问生，与百姓同甘共苦。二十八年，燕国殷富，士卒乐佚轻战。于是遂以乐毅为上将军，与秦、楚、三晋合谋以伐齐。齐兵败，闵王出走于外。燕兵独追北入至临淄，尽取齐宝，烧其宫室宗庙。齐城之不下者，唯独莒、即墨"②。燕昭王不仅尊重人才，重用人才，而且还能悼念逝者，关爱生者，并与百姓同甘共苦。因而，燕昭王受到举国上下的一致爱戴，这也是燕国由弱变强的重要原因之一。

尽管历代知识分子和贤明君主所强调的"与民忧乐相通"不无维护统治者政权稳定的意图，但不可否认，这一主张却无疑有利于落实"以人为本"或"以民为本"的价值理念。此外，一些官员与文人知识分子尤其失意文人与官员还常常把自己置身于普通百姓之中，以其忧为忧，以其乐为乐，甚至把"与民同乐"看作真正的快乐。宋仁宗庆历五年（公元1045年），参知政事范仲淹等人遭谗离职，欧阳修上书替他们辩解，结果被贬到了滁州做太守。到任以后，欧阳修内心无比郁闷，然而，与当地民众的密切交往却使他获得了久违的乐趣，也让他重新燃起了对生活的希望。于是，欧阳修发挥"宽简而不扰"的作风，取得了不少政绩。《醉翁亭记》就写在这个时期，文章描写了滁州一带自然景物朝暮四季不同的幽深秀美，滁州百姓生活的和平宁静，特别是作者与民一齐游赏宴饮的无比乐趣。文章写道："至于负者歌于途，行者休于树，前者呼，后者应，伛偻提携，往来而不绝者，滁人游也。临溪而渔，溪深而鱼肥。酿泉为酒，泉香而酒洌；山肴野蔌，杂然而前陈者，太守宴也。宴酣之乐，非丝非竹，射者中，弈者胜，觥筹交错，起坐而喧哗者，众宾欢也。苍颜白发，颓然乎其间者，太守醉也。"③ 这篇优美的山水游记通过描写醉翁亭秀丽的自然风光和对游人之乐的叙述，勾勒出了一幅太守与民同乐的图

---

① （汉）刘向：《战国策·燕策》，缪文远译注，中华书局2007年版，第396页。
② 同上书，第397页。
③ （宋）欧阳修：《欧阳修全集卷三十九·醉翁亭记》，中华书局2001年版，第576页。

画，抒发了作者的政治理想和寄情山水以排遣抑郁的复杂感情。"全文贯穿一个'乐'字，其中包含着比较复杂曲折的内容。一则暗示出一个封建地方长官能'与民同乐'的情怀，二则在寄情山水的背后还隐藏着难言的苦衷。正当四十岁的盛年，欧阳修却自号'醉翁'，且经常出游，加上他那'饮少辄醉'、'颓然乎其间'的种种表现，都表明欧阳修是借山水之乐来排遣谪居生活的苦闷。"① 从《醉翁亭记》来看，欧阳修醉在两处，一是陶醉于山水美景之中，二是陶醉于与民同乐之中。欧阳修描写醉翁亭的自然景色和太守宴游的场面，其实就是表现其寄情山水、与民同乐的思想。当然，欧阳修对滁州优美山水风景的讴歌，对建设和平安定、与民同乐的理想社会的努力和向往，尤其是作者委婉而含蓄地吐露的苦闷，也无疑是对宋仁宗时代的昏暗政治的揭露与批判，而这一切自然都闪烁着"以民为本"和"与民同乐"的思想光芒。

与欧阳修相比，范仲淹则更为达观。范仲淹不仅能够超越自我，与民忧乐相通，而且还追求"先天下之忧而忧，后天下之乐而乐"。范仲淹说："予尝求古仁人之心，或异二者之为，何哉？不以物喜，不以己悲。居庙堂之高则忧其民；处江湖之远则忧其君。是进亦忧，退亦忧。然则何时而乐耶？其必曰'先天下之忧而忧，后天下之乐而乐'乎。"② 显而易见，范仲淹所追求的既是一种达观的无我境界，也是一种与民众乃至天下所有人忧乐相通的忘我精神。范仲淹的精神既是一种为人之道，也是一种为官之道。对各级官员来说，只有体察民情，他们才有可能与民众忧乐相通；只有把国家和人民装在自己的心里，他们才有可能爱岗敬业。说到爱岗敬业，我们不免又想起了大禹治水的故事。传说大禹为了完成治水的重任，娶妻涂山女仅四天便离开了家。在外十三年，没有回过一次家。大禹治水"三过家门而不入"和吃苦耐劳、克己奉公的精神原动力何尝不是因为他的心里装着国家与人民。大禹无私奉献的忘我精神，被传为千古佳话，并成为中华民族精神的重要组成部分之一。从历史的角度来看，凡是把个人幸福凌驾于国家利益和民众痛苦之上的人，都不可能做到"以人为本"，他自己也未必能有什么好结局。夏桀建造倾宫、瑶台，殷纣造酒

---

① 杨春英：《别样心理别样人生——中学语文教学中的心理教育渗透》，《黑河教育》2012年第 7 期。

② （宋）范仲淹：《范文正公文集卷八·岳阳楼记》，李勇先，王蓉贵点校，四川大学出版社 2002 年版，第 195 页。

池肉林，秦始皇建阿房宫，隋炀帝修迷楼，宋徽宗筑艮岳，慈禧太后建颐和园，无不大兴土木，堪称一绝。他们这样做原本都是为了享受快乐，但由于贪婪残暴，不顾人民死活，结果导致民怨鼎沸，几乎都没有什么好下场，也没有一个享受到了真正舒心的快乐。这些历史悲剧既证明了孟子"与民同乐"思想的正确性，也证明只有"与民同乐"才是真正的快乐。不仅如此，"与民忧乐相通"也是落实"以人为本"价值理念的重要途径之一。

"乐的问题本来就不是一个物质的问题，而是一个精神的问题。虽然物质条件和环境的好坏可以影响精神和心理，但它毕竟不是决定的因素。决定性因素是人而不是物。"[①] 这正如孔子所言："饭疏食饮水，曲肱而枕之，乐亦在其中矣。不义而富且贵，于我如浮云。"[②] 孔子之所以认为颜回是贤德之人，也无非是因为其"一箪食，一瓢饮，在陋巷。人不堪其忧，回也不改其乐"[③]。孔子与孟子所列举的事例都是精神超越物质的典型，由此可见，如果精神方面出了问题，像夏桀那样，那么老百姓则可能不会爱戴你，甚至会恨不得与你同归于尽。因而，孟子说："《汤誓》曰：'时日盍丧？予及女偕亡！'民欲与之偕亡，虽有台池鸟兽，岂能独乐哉？"[④]

四　法制建设，礼刑兼备

尽管古代中国在社会治理方面存在"人治"大于"法治"的嫌疑，但不可否认，自先秦以来，历代不少古籍都曾涉及了法制问题。不仅如此，在维护皇权权威的前提下，广大百姓的民权也得到了不同程度的重视。在一定程度上，古代法律制度对民权的关注，无疑是提出并实践"以民为本"价值理念的前提条件。因此，为探究古代法制在保障民权，落实"以民为本"价值理念方面的成功经验及其当代价值，我们无疑有必要通过检索古代典籍，简要梳理古代中国法制建设的进程及其成功经验。《尚书·吕刑》在追述法制起源及其沿革的同时，诠释了西周"明德

---

① 韩龙：《与民同欢醉乐图——〈醉翁亭记〉与民同乐思想的溯源和现实意义》，《黑龙江生态工程职业学院学报》2009 年第 2 期。

② （春秋）孔子：《论语·述而第七》，张燕婴译注，中华书局 2007 年版，第 92 页。

③ （春秋）孔子：《论语·雍也第六》，张燕婴译注，中华书局 2007 年版，第 75 页。

④ （战国）孟子：《孟子·梁惠王上》，金良年译注，上海古籍出版社 2004 年版，第 3 页。

慎罚"的法制原则及其发展变化。吕侯受命辅佐周穆王，周穆王令其制定刑法以约束诸侯。周穆王对吕侯说："穆穆在上，明明在下，灼于四方，罔不惟德之勤。故乃明于刑之中，率乂于民棐彝，典狱非讫于威，惟讫于富。敬忌，罔有择言在身。惟克天德，自作元命，配享在下。"① 在周穆王看来，主持断案不能始终依靠刑罚，更要依靠仁德。于是，周穆王告诫吕侯要记住前人滥用刑罚的惨痛教训，告诫其要勤政慎罚，注重德政。周穆王说："今尔罔不由慰日勤，尔罔或戒不勤。天齐于民，俾我一日，非终惟终在人。尔尚敬逆天命，以奉我一人。虽畏勿畏，虽休勿休，惟敬五刑，以成三德。一人有庆，兆民赖之，其宁惟永。"② "五刑"即通常所说的"墨"、"劓"、"剕"（也作腓）、"宫"和"大辟"。这些残酷的刑罚大约从夏朝开始逐步确立，墨刑是在额头上刻字涂墨；劓刑是割鼻子；剕刑是砍脚；宫刑是毁坏生殖器；大辟是死刑。"三德"即《尚书·洪范》所说的"正直"、"刚克"和"柔克"。《尚书·洪范》云："三德：一曰正直，二曰刚克，三曰柔克，平康正直。强弗友刚克，燮友柔克。沈潜刚克，高明柔克。"③

　　为落实"明德慎罚"的法制原则，周穆王主张："两造具备，师听五辞；五辞简孚，正于五刑。五刑不简，正于五罚。五罚不服，正于五过。五过之疵，惟官、惟反、惟内、惟货、惟来。其罪惟钧，其审克之。五刑之疑有赦，五罚之疑有赦，其审克之。简孚有众，惟貌有稽，无简不听，具严天威。墨辟疑赦，其罚百锾，阅实其罪。劓辟疑赦，其罚惟倍，阅实其罪。剕辟疑赦，其罚倍差，阅实其罪。宫辟疑赦，其罚六百锾，阅实其罪。大辟疑赦，其罚千锾，阅实其罪。墨罚之属千，劓罚之属千，剕罚之属五百，宫罚之属三百，大辟之罚，其属二百，五刑之属三千。上下比罪，无僭乱辞，勿用不行，惟察惟法，其审克之。"④ 在这段话里，周穆王不仅强调要严格规范法官的司法行为，以法律为准绳，以事实为依据，判案量刑，而且他还强调要量刑适度，疑罪从轻，甚至疑罪从无，对于法官罔顾事实、贪赃枉法的行为还要加大惩罚的力度。更为可贵的是，在中国历史上，周穆王第一次提出了"疑罪从轻"的司法原则。不仅如此，

---

① 《尚书·吕刑》，李民，王健译注，上海古籍出版社2004年版，第399—400页。
② 同上书，第400页。
③ 《尚书·洪范》，李民，王健译注，上海古籍出版社2004年版，第224页。
④ 《尚书·吕刑》，李民，王健译注，上海古籍出版社2004年版，第405页。

周穆王还提出了减刑的具体办法。此外，《尚书·大禹谟》也谈及"罚弗及嗣"、"宥过无大"、"刑故无小"、"罪疑惟轻"的司法原则。即刑罚不能株连家人，过失犯罪可以从轻处罚，故意犯罪可以从重处罚，疑罪可以从轻。

和《尚书》相似，《周礼·秋官司寇》也谈到了五听、八议、三刺、三宥、三赦。《周礼·秋官司寇·司刺》云："掌三刺、三宥、三赦之法，以赞司寇听狱讼。一刺曰讯群臣，再刺曰讯群吏，三刺曰讯万民。一宥曰不识，再宥曰过失，三宥曰遗忘。一赦曰幼弱，再赦曰老旄，三赦曰蠢愚。以此三法者求民情，断民中，而施上服、下服之罪，然后刑杀。"① 显而易见，《周礼·秋官司寇》不但把"不识"、"过失"、"遗忘"者列为宽大处理的对象，而且把"幼弱"、"老旄"、"愚蠢"之人列为赦免的对象。在国家治理方面，孔子也不主张单靠刑罚，而是要求恢复名物制度。孔子说："名不正，则言不顺；言不顺，则事不成；事不成，则礼乐不兴；礼乐不兴，则刑罚不中；刑罚不中，则民无所措手足。"② 在司法问题方面，《左传》也主张慎重行事。"《左传·襄公二十六年》引《夏书》说：'与其不辜，宁失不经。''辜'是罪，'经'是常法。意思是说，宁可不按常法办，也不能错杀无辜的人。"③ 不仅如此，早在西周时期，申诉制度和追责制度也已经出现。"西周时，当事人对判决不服允许上诉。上诉后司法官要对当事人的陈述进行核实，对证据进行勘验，做到三判，即向群臣、群吏、老百姓三方面了解核实情况。如果司法官故意错判，要与违法犯罪者同罪同罚。"④ 不难看出，西周时期，统治阶级吸取商朝灭亡的教训，把教化与惩罚相结合，大力倡导"明德慎刑"与"礼主刑辅"的法制理念，"慎重定罪"、"宽严适度"、"罚不及嗣"、"疑罪从轻或从无"等司法原则和冤假错案责任追究制度的提出及其实践，不仅有利于缓和阶级矛盾，也有利于更好地保护犯罪嫌疑人的合法权益，还有利于保护广大老百姓的合法权益。

战国时，商鞅以李悝的《法经》为基础，结合秦国的实际制定了法律。虽然商鞅主张"明法重刑"，但他废除世卿世禄与宗室特权制度的做

---

① 《周礼》，林尹译注，王云五主编，台湾商务印书馆1979年版，第380—381页。
② （春秋）孔子：《论语·子路篇第十三》，张燕婴译注，中华书局2007年版，第187页。
③ 李用兵：《中国古代法制史话》，中共中央党校出版社1991年版，第20页。
④ 同上书，第31页。

法却给下层人士提供了向上奋斗的机会。尽管商鞅主张重刑犯要株连家人，信赏必罚的司法实践却取得了民众的高度信任。因此，商鞅变法极大地激活了秦国上下奋发向上的热情，使秦国走上了强国之路。韩非子是中国先秦时期法家思想的集大成者，他积极主张政治改革和法治建设，倡导"废先王之教"（《韩非子·问田》），"以法为教"（《韩非子·五蠹》），要求去"五蠹"，防"八奸"。此外，他还强调不仅要执法必严，而且还要做到"法律面前人人平等"。韩非子说："以法治国，举措而已矣，法不阿贵，强不挠曲。法之所加，智者弗能辞，勇者弗敢争，刑过不避大臣，赏善不遗匹夫。故矫上之失，诘下之邪，治乱决缪，绌羡齐非，一民之轨，莫如法。"① 韩非子"法不阿贵"的思想不失为古代中国法治思想的精华之一，其是对战国以前"刑不上大夫，礼不下庶人"的否定。"刑过不避大臣"、"矫上之失"与"赏善不遗匹夫"等观点无疑也体现了其"法律面前人人平等"的民主法治理念。虽然韩非子主张严刑重罚，但其民主法治理念却既是对人治的反驳，也是对民众权益的捍卫。这种法治理念不仅有利于限制当权者胡作非为，也有利于改变广大普通百姓在法律上的劣势地位。秦并六国后，始皇统一法度，任用李斯编撰秦律，明确"作法明制"权在皇帝，执行权在臣属。为维护专制统治，秦代的严刑峻法达到了令人发指的地步。死刑之外，还有劳役、罚金、流放等。不过，秦王朝"上农除末，黔首是富"的政策也给广大百姓带来了一定的实惠。"上农"就是以农为本，"除末"就是抑制工商业发展。"为了保证农业劳动力，《司空律》规定，一家不得同时有二人以上劳役抵罪、赎罪；《戍律》规定，不要把一家中的劳动力同时征发去服戍边的徭役，有关官员若违反这一规定，予以'赀二甲'的处罚。"②

汉朝建立后，受刘邦之托，萧何制定了《九章律》，叔孙通制定了《傍章律》。为了维护和巩固汉王朝的中央集权，汉代朝廷常常对挑战皇权的人，尤其是农民起义军处以苛刑酷法。尽管如此，汉代法制建设的进步却是不容忽视的。贾谊曾多次上书建议"法先王，行仁义"。后来，汉文帝接受了贾谊的建议并废除了肉刑。汉武帝时，儒家思想渐次成为社会的主导思想，儒家的"三纲"学说也逐渐成为汉代法律的指导思想。汉

---

① （战国）韩非子：《韩非子·有度》，陈秉才译注，中华书局 2007 年版，第 17 页。

② 李用兵：《中国古代法制史话》，中共中央党校出版社 1991 年版，第 48 页。

武帝即位之后，曾命令张汤制定了宫廷警卫制度《越宫律》，责成赵禹制定了朝见礼仪制度《朝律》，这些规章制度都彰显了礼主刑辅的儒家思想。此外，董仲舒还以《春秋》经义判案的方式在司法实践中践行了儒家思想。在司法体制建设方面，汉代沿用并完善了秦朝的廷尉制度。廷尉主要负责审理案件，也管理监狱。除了办理皇帝移交的案件之外，地方审判的疑难案件也要报送廷尉审核。"自秦代起就形成了严密的'逐级审转复核'的诉讼制度。就是说，从基层县级开始，每一级对案件审理后，凡不属本级权限内的案件，就要呈报上一级审理，层层转报，直到有权作出决断的那一级批准后，该案的判决才生效。这种层层审转使得案件审理层次繁杂，老百姓一旦打起官司，成年累月地走州过府也难以解决。他们称之为'讼累'。这种程序和制度，一直沿用到清朝。秦代对法官判案应负的责任，作出严格的规定。法官故意增减犯人应判的罪刑，称为'不直'；故意不判或者减判，以致犯人达不到判罪标准而逃脱法律制裁的，叫'纵囚'。'不直'和'纵囚'都作为重罪追究法官的法律责任。汉代基本沿用了这个规定。在汉代，如果有冤狱，可以逐级上书皇帝，这叫'诣阙告诉'。"① 在诉讼方式上，秦代诉讼以当事人提起诉讼为主，汉代已初步建立了公诉制度。"逐级审转复核"的诉讼制度虽然难免使一些案件久拖不决，甚至是劳民伤财，但不可否认，这种制度却有利于减少错假冤案。显而易见，这种司法实践在打击违法犯罪时，也非常注重保护司法公平及当事人的合法权益。不仅如此，汉代还非常重视德义教化的积极意义，如《汉书·匡衡传》云："盖保民者，'陈之以德义'，'示之以好恶'，观其失而制其宜，故动之而和，绥之而安。"② 汉代司法实践以德义为主，以刑罚为辅，保民安民是其重要内容之一。从中国法制史来看，秦汉时期的司法制度建设及其司法实践无疑奠定了中国古代司法体制的基础。"逐级审转复核"的诉讼制度、错假冤案责任追究制度、申诉制度与公诉制度的建立与践行，不仅有利于保障民权，也有利于促进社会公平，还有利于弘扬社会正气。

西汉时期，陆贾在《新语》中也提出了"重德轻刑"的法制主张，如《新语·至德第八》云："天地之性，万物之类，怀德者众归之，恃刑

---

① 李用兵：《中国古代法制史话》，中共中央党校出版社 1991 年版，第 67 页。
② （汉）班固：《汉书·匡衡传》，许嘉璐编译，汉语大词典出版社 2004 年版，第 1638 页。

者民畏之，归之则充其侧，畏之则去其域。故设刑者不厌轻，为德者不厌重，行罚者不患薄，布赏者不患厚，所以亲近而致远也。"① 此外，在有关社会治理问题的汉代典籍中，西汉淮南王刘安及其门客李尚、苏飞、伍被、左吴、田由等人编撰的《淮南子》也无疑是一部力作。《淮南子》主张仁义治国，其认为仁义是治国之本，法律只是用来辅助仁义的。如果仅靠刑罚，那么就可能事与愿违。《淮南子第二十卷·泰族训》云："故仁义者，治之本也。今不知事修其本，而务沼其末，是释其根而灌其枝也。且法之生也，以辅仁义，今重法而弃义，是贵其冠履而忘其头足也。故仁义者，为厚基者也。不益其厚而张其广者毁，不广其基而增其高者覆。赵政不增其德而累其高，故灭；智伯不行仁义而务广地，故亡。"② 《淮南子》之所以强调仁义治国，是因为在它看来，是否行王道是能否得天下的关键。《淮南子第十三卷·氾论训》曰："国之所以存者，道德也；家之所以亡者，理塞也。尧无百户之郭，舜无置锥之地，以有天下；禹无十人之众，汤无七里之分，以王诸侯。文王处岐周之间也，地方不过百里，而立为天子者，有王道也。夏桀、殷纣之盛也，人迹所至，舟车所通，莫不为郡县，然而身死人手，而为天下笑者，有亡形也。故圣人见化以观其徵，德有盛衰，风先萌焉。故得王道者，虽小必大；有亡形者，虽成必败。"③ 因此，《淮南子》主张仁者爱人，反对滥用刑罚，如《淮南子·泰族训》云："所谓仁者，爱人也；所谓知者，知人也。爱人则无虐刑矣，知人则无乱政矣。治由文理，则无悖谬之事矣；刑不侵滥，则无暴虐之行矣。上无烦乱之治，下无怨望之心，则百残除而中和作矣。"④

　　为了达到理想的社会治理的目的，《淮南子》以仁义治国为核心，大力倡导以人为本的法制建设。为了体现"以人为本"，《淮南子》强调法律要维护大多数人的利益，要取得大多数人的拥护。《淮南子》非常重视民心向背的重要意义，其认为，得民心者得天下。故而，《淮南子》强调百姓安居乐业是治国之本，而百姓安居乐业的根本则在于生活保障充足，

①　（汉）陆贾：《新语·至德第八》，王利器校注，中华书局1986年版，第117页。
②　（汉）刘安：《淮南子第二十卷·泰族训》，赵宗乙译注，黑龙江人民出版社2003年版，第1091页。
③　（汉）刘安：《淮南子第十三卷·氾论训》，赵宗乙译注，黑龙江人民出版社2003年版，第681页。
④　（汉）刘安：《淮南子第二十卷·泰族训》，赵宗乙译注，黑龙江人民出版社2003年版，第1099—1100页。

而百姓生活保障的充足又必须依赖农业生产，并受官府徭役赋税的影响。于是，《淮南子第二十卷·泰族训》说："欲成霸王之业者，必得胜者也；能得胜者，必强者也；能强者，必用人力者也；能用人力者，必得人心者也；能得人心者，必自得者也。故心者，身之本也；身者，国之本也。未有得己而失人者也，未有失己而得人者也。故为治之本，务在宁民；宁民之本，在于足用；足用之本，在于勿夺时；勿夺时之本，在于省事；省事之本，在于节用；节用之本，在于反性。未有能摇其本而静其末，浊其源而清其流者也。故知性之情者，不务性之所无以为；知命之情者，不忧命之所无奈何。"① 在此基础上，《淮南子》提出了"治国有常，而利民为本"的主要观点。《淮南子第十三卷·氾论训》说："圣人制礼乐而不制于礼乐。治国有常，而利民为本。政教有经，而令行为上，苟利民主，不必法古；苟周于事，不必循旧。"又说："法与时变，礼与俗化。衣服器械，各便其用。法度制令，各因其宜。故变古未可非，而循俗未足是也。"②

强调"治国以利民为本"，其实就是强调"以民为本"。《淮南子第九卷·主术训》认为："食者民之本也，民者国之本也，国者君之本也。是故人君者，上因天时，下尽地财，中用人力，是以群生遂长，五谷蕃殖。"③ 主张国君要以人为本，遍爱人类，重视农耕，爱惜地财，其实就是强调治国要"以人为本"。因而，《淮南子》并不主张严刑峻法，而是非常重视"礼、义、谦、耻"在教化民众中的重要作用。不仅如此，《淮南子》还非常看重道德表率的重要作用。《淮南子第二十卷·泰族训》云："民无廉耻，不可治也，非修礼义，廉耻不立。民不知礼义，弗能正也，非崇善废丑，不向礼义。无法不可以为治也；不知礼义不可以行法。法能杀不孝者，而不能使人为孔、曾之行；法能刑窃盗者，而不能使人为伯夷之廉。孔子弟子七十，养徒三千人，皆入孝出悌，言为文章，行为仪表，教之所成也。墨子服役者百八十人，皆可使赴火蹈刃，死不还踵，化

---

① （汉）刘安：《淮南子第二十卷·泰族训》，赵宗乙译注，黑龙江人民出版社2003年版，第1082页。

② （汉）刘安：《淮南子第十三卷·氾论训》，赵宗乙译注，黑龙江人民出版社2003年版，第659页。

③ （汉）刘安：《淮南子第九卷·主术训》，赵宗乙译注，黑龙江人民出版社2003年版，第452—453页。

之所致也。"① 显而易见，《淮南子》主张要把以法治国与以德治国相结合。为此，《淮南子》强调法律也应基于道义而产生。《淮南子第九卷·主术训》说："法生于义，义生于众适，众适合于人心，此治之要也。故通于本者不乱于末，睹于要者不惑于详。法者，非天堕，非地生，发于人间而反以自正。是故有诸己不非诸人，无诸己不求诸人。所立于下者不废于上，所禁于民者不行于身。所谓亡国，非无君也，无法也；变法者，非无法也，有法而不用，与无法等。是故人主之立法，先自为检式仪表，故令行于天下。"② 这种观点显然比先秦法家的观点更为合理，而《淮南子》的这一成就又是融合儒法之长的结果。为了体现"以人为本"，《淮南子》不仅强调要把以法治国与以德治国相结合，而且还非常看重司法公正与司法公平。在《淮南子》看来，"法"不仅要给天下的赏罚提供统一的标准，而且司法要公平公正，赏罚要分明，要使公正之道畅通，徇私之道堵塞。《淮南子第九卷·主术训》云："法者，天下之度量，而人主之准绳也。县法者，法不法也。设赏者，赏当赏也。法定之后，中程者赏，缺绳者诛；尊贵者不轻其罚，而卑贱者不重其刑。犯法者虽贤必诛，中度者虽不肖必无罪；是故公道通而私道塞矣。"③

东汉时期，王符《潜夫论》继承和发扬了"民本"思想，推崇"德主刑辅"的法制精神。隋朝建立后，隋文帝以"轻开恤罚"作为立法原则，其"《开皇律》删去死罪 81 条，流罪 154 条，徒、杖等罪 1000 多条，留下 500 条，共 12 篇。《开皇律》是自秦以来历代法律中比较轻简的法律。唐朝及其以后各朝的法律，在篇章体例上都沿用《开皇律》，它的影响是很深远的"④。从有关资料来看，唐代法制建设也以"德主刑辅"为主导精神。初唐时，房玄龄等编撰的《晋书·刑法志》也主张统治者应广施恩泽仁政，以"礼"治国，而不能倚重牢狱刑罚。《晋书·刑法志》开篇说："传曰：'齐之以礼，有耻且格。'刑之不可犯，不若礼之不可逾，则昊岁比于牺年，宜有降矣。若夫穿圜肇判，宵貌攸分，流形播其

① （汉）刘安：《淮南子第二十卷·泰族训》，赵宗乙译注，黑龙江人民出版社 2003 年版，第 1074—1075 页。

② （汉）刘安：《淮南子第九卷·主术训》，赵宗乙译注，黑龙江人民出版社 2003 年版，第 436 页。

③ 同上。

④ 李用兵：《中国古代法制史话》，中共中央党校出版社 1991 年版，第 71 页。

喜怒，禀气彰其善恶，则有自然之理焉。念室后刑，衢樽先惠，将以屏除灾害，引导休和，取譬琴瑟，不忘衔策，拟阳秋之成化，若尧舜之为心也。"① 中唐时，大唐帝国日趋衰落，阶级矛盾尖锐，社会危机加剧。尽管如此，中唐知识分子在主张"以法治国"的同时，仍然没有忽视"以德治国"的重要性。韩愈在《论淮西事宜状》和《原性》中，曾大力主张德礼为主，政刑为辅。此外，韩愈还非常同情基层民众艰难的处境。白居易在《百道判》中，则提出了刑、礼、道迭相为用的主张。不仅如此，白居易还把忠君与爱民相提并论。

元末丞相脱脱在《宋史》中，也讨论了"法治"与"德治"的关系问题。《宋史·刑法志》开卷云："先王有刑罚以纠其民，则必温慈惠和以行之。盖裁之以义，推之以仁，则震悚杀戮之威，非求民之死，所以求生也。"② 在《宋史·刑法志》看来，"以法治国"要以仁慈的方式推进，因为其目的是为了百姓更好地"生"，而不是致他们"死"。不仅如此，《宋史·刑法志》还认为，后世之所以喜用刑罚统治人民，是因为王道衰微，礼制毁弃的缘故。这种本末倒置的做法不仅不能减少犯罪，反而还会导致犯罪增多。据《宋史》来看，宋朝建立后，其法制建设也尽力体现仁爱精神，使用法令以不违背情理又能满足需要为准，如《宋史·刑法志》说："宋兴，削除苛峻，累朝有所更定。法吏寖用儒臣，务存仁恕，凡用不悖而宜于时者著之。"③ 关于"法治"问题，《辽史》基本上秉承了《宋史》的立场。《辽史·刑法志》开篇就提出了"刑也者，始于兵而终于礼也"④ 的观点。当然，尽管辽有"尊奉儒学，吸收汉法"的法制传统，但重用刑罚却是其一贯做法，这也是导致辽走向衰微的重要原因之一。《辽史·刑法志》云："盖自兴宗时，遽起大狱，仁德皇后戕于幽所，辽政始衰。"⑤

明代大儒宋濂主修的《元史》明确强调法制建设要"刑德互用，以

---

① （唐）房玄龄等：《晋书卷三十·刑法志》，许嘉璐编译，汉语大词典出版社2004年版，第709页。

② （元）脱脱：《宋史卷一百九十九·刑法志》，许嘉璐编译，汉语大词典出版社2004年版，第4089页。

③ 同上书，第4094页。

④ （元）脱脱：《辽史卷六十二·刑法志》，许嘉璐编译，汉语大词典出版社2004年版，第549页。

⑤ 同上书，第559页。

刑辅治"。《元史·刑法志》云："自古有天下者，虽圣帝明王，不能去刑法以为治，是故道之以德义，而民弗从，则必律之以法，法复违焉，则弄辟之施，诚有不得已者。是以先王制刑，非以立威，乃所以辅治也。"①元代君臣侧重从轻量刑，据宋濂《元史·刑法志》记载，元世祖忽必烈曾对大臣说："朕或怒，有罪者使汝杀，汝勿杀。必迟回一二日乃复奏。"②冒着朝臣忤逆犯上的风险，忽必烈允许并支持执行大臣暂缓执行自己的决议，无疑是为了慎用刑罚。忽必烈之后，元朝历代皇帝都主张慎用刑罚。此外，凡各地疑案，朝廷都要派特使重新审理并从轻发落。即使证据确凿的死刑案件，也要报朝廷审核，皇帝下达命令后方可执行。正因为元代法制建设以仁义为本，以至于《元史·刑法志》认为："元之刑法，其得在仁厚，其失在乎缓驰而不知检也。③"也就是说，元代刑法甚至仁义到了过度宽松的地步。与宋濂的立场相似，宋元时代著名学者马端临的《文献通考》也体现了"以人为本"的法制理念。《文献通考》大力倡导司法公平公正，强调治国理政以民为本。

明代时，"朱元璋在《大明律》序文中说，他要仿古为治，明礼以导民，定律以绳顽"④。为了休养生息，明代统治者还实行了一系列惠民政策。"明初，为适应农业的发展，保证劳动力的需要，颁布法令释放奴隶，严禁诱骗掠卖良民为奴隶。同时，还颁发了一系列有关招收流民垦荒、兴修水利，实行屯田和匠户轮班等方面的法令。"⑤当然，为维护其封建专制统治，明代统治者对叛逆者也实行刑事镇压。与此同时，对贪官污吏也严惩不贷。尽管明代也不乏严刑峻法，但明代在判罪量刑上还是比较慎重的。判罪量刑实行"三法司"即刑部、都察院和大理寺联合审判制度。

清代自顺治帝亲政以来，在法制建设上，着眼于清王朝的长治久安，并不轻易否认前制，而是从实际统治需要出发，力主承袭明代以来尚有现实意义的法律制度。清代虽然是封建统治非常严酷的朝代之一，但清代统

---

① （明）宋濂：《元史卷一百零二·刑法志》，许嘉璐编译，汉语大词典出版社 2004 年版，第 2047 页。

② 同上书，第 2048 页。

③ 同上。

④ 李用兵：《中国古代法制史话》，中共中央党校出版社 1991 年版，第 116 页。

⑤ 同上书，第 120 页。

治者在使用刑罚的时候却不仅仅是为了惩罚而惩罚，其也非常关注司法实践的效果，甚至不无减轻刑罚的举措。《清史稿·刑法志》云："清太祖、太宗之治辽东，刑制尚简，重则斩，轻则鞭扑而已。迨世祖入关，沿袭明制，初颁刑律，笞、杖以五折十，注入本刑各条。康熙朝现行则例改为四折除零。雍正三年之律，乃依例各于本律注明板数。徒、流加杖，亦至配所照数折责。盖恐扑责过多，致伤生命，法外之仁也。文武官犯笞、杖，则分别公私，代以罚俸、降级、降调，至革职而止。"① 此外，清代法律也有缓刑制度。在审判量刑方面，清代实行"九卿会审"制度，重大案件还实行审核制度。"顺治十三年，谕刑部'朝审秋决，系刑狱重典。朕必详阅招案始末，情形允协，令死者无冤。今决期伊迩，朝审甫竣，招册繁多，尚未及详细简阅，骤行正法，朕心不忍。今年姑著暂停秋决，昭朕矜恤至意。'自是列朝于秋谳俱勤慎校阅。"② 顺治之后，康熙、雍正、乾隆、嘉庆等皇帝都曾亲自主持审核过重大案件。重大案件复审制度无疑有利于避免错假冤案，也有利于促进司法公平公正。除统治者在立法和执行方面有仁义之举之外，不少知识分子也曾冒着身陷囹圄的风险，大力倡导"以人为本"的法制理念。明末清初，黄宗羲为了追求人权平等，在《明夷待访录》中大力主张废除严刑峻法与君主专制制度，并极力倡导民本制度，甚至提出了"天下大公"的政治愿景。此外，顾炎武在《日知录》中也大力倡导"礼法并重"的法制理念。清朝中期，著名思想家龚自珍的《龚自珍全集》则继承了先秦儒家"德主刑辅"的法制原则。晚清时期，著名法学家薛允升的《唐明律合编》与《读律存疑》也秉持"礼主刑辅"的司法原则。

在中华民族的传统文化中，影响法律文化发展方向和价值趋向的因素有许多。其中，既有很多积极因素，也有不少消极因素。中国古代的法制文明与当时的政治文明及社会历史文化背景密切相关，加之封建时代皇权高于一切，因此，封建统治集团尤其是皇帝的治国理念往往对古代法制文明及其发展的影响力是不容忽视的。尽管如此，但不可否认，中国历史上有关法制问题的争论仍然主要是"以法治国"与"以德治国"之间的论

① （清）赵尔巽：《清史稿卷一百四十四·刑法志》，中华书局 1976 年版，第 4193—4194 页。
② 同上书，第 4209—4210 页。

争，以及有关如何更恰当地"以法治国"或"以德治国"等问题的争论。虽然各自的主张、立场、价值取向和具体路径不尽相同，但其根本目标却有一致之处，即建立良好的人际关系与社会秩序往往是一种共识。在中国古代，以孔子、荀子、孟子为代表的儒家学者重视犯罪预防，刑罪相称，反对滥用酷刑，大力主张以德治国；以商鞅、韩非为代表的法学家又非常重视法律在治国理政中的重要作用，大力主张因时制法、事断于法、以法治国，强调法律的严肃性、统一性和稳定性，主张刑无等级、法不阿贵，反对以私害法。在执法方面，中国传统法律文化素有刚正不阿、执法严明的好传统，例如，诸葛亮"科教严明、赏罚公平"，海瑞清正廉洁、秉公执法。在审判量刑方面，早在西周时期，周穆王就主张量刑适度，疑罪从轻，甚至疑罪从无。此外，西周时期也已经建立了重大案件复审制度及错假冤案责任追究制度。自西周以来，诸多知识分子与开明君主都把"礼主刑辅"或"德主刑辅"作为最基本的法制原则。即使盛行严刑峻法的朝代，统治者也不反对"以德治国"，因为二者的根本目标是一致的。总而言之，"以人为本"也不失为中国古代法制建设的一条主线。在此问题上，张晋藩教授也有相同的见解，他认为："以人为本是中国古代司法的重心，由此而形成了明德慎罚的司法原则，既重视人的生命权，又对社会弱势群体——老幼妇残、鳏寡孤独实行恤刑，体现了人道主义的精神。"①这种法制精神及其优良传统无疑是中华传统文化"以人为本"价值理念能得以延续和实践，甚至发扬光大的根本保证之一。当前，古代法制文明的历史局限性虽然愈发明显，但其"以人为本"的法制理念及其不乏温情的人道主义精神仍然是值得我们关注和继承的。在"以法治国"的新的历史背景下，古代法制文明无疑能给我们诸多启迪。因而，发掘中国古代法制文明的当下价值，借鉴其富有生命力和符合当代伦理、法制精神的社会治理策略，无疑是加强乡村社会治理，促进新农村建设步伐的重要举措之一。

第四节　"以人为本"推进新农村建设的策略与路径

"以人为本"作为中华传统文化中最为重要的价值诉求之一，不仅在

---

① 张晋藩：《中国古代司法文明与当代意义》，《法制与社会发展》2014 年第 2 期。

古代中国的社会治理中发挥了重要作用，产生了深远影响，而且，在促进经济方式转变，加快社会主义新农村建设和城乡协调发展，深入推进"以法治国"，全面建设小康社会，加速实现中华民族伟大复兴"中国梦"的今天，"以人为本"及其价值诉求的当下意义也是毋庸置疑的。"以人为本"推进社会主义新农村建设不仅有利于践行我党"为人民服务"的基本宗旨，也有利于更高效地落实党和国家有关"三农问题"的方针政策，还有利于切实解决"三农问题"，促进城乡社会协调、可持续发展，加快有中国特色的社会主义强国的建设步伐。当前，为实现"中国梦"而努力奋斗已成为中华民族的共识，这种共识不仅增强了中华民族的凝聚力和向心力，而且为中国各项事业的健康、快速发展带来了难得的历史机遇。在此时代背景下，"以人为本"推进社会主义新农村建设无疑是加快农村经济社会发展的重要途径和有效方式之一。因此，在当前形势下，探索"以人为本"推进社会主义新农村建设的方法与路径，难免就成了不可或缺的话题。我们以为，"以人为本"推进社会主义新农村建设的方法与路径主要有以下八种。

一　发扬我党优良传统，走群众路线

注重调查研究是我党的优良传统，群众路线是我党的根本路线之一。早在建党之初，富有远见卓识的共产党人就依据马列主义相关原理和中国革命的实际需要，深入中国社会尤其是底层社会开展调查研究，探寻切实有效的救国救民的道路。发表于 1927 年 3 月 5 日的《湖南农民运动考察报告》，就是毛泽东在湖南做了三十二天的实际考察之后，所写成的一篇调查报告。正因为该报告以事实为依据，其所讨论的问题才切中了当时中国革命的要害。《湖南农民运动考察报告》不仅有力地回击了当时党内外对于农民革命斗争的责难，而且初步提出了解决中国民主革命的中心问题——农民问题的理论和政策。1930 年 5 月，为了反对教条主义，毛泽东在《反对本本主义》一文中，还提出了"没有调查，就没有发言权"的著名论断。自此以来，调查研究就成了中国共产党人最基本的工作方法之一，也成为各级领导干部了解实际情况，解决众多现实问题的重要途径之一。当前，对我们而言，调查研究的重要性仍不减当年。调查研究既是我党的优良作风之一，也是我党制定和实施正确方针政策的重要前提之一。

　　与调查研究紧密联系的是"群众路线"，中国共产党人把马克思列宁主义关于人民群众是历史创造者的原理系统地运用在党的全部活动中，便形成了"一切为了群众，一切依靠群众，从群众中来，到群众中去"的群众路线。群众路线是毛泽东思想的活灵魂之一，是我党无比宝贵的历史经验之一。在新的历史背景下，党的十八大报告又重新阐释了"群众路线"的基本原则和主要内涵。在"全面提高党的建设科学化水平"部分，报告把"坚持以人为本、执政为民，始终保持党同人民群众的血肉联系"作为提高党建科学化水平的重要举措之一。报告指出，"为人民服务是党的根本宗旨，以人为本、执政为民是检验党一切执政活动的最高标准。任何时候都要把人民的利益放在第一位，始终与人民心连心、同呼吸、共命运，始终依靠人民推动历史前进。为了保持党的先进性和纯洁性，在全党深入开展以为民务实清廉为主要内容的党的群众路线教育实践活动，着力解决人民群众反映强烈的突出问题，提高做好新形势下群众工作的能力。完善党员干部直接联系群众制度。坚持问政于民、问需于民、问计于民，从人民伟大实践中汲取智慧和力量。坚持实干富民、实干兴邦，敢于开拓，勇于担当，多干让人民满意的好事、实事。坚持艰苦奋斗、勤俭节约，下决心改进文风会风，着力整治庸懒散奢等不良风气，坚决克服形式主义、官僚主义，以优良党风凝聚党心民心、带动政风民风。支持工会、共青团、妇联等人民团体充分发挥桥梁纽带作用，更好反映群众呼声，维护群众合法权益"[①]。

　　为落实十八大决议，2013 年 4 月 19 日，中共中央政治局召开会议，决定从当年下半年开始，在全党自上而下分批开展党的群众路线教育实践活动。2013 年 6 月 18 日，在党的群众路线教育实践活动工作会议上，习近平总书记指出，群众路线是我们党的生命线和根本工作路线。开展党的群众路线教育实践活动，是实现党的十八大确定的奋斗目标的必然要求，是保持党的先进性和纯洁性、巩固党的执政基础和执政地位的必然要求，是解决群众反映强烈的突出问题的必然要求。全党同志要积极参与到活动中来，以实际行动密切党群干群关系，取得群众满意的成效。习总书记强调，实现党的十八大确定的奋斗目标，实现中华民族伟大复兴的中国梦，

---

　　① 《坚定不移沿着中国特色社会主义道路前进　为全面建成小康社会而奋斗——在中国共产党第十八次全国代表大会上的报告》，《共产党员》2012 年第 23 期。

必须紧紧依靠人民，充分调动最广大人民的积极性、主动性、创造性。开展党的群众路线教育实践活动，就是要使全党同志牢记并恪守全心全意为人民服务的根本宗旨，以优良作风把人民紧紧凝聚在一起，为实现党的十八大确定的目标任务而努力奋斗。① 自党的群众路线教育实践活动开展以来，广大党员干部热烈响应习总书记的号召，积极行动，已收到了良好的社会效益。通过党的群众路线教育实践活动，进一步密切了党同人民群众的血肉联系，提升了中华民族的凝聚力，增强了各族人民为实现中华民族伟大复兴"中国梦"而努力奋斗的热情和自信心。当前，党的群众路线教育实践活动已深入人心，党风、政风和社会风气已发生了显著的变化，群众路线的生命力与现实意义正在以更直观的方式显现在世人面前。

在社会主义新农村建设中，顶层设计虽然非常重要，但广大农民的理解与支持也影响甚至决定着这项工程的进展速度与实际效果。在新农村建设中，广大农民不是旁观者，而是这项工程的主要参与者，甚至还发挥着主人翁的作用。只有相关安排规划符合广大群众的愿望，他们才可能大力支持并积极投身于新农村建设之中。否则，他们不但可能对这项工程不感兴趣，而且可能会消极对待甚至不无抵制情绪。因此，为了又好又快地推进社会主义新农村建设，在新的时代背景下，我们务必要大力发扬我党的优良传统，深入实际开展调查研究，详尽了解"三农"问题及其症结所在。在此基础上，结合国家政策、农村实际和农民意愿，科学合理地做好新农村建设的规划设计，并充分调动广大群众投身于新农村建设的积极性和主动性。如果调研工作不充分，群众路线没有落到实处，那么就难免会出现上热下冷或官方民间"两张皮"的现象。一旦出现这样的现象，新农村建设就很难达到预期的目标，甚至会出现徒劳无益的后果。

笔者在调研中，曾经就遇到过类似的情况。关中某个乡镇也曾想借助新农村建设的东风富民强镇，可是由于缺乏深入的调查研究，其决策不仅没有给群众带来预期的收益，反而让群众蒙受了重大的损失，以至于挫伤了群众投身于新农村建设的热情。据了解，该乡镇在新农村建设中为山区村组最先确立的项目是发展高效生态畜牧业，然而由于缺乏充足的资金保障、必要的技术支持和稳定的销售渠道，结果只能半途而废，以致不少群

---

① 　参见《中共中央政治局召开会议　习近平主持》，2013 年 4 月 19 日，人民网（http：// cpc. people. com. cn/n/2013/0419/c64094 - 21205977. html）。

众连成本都没有收回来，甚至还背上了沉重的债务。后来，他们又让农民由种庄稼转为种植药材。然而，还是因为缺乏技术支持和销售渠道，又缺乏贮藏设备，不少药材都烂在了地里。因此，这次尝试又以失败告终。在这种情况下，农民的损失是双重的——没有种庄稼是一种损失，种药材没有收回成本甚至负债也是一种损失。由于发展畜牧业和种植药材都以失败告终，故而这个地方的农民对新农村建设的热情就大大降低。于是，不少人又背起行囊，踏上了外出打工的征程。甚至，在这个地区还出现了一些令人心寒的现象。由于前两次失败对他们的打击很大，因此，他们不仅对新农村建设不再热情，而且政府免费发放的树苗及补助款也未能发挥应有的作用。树苗被胡乱栽植以致不能保证成活率，更夸张的是，有人则直接把树苗扔掉或晾干烧柴。补助款被挪作他用，甚至用于赌博。

由此可见，在社会主义新农村建设中，深入实际开展调查研究，坚持群众路线是十分重要的。只有坚持从群众中来到群众中去，在新农村建设中才能有效规避决策失误或有决策无落实的现象，才能规避官方民间"两张皮"的现象。社会主义新农村建设既是建设富强美丽和谐大中华的重要路径，也是建设富裕美丽和谐乡村的重要举措，甚至后者是新农村建设最为直接的目标。社会主义新农村建设是国家的事，也是广大农民自己的事。因而，不仅相关方针政策和安排规划的科学性、合理性和可行性对新农村建设有着深远的影响，而且广大农民的积极性、主动性、自觉性、自主性和创造性对新农村建设也发挥着巨大的影响。因此，坚持群众路线，既是促进社会主义新农村建设顺利进行的重要策略，也是落实"以人为本"社会治理方式的重要途径。

二　培育"穷变通久"的社会发展观

早在先秦时期，中国人就已经认识到发展变化乃事物的本质属性之一。不仅如此，不少先哲还把事物的发展变化看作事物突破其生存困境的重要途径之一，如《周易》"穷变通久"的观点。《周易·系辞下传》认为，"包牺氏没，神农氏作，斫木为耜，揉木为耒，耒耨之利，以教天下，盖取诸《益》。日中为市，致天下之民，聚天下之货，交易而退，各得其所，盖取诸《噬嗑》。神农氏没，黄帝、尧、舜氏作，通其变，使民不倦，神而化之，使民宜之。《易》穷则变，变则通，通则久，是以'自天祐之，吉无不利'"①。在《周易》看来，世界万事万物都处于发展变化之中。穷极就会出现变化，变化就能畅通，畅通则可长久。只有这样，才能出现天降吉祥、事遂人愿的局面。正因为事物是发展变化的，所以《周易》就从动态的角度讨论事物的本质。《周易卷九·系辞上传》云："正变化者，进退之象也；刚柔者，昼夜之象也。"②用卦象的动态变化去解说世界万物，无疑说明，在《周易》看来，要以发展变化的眼光看待世界万物。不仅如此，《周易》还反复强调发展变化之于事物的重大意义。《周易卷九·系辞上传》云："盛德大业至矣哉！富有谓之大业，日新之谓盛德。生生之谓易，成象之谓乾，效法之谓坤，极数知来之谓占，能变之谓事，阴阳不测之谓神。"③显而易见，在《周易》看来，"变化"就意味着生生不绝。只有"变化"才能成就事态，最高的善也是在变化之中形成的。《正义》在注疏这段话时也说："物之穷极，欲使开通，须知其变化乃得通也。凡天下之事，穷则须变，万事乃生，故云'通变之谓事'。"④从《正义》的注疏来看，《周易》虽然谈及占卜卦术，但它也无疑揭示了事物的本质规律——发展变化是事物获得生命力的重要途径之一。

除《周易》之外，还有不少古代典籍也谈到了发展变化之于事物的重要性。《大学》第三章云："汤之《盘铭》曰：'苟日新，日日新，又日新。'《康诰》曰：'作新民。'《诗》曰：'周虽旧邦，其命维新。'是故君子无所不用其极。"⑤虽然二者都强调"发展变化"的重要性，但与《周易》不同，《大学》强调的是思想观念的更新，即"新民"的重要性。通过引经据典，《大学》第三章无非是为了说明，人思想观念和道德修养的完善是永无止境的。只有"日日新，又日新"，人的思想观念和道德修养才能得到提升，才能有所收获。古代先贤不仅在思想修养方面主张与时俱进，而且还认为人类社会也处在发展变化之中。因而，很多先贤都非常重视总结人类社会发展变化的规律与经验，以致发愤著书也常常被看作千秋之大业，不朽之功绩。司马迁云："古者富贵而名摩灭，不可胜

①　《周易卷九·系辞下传》黄寿祺，张文善译注，上海古籍出版社2007年版，第402页。
②　《周易卷九·系辞上传》黄寿祺，张文善译注，上海古籍出版社2007年版，第376页。
③　同上书，第381页。
④　同上书，第382页。
⑤　《大学·第三章》，王国轩译注，中华书局2007年版，第9页。

记，唯倜傥非常之人称焉。盖文王拘而演《周易》；仲尼厄而作《春秋》；
屈原放逐，乃赋《离骚》；左丘失明，厥有《国语》；孙子膑脚，《兵法》
修列；不韦迁蜀，世传《吕览》；韩非囚秦，《说难》《孤愤》；《诗》三
百篇，大氐圣贤发愤之所为作也。此人皆意有所郁结，不得通其道，故述
往事、思来者。乃如左丘无目，孙子断足，终不可用，退而论书策以舒其
愤，思垂空文以自见。仆窃不逊，近自托于无能之辞，网罗天下放失旧
闻，考之行事，稽其成败兴坏之理，凡百三十篇，亦欲以究天人之际，通
古今之变，成一家之言。草创未就，会遭此祸，惜其不成，是以就极刑而
无愠色。仆诚以著此书，藏之名山，传之其人通邑大都，则仆偿前辱之
责，虽万被戮，岂有悔哉！"①

在司马迁看来，无论是文王、仲尼、屈原、左丘明、孙子、吕不韦、
韩非子，还是自己忍辱负重著书立说，都是为了总结前人经验以启迪后
人。就司马迁自己而言，他写《史记》的目的就是为了"究天人之际，
通古今之变，成一家之言"，即探求天道与人事之间的关系，以贯通古往
今来的变化脉络，而成为一家之言。显而易见，在司马迁看来，揭示人类
社会的发展变化规律，为后世提供借鉴是十分重要的事情。为此，历尽千
辛万苦，他也在所不辞。

既然先贤早已认识到人类社会处在发展变化之中，人的思想观念要与
时俱进，那么，在社会主义新农村建设中，我们就应该借鉴并学习前人的
经验，在此基础上，开拓进取，树立"以发展求进步"的观念。当前，
致富奔小康，缩小城乡差距甚至改变城乡二元结构不仅是新农村建设的重
要任务，也是推动广大农村又好又快发展的重要战略举措。由于新农村建
设事关农民、农村的前途与命运，是一项功在当代、利在千秋的事业，因
此，各级干部务必要树立"穷变通久"的社会发展观，把"发展"作为
农村工作的第一要务。"发展"不仅是解决"三农问题"的基本途径，也
是落实党的各项惠民政策、密切干群关系的重要方略。当前，之所以一些
地方的农民对某些基层干部的意见比较大，主要原因无非是这些干部存在
不作为或乱作为的现象。经调研发现，凡是经济社会发展又好又快的地
区，农民对当地干部和自己身份的认同度就比较高，其奋斗热情也比较

---

① （汉）班固：《汉书卷六十二·司马迁列传》，许嘉璐编译，汉语大词典出版社 2004 年
版，第 1298—1299 页。

高；凡是经济社会滞步不前的地区，农民对当地干部和自己身份的认同度就比较低，其消极情绪也比较大。此外，凡是勤政爱民、公正廉洁、遵法守纪的干部，往往深受群众拥护与爱戴；反之，干群关系就比较紧张。

当然，社会主义新农村建设仅凭各级干部还是不够的，广大农民的作用也必须得到重视，因为农民是新农村建设的主要参与者，甚至是新农村建设的主体。因此，在新农村建设中，不仅各级干部要树立"发展是第一要务"的观念，广大农民也要树立"穷变通久"的观念。只有广大农民自己真正认识到了"发展"是解决"三农问题"的根本出路，他们才能聚精会神搞建设，一心一意谋发展。只有如此，才能尽可能地减少甚至消除农民的消极情绪，新农村建设才能更顺利推进，党的各项惠民政策，尤其是着眼于农村社会长远利益的惠民政策才能真正落到实处。因此，在新农村建设中，不仅要引导广大农民建立"穷变通久"的社会发展观，而且要引导农民积极投身于新农村建设，使他们在思想与行动上，紧跟党和国家的相关政策，为新农村建设的宏伟目标而不懈奋斗。调研中，我们发现一些农民守旧的思想观念严重地阻碍着新农村建设的顺利进行。

关中地区虽然以平原为主，但也有一些山区村组甚至山区乡镇。为了建成惠及全民的小康社会，在新农村建设中，关中地区的一些地方政府对那些基础非常薄弱又缺乏发展潜力的地区采取了移民搬迁策略，如宝鸡市的"突破西山"战略。这本来是一项惠民政策，然而一些农民尤其是思想保守的农民，他们对此项政策却不是很欢迎。他们担心"人离乡变贱"，而安于现状，甚至主张活是家乡的人，死是故乡的鬼。因而，就出现了个别村民留守的现象，即一个村民小组或行政村其他人都搬走了，但总有几户人家就是迟迟不动。不仅如此，有些搬走的农民还有搬而不离的现象。当然，这种现象不全是钱的问题，更重要的是思想观念问题。在这种情况下，不仅搬出地的生态恢复难以达到预期的效果，而且对有关农民来说，致富奔小康仍然遥遥无期。此外，在新农村建设中，道路、住房修建，尤其是公益事业建设等民生项目虽然容易获得老百姓的支持，但当具体规划牵涉到某些个人的利益时，他们仍然会坚决反对甚至不惜一切代价阻止。在调研中，我们就曾遇到过有农民以影响他们的风水为由阻止修路的现象。如此现象之所以会时有发生，无非是因为"穷变通久"的思想还没有深入每一个农民心中，抑或还没有变为自觉行动。这种现象，严重地影响着社会主义新农村建设的进展及其实效。因此，我们一定要重视

"人"自身的因素尤其是思想观念对新农村建设的重大影响。故而，在新农村建设中，不仅各级干部要树立"穷变通久"的思想观念，而且，广大农民也要树立"穷变通久"的思想观念。只有这样，在思想认识上，才可能达成共识。

三 因地制宜，促进经济社会健康发展

当前，广大农村虽然面临着诸多共同问题和任务，但由于自然条件、地理位置、文化底蕴、经济状况、生态环境和基础设施建设等因素存在差异，广大农村致富奔小康的具体路径与策略就难免有所不同。因此，社会主义新农村建设就应该根据不同地区的具体条件，有针对性地制定妥当的措施，而不能盲目地照搬他人的经验或一味地追求同一模式。他山之石虽然可以攻玉，但机械的教条主义和僵化的经验主义却是要不得的。历史上，一些地区就曾经出现过因盲目照搬他人经验而导致农业产生严重受损的情况。我们在调研中得知，"文化大革命"时期，关中地区曾出现过因为盲目照搬他人经验或不切实际地推行某种生产模式，而导致一些村组甚至是一些乡镇的农业生产大幅减少以至颗粒无收的情况。不仅如此，近年来，在发展乡村经济的时候，由于一些地方缺乏审慎的判断和科学的规划，也存在着一哄而上、盲目跟风的现象，以至于出现了滞销甚至"丰收成灾"的现象。20世纪末，关中地区不少乡镇都把发展苹果产业当作发展当地乡村经济的支柱产业，甚至一些基层干部还把发展苹果产业当作政绩工程来抓，以至于出现了对农民盲目下达目标指令、对上级谎报业绩的情况。

20世纪90年代中期，一些新闻媒体曾以"'吹牛'也要纳税"为题曝光过陕西宝鸡市某镇虚报果树面积自吞"苦果"的事件。据《"吹牛"也要纳税——宝鸡县功镇虚报果树面积吞苦果》（《当代法学》1996年第2期）和《宝鸡县焦峪沟村虚报果树面积吞苦果》（《共产党人》1996年第5期）记载，该镇焦峪沟村时任党支部书记的郭振科告诉记者，当时，他们村开始结苹果的果园面积只有304亩，按每亩240元的征税标准，应缴税款7万余元。可是，当年镇政府给他们村下达的税收任务指标却是10.5万余元。之所以会出现这种情况，无非是因为谎报苹果种植面积酿出了苦果。据说，1986年，这个村其实只栽了100多亩果树，却虚报为336.4亩。从那时起，上报的果树种植面积逐年递增，到1990年就达到

了 1000 多亩，几乎是实际种植面积的 3 倍。当时，县上的有关部门每年初都要给各乡镇下达经济作物种植面积指标，这种指标属指令性计划。接到县上的指令后，乡镇再把任务分派到各村。有些村为了完成任务，便不得已谎报果树面积。当时，农林特产税是按上报面积征收的，于是，一些干部便尝到了谎报业绩给自己种下的"苦果"——"吹牛"也要纳税，并伤害了果农利益。①

其实，这个事件绝非个案，我们在调研中了解到，20 世纪八九十年代，上述事件在关中地区的很多地方都曾经出现过。尽管这种事情的发生有着非常复杂的原因，但不可否认，某些基层干部浮夸的工作作风却是不容忽视的重要原因之一。正是由于他们急功近利或急于搞政绩工程，便盲目地发展农业经济尤其是苹果种植产业，甚至不惜谎报业绩。于是，上述悖谬现象的出现就在所难免。在这种情况下，某些官员"吹牛"的政绩工程不仅使老百姓背上了某些本不该负担的包袱，而且一哄而上的盲目发展模式也使老百姓深受其害。20 世纪八九十年代，在大力发展苹果种植产业的时候，关中地区的很多地方都把苹果种植当作主导产业，在"十亩田还不如一亩园"等口号的鼓励下，许多农民都不再种庄稼，而专心于种植苹果。结果，20 世纪 90 年代后期，由于供大于求，就出现了销售困难，价格大幅下降的局面。21 世纪之初，情况则更为糟糕，一些地方则出现了苹果滞销以至于成本难以回收的尴尬局面。在这种情况下，一些果农迫不得已亲手毁掉了果园，又转为种庄稼。在此过程中，一些发展苹果种植业较早的农户还赚了一些钱，可那些起步晚的农户便回报很少，甚至是血本无归。时至今日，一些农户在回想起这些经历的时候，仍不无叹息。在我们看来，这种后果的发生，与盲目跟进、一哄而上的粗放式发展路径不无关系。这种发展路径难免会导致两种后果，一方面，不考虑市场需求，只是一味地扩大种植面积，增加产量，就可能会造成供大于求的后果；另一方面，不考虑交通、光照、气候、水资源等条件，一哄而上，盲目地发展苹果种植业，就难以保证果品的质量，也难以抓住上市的最佳时机。一般来讲，凡是昼夜温差大、光照充足、水资源丰富的地区，就比较适宜发展优质苹果。反之，苹果的质量就难以保证。因而，在平原地区发

① 参见《"吹牛"也要纳税——宝鸡县功镇虚报果树面积吞苦果》，《当代法学》1996 年第 2 期。

展苹果种植业就不一定恰当。此外，一些山区乡镇如果缺水、光照不充足、交通不便的话，那么它们也不适宜发展苹果种植产业。因条件所限，这些地方出产的苹果不仅质量难以保证，而且运输成本还比较高。在这种情况下，盲目地发展苹果种植业，必然就无法保证其产品的市场竞争力。因此，在供大于求的形势下，苹果滞销甚至丰收成灾就难以避免了。上述事件虽然主要发生在 20 世纪 90 年代中后期至 21 世纪初期，但它们的教训却是非常沉痛的。不仅如此，在当今农村，类似的问题也时有发生。

近年来，农产品滞销或"丰收成灾"在关中地区仍时有出现。据第一食品网报道，2006 年，西安市阎良区菜农曾因芹菜"丰收成灾"，不得已以每亩 30 元钱租用拖拉机将长势良好的芹菜绞碎埋入泥土之中。据了解，2005 年，由于南涝北旱，市场上蔬菜供不应求，于是阎良的芹菜卖了个好价钱，一亩地可以有好几千元的收入。正因为 2005 年种芹菜收益很好，于是，2006 年当地诸多农民便一哄而上。当年，阎良区芹菜种植面积一下子达到了 2.1 万亩。众所周知，芹菜的产量比较大，每亩约4000 公斤。每年 8 月下旬到 10 月为芹菜销售晚期，可越到晚期其产量越大，每亩能达到 5000 公斤。于是，2006 年，阎良地区的芹菜产量便远远超出了市场的需求量。因而，菜价便大幅下跌。2006 年 6 月，当地芹菜在 0.5 元/斤的价格上只短暂地停留了一段时间。此后，就持续走低，以至于跌到了 0.06 元/斤。在这种情况下，不要说收回成本，甚至连采摘芹菜的工价都不够了。于是，一些菜农便不惜雇拖拉机将菜毁在地里。① 菜农自毁芹菜虽然有博取人们眼球、以引起社会关注的嫌疑，但他们的损失和教训却是十分沉痛的。

像当年阎良地区的菜农一样，2014 年渭南市渭北地区的广大果农也经历了葡萄滞销的焦虑与煎熬。渭南渭北地区有号称万亩的葡萄种植基地，虽说叫"葡萄基地"，其实产品早已改良为高产的红提品种。2014年，万亩基地喜获丰收。然而，由于供大于求，便出现了销售困难的局面。不仅如此，"红提"成熟之际，又经历了一场历史罕见的华西秋雨。这场雨一下就是十多天，等太阳出来的时候，不少"红提"已经烂在了地里。在这种情况下，不仅成本难以回收，而且还使不少农民背上了沉重

---

① 参见《西安芹菜大丰收 6 分/斤　农民自毁菜地惹争议》，2006 年 10 月 31 日，第一食品网（http://www.foods1.com/content/77281）。

的债务。表面上看起来，这是一场天灾。其实，这种结果不仅是因为天灾，也是因为盲目、粗放的发展模式。一方面，盲目地扩大种植面积，难免会导致供大于求的后果；另一方面，为了追求高产，清一色地将传统的"葡萄品种"全部改良为"红提"也无疑存在决策失误的嫌疑。一是传统葡萄品种抗自然灾害的能力要大于"红提"——红提容易腐烂；二是传统葡萄是酿酒的上乘原料，需求量比较大，而红提却不适于酿酒。即使"红提"用于酿酒，也没有葡萄效果好。渭南当地的农民基本上都会自制葡萄酒，他们自酿的葡萄酒除了自己享用与馈赠亲朋之外，也会把多余的部分卖给酒厂。因此，凡是卖不出去的葡萄，当地农民就会酿成葡萄酒出售。可改良为"红提"后，这个优势就不好发挥了。

　　从以上事例来看，盲目地照搬他人经验或一哄而上地走同式化的发展道路是存在风险的，甚至会陷入"丰收成灾"的悖谬境地。因此，在社会主义新农村建设中，我们要因地制宜，尽可能地规避前进道路上可以预知的风险，杜绝"丰收成灾"等严重伤害农民利益的事件发生，使新农村建设走"以人为本"的经济社会发展路径。为此，我们要从以下三个方面入手：第一，要在深入调研的基础上，依据国家政策法规，综合分析相关影响因子，以发挥比较优势为突破口，为当地制定切实可行的经济社会发展规划。为突出政策的针对性和可行性，可以一乡镇或一村组实行一种发展路径。当前，渭南地区的"一村一品"工程已经取得了显著的成效，这种经验具有一定的推广价值。第二，在新农村建设规划中，未必一定要追求绝对的整齐划一，保持相应的特色或个性也是十分必要的。近年来，关中地区的新农村建设的确已经取得了丰硕的成果，但其中也不乏机械呆板的做法，如村落建设规划。在村落建设方面，要么是整齐划一的小楼房，要么是矩阵式的砖混平房，甚至还有督促农民上高楼的现象。如此一来，虽然村容村貌焕然一新，一派现代化的气息，但也导致了传统文化流失的风险。为了达到风格统一与布局整齐，一些古民居有时难免被推倒重建。如今，曾作为关中地区民居风格典型代表的"四合院"和"半边房"已很难找到，以至于"陕西八大怪"民谣之中的"房子半边盖"已无所附丽了。这种做法不仅导致了民俗文化甚至文物的流失，而且也可能给当地农民的生产生活带来诸多不便。第三，新农村建设切忌不切实际的城镇化，而要根据当地的实际情况稳妥地推进城镇化的进程。我们在调研中发现，有些地方为了推进城镇化的进程，盲目地把农民集中在一起。结果，由于生活生产不便又没有出路，不少农民又返回了原住地。显而易见，这种方式的城镇化不仅难以达到预期的目标，而且可能是劳民伤财的。因此，在新农村建设规划中，我们务必要总结当地经济社会发展的经验教训，因地制宜，以人为本，稳妥推进。只有这样，才可能达到预期的目标。否则，可能事与愿违。

四　放眼未来，走可持续发展道路

　　基于不同的人生观、价值观和世界观，人们对社会发展变革方式的理解虽然不尽相同，但不可否认，自古以来，走可持续发展道路是有远见卓识的中国人比较认同的一种社会发展观。早在先秦时期，《周礼》就已经注意到了保护土地、川泽、山林、矿藏和水利渔业等自然资源的重要意义，并提出了相应的管理制度。《地官》所说的"虞"和"衡"就是专门管理自然资源的官吏。其"掌管王畿中田猎地区的政令，在有鸟兽的地方筑起藩篱，颁布严格的禁令，派人守护，凡田猎的人都必须听从迹人的命令，禁止猎取幼兽、怀孕母兽，禁止攫取鸟卵，倾覆鸟巢和使用毒箭。这些约束捕猎鸟兽活动的记载都是以法令的形式出现的，目的是保证野生动物种群能够生生不息，世代繁衍"①。与《周礼》相似，《孟子》也非常重视自然资源的保护和可持续利用。据《孟子》记载，梁惠王曾向孟子请教治国方略，孟子对其说："不违农时，谷不可胜食也；数罟不入洿池，鱼鳖不可胜食也；斧斤以时入山林，材木不可胜用也。谷与鱼鳖不可胜食，材木不可胜用，是使民养生丧死无憾也。养生丧死无憾，王道之始也。五亩之宅树之以桑，五十者可以衣帛矣；鸡豚狗彘之畜无失其时，七十者可以食肉矣；百亩之田勿夺其时，数口之家可以无饥矣；谨庠序之教，申之以孝悌之义，颁白者不负戴于道路矣。七十者衣帛食肉，黎民不饥不寒，然而不王者，未之有也。"② 显而易见，在《周礼》与《孟子》看来，只有走可持续发展道路，才能真正达到国强民富的目的。

　　秦代时期，《周礼》有关自然资源保护的主张与规定还被纳入了秦王朝的法律之中。"《田律》规定，春天二月，不准到山林中砍伐木材，不

---

　　①　韩晓燕：《〈周礼〉自然资源管理思想浅论》，《兰州交通大学学报》（社会科学版）2007年第2期。

　　②　（战国）孟子：《孟子·梁惠王上》，金良年译注，上海古籍出版社2004年版，第5页。

准堵塞木道；不到夏季，不准烧草木灰，不准采摘刚发芽的植物，或捕捉幼兽、幼鸟，拾取鸟卵，不准毒杀鱼鳖，不准张网或挖陷阱捕捉鸟兽，这些禁令到七月才能解除。同时，还设立专门机构，称作虞部，负责生物保护和环境净化事务。对于违反上述规定的，要追究刑事责任。"① 西汉时期，淮南王刘安也认为，只有走可持续发展之路，国家才能富足，人民才能得利。他说："故先王之法，畋不掩群，不取麛夭，不涸泽而渔，不焚林而猎。豺未祭兽，罝罦不得布于野。獭未祭鱼，网罟不得入于水。鹰隼未挚，罗网不得张于谿谷。草木未落，斤斧不得入山林。昆虫未蛰，不得以火烧田。孕育不得杀，鷇卵不得探。鱼不长尺不得取，彘不期年不得食。是故草木之发若蒸气，禽兽之归若流泉，飞鸟之归若烟云，有所以致之也。故先王之政，上告于天，下布之民。先王之所以应时修备，富国利民，实旷来远者，其道备矣。"② 从上文来看，不管是《周礼》，还是《孟子》，抑或《淮南子》都非常重视生态保护。无论是禁止滥杀动物，还是禁止滥伐草木，抑或禁止滥用其他自然资源，其目的都是为了达到人与自然和谐相处，以保证国家社稷与黎民百姓的长远利益。在先哲看来，杀鸡取卵、竭泽而渔、焚林而猎等只追求眼前利益的做法是要不得的。

与周秦两汉相比，当代中国人的生存境遇与生活方式已发生了翻天覆地的变化，但先哲们的生存智慧尤其是有关人与自然相互关系的判断及富民强国路径的探索，对今天的人们仍有一定的启发意义。今天，生态环保问题已经成为每一个中国人不容回避与忽视的现实问题。严重污染大气、土壤、水资源等恶性环境的违法案件屡屡发生，不但影响着人民群众的生命财产安全，而且影响着经济社会的可持续发展。当前，一眼清泉，一片蓝天，一缕清风等原本属于大自然无偿馈赠并能唾手可得的东西，已经变得非常稀少而又弥足珍贵。在这种情况下，动植物种群渐次减少，问题食品、疑难疾病时有发生。为切实转变高耗能、高污染、低收益的粗放式发展方式，为了留住蓝天白云和鸟语花香，当前，党和国家把环境保护工作提升到了前所未有的高度，大力构建环境友好型社会。在这种形势下，关中地区的新农村建设，务必也要处理好经济社会发展与环境保护之间的关

---

① 李用兵：《中国古代法制史话》，中共中央党校出版社 1991 年版，第 48 页。
② （汉）刘安：《淮南子第九卷·主术训》，赵宗乙译注，黑龙江人民出版社 2003 年版，第 454—455 页。

系。关中地区是陕西经济、文化的核心区域，也是陕西乃至西北的米粮仓。近年来，随着渭河流域综合治理工程和关中环保模范城市带建设等重大环保项目的开展，关中地区在环境保护和经济发展方式转变等方面已取得了一定的成绩。尽管如此，关中地区的环保压力仍比较大。由于关中地区城市众多，工业密集，又比较缺水，因而雾霾、沙尘暴便难免会不期而遇，渭河等水资源污染也难免会时有发生。这些环境问题，必然波及并影响到关中广大农村地区。在工业方面，对关中农村影响较大的无非是采矿业与化工企业。关中地区虽以现代制造业为主，但也有不少的采矿业与化工企业。化工企业主要分布在市郊或乡镇，而采矿业则全部分布于农村地区。

在矿产资源开采中，常常存在急功近利、危及生态环境的问题，如潼关金矿区河流、土壤重金属污染的问题屡屡被媒体曝光，甚至成为众多学者研究环境问题的重要选题或例证之一。此外，铜川、韩城、澄城、白水等地的煤矿开采和煤化工企业也存在着一定的环保风险。近年来，随着各级政府打击环境违法行为力度的增加和广大人民群众及企业环保意识的增强，关中各地无论是环保预警机制建设，还是抵御环保风险的能力建设都有了较大的提升，滥采滥伐的行为已经得到了有力的遏制。尽管如此，矿区的经济发展模式仍然比较单一，经济转型的成效仍然比较低。在这种情况下，这些地区尤其是仅仅依靠矿业的地区必然面临资源枯竭而无发展潜力的风险。虽然这种风险人人心知肚明，可是，因为眼前利益的诱惑，对某些人而言，长远利益的问题在很多时候就只是停留在口头上的说辞而已，他们未必能真正为未来负责，甚至"今朝有酒今朝醉，明日愁来明日愁"（唐罗隐《自遣》）。正因为如此，矿区村组两委会改选中，便免不了会有贿选等违法乱纪事件发生。

除采矿业之外，因关中地区不少乡镇尤其是经济实力较弱的乡镇在招商引资中规避环保风险的能力比较弱，也影响着关中地区的新农村建设及经济社会的可持续发展。因为缺乏竞争力，一些县市或乡镇在招商引资中就无机会拒绝化工与重金属冶炼企业。于是，一些不被经济发达地区看好并存在环保风险的企业就会入驻这些地区。虽然，这些企业的入驻加快了当地经济社会的发展速度，但与此同时，当地干部群众也背负上了沉重的环保压力，甚至为此付出了沉重的代价，如宝鸡市凤翔县长青镇血铅超标事件。据2009年8月17日《中国青年报》报道，因凤翔县长青镇东岭集团冶炼公司 2008 年 7 月至 2009 年 7 月的废水、废气铅排放事件，导致附近两个村庄 731 名儿童中，615 人血铅超标，其中 166 人属于中度、重度铅中毒，需要住院排铅治疗。甚至，距离东岭冶炼公司 2 公里以外村庄的儿童也出现了血铅超标的现象。凤翔县是一个农业大县，20 世纪末以来，其招商引资虽然成果显著，但高科技企业却为数不多。当年，凤翔县的财税大户是东岭集团冶炼公司和宝鸡市第二电厂（火力发电），二者税收约占凤翔县财政收入的三分之二。这两家存在环保风险的企业之所以被作为该地区招商引资的重点项目入驻长青镇，无非是因为当地招商引资的竞争力还比较弱。据说，为了引进这两家经济发达地区并不欢迎的企业，凤翔县还曾全力以赴。"2004 年拆迁建厂的时候，凡是吃财政饭的工作人员每人垫付一个月的工资当做征地费用；搬迁的时候，150 户人家包给县里 70 多个政府和其他部门，基本上一个部门包两户。在拆迁的时候，很多单位的年轻人都发动起来，出一辆车帮对口的村民搬家。县政府对招商引资的渴求可见一斑。"① 企业入驻后，当地政府和企业在环保问题上虽然费了不少的心思，但血铅超标事件还是发生了。

无论是矿产资源过度开发导致的生态环保问题，还是化工、冶炼企业向乡村进军导致的生态环保问题，都是值得深思和警惕的问题。如此等等的问题不仅严重危害着广大人民群众的生命财产安全，而且影响着当地的可持续发展。因此，在社会主义新农村建设中，我们要排除万难，加速经济发展方式转变，严惩环境违法案件，积极鼓励环保产业发展，大力推进人与自然和谐相处。我们所建设的新农村应该是具有可持续发展潜力的新农村，而不是只求一时的繁荣而缺乏发展后劲的"新"农村。为此，资源型乡村在合理开发矿产资源的同时，不仅要注重生态环境保护，而且要转变经济发展方式，探寻新的经济增长点，尽力摆脱单一化的经济发展模式。在推动工业化和城镇化的时候，要慎重考虑生态环境的承载能力，合理布局并健全风险防范与预警机制。尽管对广大西部地区尤其是西部农村来说，在工业化、城镇化的大背景下，经济发展和环境、资源保护之间难免存在诸多现实矛盾，但只要我们坚持以人为本，立足当下，放眼未来，那么我们今天的作为仍有可能给自己和子孙后代留下未来。

---

① 王超：《凤翔血铅超标事件折射西部发展困境》，《中国青年报》2009 年 8 月 17 日经济特刊。

五　重视人力资源的开发和利用

谈到"以人为本",人们自然会想起《尚书》"民为邦本",孟子"民贵君轻",荀子"载舟覆舟"等观点。尽管古代先贤强调"以人为本"不乏关怀黎民百姓的考量,但更为重要的原因是他们发现了老百姓之于国家社稷的基础性作用。因此,在一定意义上,古代先哲讨论"以人为本"的问题,其实也是在探讨较为理想的社会治理方式。无论是保民、爱民,还是与民同乐,其都涉及统治者的施政方式等问题。就社会治理而言,选择什么样的施政方式,就可能导致什么样的社会局面。由于帝王将相和黎民百姓的相互关系直接影响着国家社稷的安危治乱,而国家社稷的安危治乱又反过来直接影响甚至决定着帝王将相的政治生命及其功过得失,因此,在某种程度上,对帝王将相来说,"爱民"其实就是爱自己,"以人为本"其实也是以长远利益为本。故而,在诸多先贤看来,"爱民"或"以人为本"不能仅仅停留在口头上,更不能成为一种玩弄权术的手段,而要成为一种踏踏实实的为人处世风格,与民同乐、为民分忧,想人民之所想,急人民之所急。只有真正做到与人民心心相印,才能取得人民的信任,才能得到人民真心诚意的信任与爱戴。

在新的时代背景下,人民群众之于国家社稷的基础作用并没有发生根本性的变化。不仅如此,人力资源已经成为当今世界最为宝贵的资源,甚至是综合国力竞争中最重要的影响因子。一个国家或地区的发展状况与发展潜力不仅取决于自然资源等生产要素,也取决于人力资源等生产要素。当前,从世界各国各地的发展状况来看,自然资源丰富的地区未必是富裕发达的地区,自然资源缺乏的地区也未必是贫穷落后的地区。甚至,不少富裕发达的地区往往还是矿藏、油气等自然资源贫乏的地区。与此同时,凡是人力资源丰富,人才贮备充足的地区却往往是发展比较快,也比较好的地区。这可能是知识经济时代,经济社会发展的重要特征之一。由此可见,人力资源在当今经济社会发展中地位有多么重要!传统经济的增长主要依靠物资和资本等生产要素的投入拉动,与其不同,知识经济的增长则主要依赖于产品中知识含量的增长。在当今社会,知识在价值创造中的功效已远远高于财与物等传统的生产要素,并成为所有经济要素中最基本、最具潜在价值的要素。在知识经济时代,重要的不是生产什么,而是用什么生产。当前,知识对现代经济增长的基础性作用已经显现了出来,并正在成为一种共识。由于"知识"和"人才"密不可分，因此，换句话来说，知识经济竞争最关键的其实是人才竞争。

正因为如此，在新农村建设中，我们务必要树立人力资源是第一资源的观念，要尊重劳动、尊重知识、尊重人才、尊重创造。使农村经济社会的发展由传统种植业或自然资源开发转向依靠科技进步，发展新兴产业与高附加值产品的轨道上来。为此，不但要解决广大乡村"人才稀缺"的问题，而且还要遏制"人才流失"的问题。乡村本来就比较缺乏人才，可是从乡村走出来的很多大学生或在工作实践中成长起来的许多技术人员却往往不愿意重回家乡。加之，身处乡村的上述人才又不一定下决心扎根于农村，甚至还想方设法进城或前往经济发达的地区。因此，长期以来，人才问题一直是乡村经济社会发展的瓶颈问题。近年来，随着国家"三支一扶"和"大学生村官"计划的广泛实施，情况虽然有所好转，但要从根本上解决问题，还要做很多工作。我们在调研中发现，对一些大学生来说，无论是"三支一扶"，还是"大学生村官"，其实都只是一个跳板。为了实现工作稳定的目标，他们中的不少人还要参加"招教"考试或公务员、事业单位招考。因而，对农村工作有长远规划的人往往比较少。加之，婚姻家庭、创业环境等方面常常存在诸多现实困难，即使有机会留下来拥有了正式稳定的工作，有些人仍有进城的想法。因此，为了切实推进新农村建设，我们不仅要加大人才引进的力度，积极鼓励有志之士去农村创业，而且要尽快出台配套政策，尽可能地解决他们的后顾之忧，让他们既来之，则安之。不仅如此，还要加大对当地农民科技培训的力度，使他们成为懂科学、有技术、能创业、会致富的新型农民。只有这样，农村经济社会的发展才能真正走上现代化的道路。

六　以和为贵，构建和谐社会

在中华传统文化中，"和"的文化观念不仅源远流长，而且影响深远，涉及音乐、人际关系和国家政务等诸多领域。早在春秋时期，中国人就已经注意到了"和"的重要价值与意义。《尚书·尧典》在总结、评价尧的政绩时，有语云："克明俊德，以亲九族；九族既睦，平章百姓；百姓昭明，协和万邦，黎民于变时雍。"① 在《尚书》看来，尧的光辉之所

---

① 《尚书·夏虞书·尧典》，李民，王健译注，上海古籍出版社2004年版，第1页。

以能普照四方，关键在于他既能使家族亲密和睦，又能协调万邦诸侯的关
系。当然，中华文化所谓的"和"并不是追求苟同，而是强调"和而不
同"。西周时期，郑桓公曾问政于史伯。史伯认为周朝衰落的主要原因是
周幽王"去和而取同"——疏远明智有德之臣和贤明之相，而宠爱奸邪
昏庸、不识德义的小人。在分析现实问题的基础上，史伯还提出了"和
实生物，同则不继"思想。他说："夫和实生物，同则不继。以他平他谓
质和，故能丰长而物归之。若以同裨同，尽乃弃矣。"① 显而易见，在史
伯看来，"和"并不意味着无原则地崇尚"一团和气"，更不意味着追求
绝对的"同一"。事物之间保持必要的差异性是十分重要的。只有这样，
事物才可能有发展，新事物才可能萌发。

　　与史伯相似，春秋时期，晏子也曾论及"和"与"同"的差异。齐
景公曾请教晏子，"和"与"同"有什么区别？晏子对曰："和如羹焉。
水火醯醢盐梅以烹鱼肉，燀之以薪。宰夫和之，齐之以味。济其不及，以
泻其过。君子食之，以平其心。君臣亦然。君所谓可而有否焉，臣献其否
以成其可。君所谓否而有可焉，臣献其可以其去否。是以政平而不干，民
无争心。"② 晏子以烹调为例，向齐景公阐述"和"与"同"的区别，以
及他对君臣关系的理解。晏子认为，君主赞成什么臣属就赞成什么，君主
否定什么臣属就否定什么，这种追求绝对"同一"的做法是要不得的。
只有臣属能从国君赞成的事情中发现并指出其中不合理的部分，从国君否
定的事情中发现并指出其中合理的部分，才能真正达到政通人和的目标。
否则，将后患无穷。在晏子看来，治国理政如同烹调和作曲。只有多样性
的统一，才能成就辉煌。如果仅用单一的物质烹调，就不能烹出让更多人
长期喜欢的美食。如果只用一种音调谱曲，就不能谱出让更多人乐意长久
聆听的曲目。在晏子与齐景公的对话中，无论是论及烹调之中五味调和的
原理，还是论及音乐之中五音相协的原理，晏子的目的都是为了说明
"和而不同"之于治国理政的重要性。

　　中华文化的核心范畴和中国人追求的终极价值理想是"闻道"，儒、
道等家共同尊奉的经典《周易》所谓的"一阴一阳之谓道"思想最为

---

　　① 《国语卷十六·郑语》，上海师范大学古籍整理组校点，上海古籍出版社 1978 年版，第
515 页。

　　② （春秋）左丘明：《左传卷二十四·昭公二十年》，李梦生译注，上海古籍出版社 2004 年
版，第 1105 页。

全面深刻地反映出了中华传统文化的精华所在。它既是传统的，迄今已有几千年的发展历史；同时又是现代的，甚至与后现代文化也可以相容。一阴一阳和合而成之"道"，是"和而不同"的思维传统的产物。无论是阴还是阳，任何一极自身都不是完善的，而不完善就需要向完善化方向发展，就需要异性的补充，就需要外来之性与自性的亲和与转化，这也是中华传统文化巨大包容性的重要表征之一。

在做人及人际关系方面，孔子也明确提出了"和而不同"的主张。孔子认为"君子和而不同，小人同而不和"[1]。在孔子看来，人既要与他人保持和谐融洽的关系，又要有独立的思考与判断，不能人云亦云，盲目附和，这是做人的重要准则，也是"君子"与"小人"的重要区别。正是"和"的文化内涵如此丰富，"和"的价值与意义如此重大，孔子的弟子有子则提出了"和为贵"的观点。有子曰："礼之用，和为贵。先王之道斯为美，小大由之。"[2] 正因为如此，诸多儒家经典都曾论及"和"的文化内涵与价值取向及其践行方式。《周易》曾以"太和"去指称自然界万物并存共育的状态，《中庸》曾论及"万物并行不悖"的道理。《中庸》云："万物并有而不相害，道并行而不相悖，小德川流，大德敦化。此天地之所以为大也。"[3] 万物虽然各有其性，并遵循各自的规律发生、发展，但它们却共同处于天地之间，为天所覆，为地所载。唯其如此，才成就了伟大的天地。尽管《周易》和《中庸》所阐述的是自然界万物多元并存的状态，但这种状态也何尝不是体现了一种包容精神？由此可见，在儒家看来，"和而不同"不仅是人类社会的一种本然状态和发展规律，也是自然界的一种本然状态与发展规律。

由于在天、地、人之中，人的地位与作用最为特殊，而且"为人处世"的问题又是儒家学说所讨论的核心问题之一。因此，儒家所谓的"以和为贵"则首先体现为"以人和为贵"。孟子曾明确提出"天时不如地利，地利不如人和"的观点，并以此突出"人和"的重要性。孟子云："天时不如地利，地利不如人和。三里之城，七里之郭，环而攻之而不胜。夫环而攻之，必有得天时者矣；然而不胜者，是天时不如地利也。城

---

① （春秋）孔子：《论语·子路第十三》，张燕婴译注，中华书局2007年版，第199页。
② （春秋）孔子：《论语·学而第一》，张燕婴译注，中华书局2007年版，第8页。
③ 《礼记·中庸第三十一》，杨天宇译注，上海古籍出版社2004年版，第710页。

非不高也，池非不深也，兵革非不坚利也，米粟非不多也，委尔去之，是地利不如人和也。故曰：域民不以封疆之界，固国不以善溪之险，威天下不以兵革之力。得道者多助，失道者寡助。寡助之至，亲戚畔之；多助之至，天下顺之。"① 显而易见，在孟子看来，"人和"是战胜敌人与困难的决定性条件。今天，战争虽然已不再是人类社会最主要的主题，但孟子的论断仍然有一定的现实意义，甚至还能被人们广泛接受，如当代人对"团结就是力量"的共识何尝不是对孟子"人和"观念的继承与发展？

　　除儒家之外，道家与墨家学说也曾论及"和"的观念及其价值与作用。老子在《道德经》四十二章中说："道生一，一生二，二生三，三生万物。万物负阴而抱阳，冲气以为和。"② 在老子看来，万物背负着阴，怀抱着阳，并在阴阳二气的互相激荡中达到了和谐。显而易见，在老子的心目中，"和"是矛盾的统一体，也是万物的一种本然状态。在《道德经·第五十五章》中，老子又谈到了"和"的重要意义。老子说："终日号而不嘎，和之至也。知和曰常，知常曰明。益生曰祥。"③ 在这里，老子显然把"和"当作常道看待，甚至把认识"和"的作用等同于遵守常道。尽管老子也推崇"和"，但在"和"与"同"的关系问题上，其与儒家的立场却有所不同。老子不仅不反对"同"，而且，在重视"和"的同时，也非常肯定"同"的价值。在《道德经·第五十六章》中，老子说："知者不言，言者不知。塞其兑，闭其门，挫其锐，解其分，和其光，同其尘，是谓玄同。"④ 在老子看来，"和"与"同"同等重要，只有同时发挥"和"与"同"的作用，人才能成为天下至尊、至贵之人，世界才能成为大同世界。

　　与道家相似，墨家也非常看重"同"的作用，而且，在此问题上，墨家与儒家渐行渐远，并明确提出了"尚同"之说。墨子非常反对尊重个性的主张，他认为，如果人们各以自己的是非为标准，那么天下就难免

----

　　① （战国）孟子：《孟子卷四·公孙丑章句下·凡十四章》，杨伯峻译注，中华书局1960年版，第86页。

　　② （春秋）老子：《道德经·第四十二章》，崔仲平译注，黑龙江人民出版社2003年版，第47页。

　　③ （春秋）老子：《道德经·第五十五章》，崔仲平译注，黑龙江人民出版社2003年版，第58页。

　　④ （春秋）老子：《道德经·第五十六章》，崔仲平译注，黑龙江人民出版社2003年版，第59页。

大乱。墨子说："若苟百姓为人，是一人一义，十人十义，百人百义，千人千义。逮至人之众，不可胜计也；则其所谓义者，亦不可胜计。此皆是其义，而非人之义，是以厚者有斗，而薄者有争。是故天下之欲同一天下之义也，是故选择贤者，立为天子。"① 正因为墨子认为个性张扬会导致天下大乱，故而，在他看来，选贤人立为国君，也无非是为了统一人们的思想认识。于是，墨子认为，只有人们的思想统一甚至同一，才能出现安定和谐的政治局面。因而，墨子积极主张"尚同"。墨子说："然计若国之所以治者何也？唯能以尚同一义为政故也。"② 在墨子看来，"尚同"不仅是治国理政之道，而且自古以来，"尚同"一直是齐家、治国、平天下的基本原则。因此，墨子说："天下既已治，天子又总天下之义，以尚同于天。故当尚同之为说也，尚用之天子，可以治天下矣；中用之诸侯，可而治其国矣；小用之家君，可而治其家矣。是故大用之治天下不窕，小用之治一国一家而不横者，若道之谓也。故曰治天下之国，若治一家；使天下之民，若使一夫。抑或只有墨子有这个主张，而先王没有这个呢？则先王也是这样的。圣王都用尚同的原则治政，所以天下治理。"③

尽管在"和"与"同"的关系问题上，道家、墨家和儒家的立场有所不同，但他们都不否认"和"的重要价值与作用，更何况"同"也是一种"和"，只不过是一种绝对化或忽视个性差异的"和"而已。总而言之，"和"是中国传统文化尤其是儒家文化的关键词之一，也是中华文化的重要血脉之一。自古以来，无论是在增强民族凝聚力，促进民族团结方面，还是在造就中华文化的包容性方面，"以和为贵"的思想都曾发挥过积极作用。在中国历史上，得民心者得天下，失民心者失天下，曾被不少人看作一条历史规律，这种共识也无疑说明了"以和为贵"的重要性。中华民族是五十六个民族密切团结而形成的一个统一的整体，中华文化也是多元统一的文化。因而，无论是就我们民族凝聚力的培育而言，还是对提升中华文化的包容性和促进民族文化的融合而言，秉承"以和为贵"与"和而不同"的宗旨无疑都是十分重要的。在新的历史背景下，承接和弘扬中华传统文化所崇尚的"以和为贵"、"以和谐为美"的和谐社会

① （战国）墨子：《墨子卷三·尚同下》，吴毓江校注，孙启治点校，中华书局1993年版，第138页。

② 同上书，第140页。

③ 同上书，第140—141页。

理念，建设各族人民和睦相处、和谐共治的和谐社会，何尝不是"中国梦"的重要内容之一。自 2005 年以来，中国共产党就将建设"和谐社会"作为治国理政的战略任务之一。"和谐社会"既是中国特色社会主义的重要目标之一，也是其价值取向之一。

在促进城乡协调发展的新形势下，坚持"以和为贵"，构建和谐、富裕、文明的社会主义新农村，无疑有利于全面建成小康社会，也有利于加快和谐中国的建设步伐，还有利于中华民族伟大复兴"中国梦"的早日实现。因此，为了传承"以和为贵"的思想并发挥其当下意义，以深入推进和谐社会建设，在新农村建设中，我们务必要处理好两种关系。第一，要建立相互尊重、理解、信任和关怀的良好人际关系。可以说，人际关系及其重大意义是一个老生常谈的话题。古今中外，有很多人已经讨论过这个问题，甚至人际关系的重要性早已成为一种共识。尽管如此，但我们不可否认，当前农村的不少矛盾冲突往往与人际关系问题有或多或少的联系。当前，在农村社会发生深刻变革的时代背景下，农民之间的利害冲突往往在所难免。在这种情况下，维系农民之间和谐的人际关系虽然不是一件容易的事，但又是非常重要的事情。农民之间人际关系的和谐与否，不仅可能会影响到家庭关系与社会关系的和谐与否，而且还可能影响到家风乃至整个村落社会风气的纯正与否。一般来讲，凡是人际关系比较和谐的家庭与村落往往是矛盾冲突比较少或者谦让度比较大的家庭或村落。中国人常说，家和万事兴。对一个村庄来说，也何尝不是如此？一个矛盾丛生的村庄不仅在许多问题上很难达成共识，而且很难形成合力。更何况，紧张的人际关系还容易引发恶性事件。由于新农村建设事关农民、农村的前程与命运，牵涉到每一位农民的切身利益，需要广大农民共同参与，因此，和谐农村建设不仅是社会主义新农村建设的重要内容之一，也是其重要目标之一。

第二，要保持党同人民群众的血肉联系，促进党群之间、各阶层之间、不同地区人群之间和谐相处。新农村建设是党和国家促进广大农村良性发展，缩小城乡差距，实现共同富裕，实现中华民族伟大复兴"中国梦"的重要战略举措之一。在某种意义上来说，社会主义新农村建设既是对当代中国农村经济社会发展的顶层设计，也是解决当今中国农村发展困境与瓶颈问题的具体路径。因此，在新农村建设的过程中，各级干部一方面要不折不扣地把党和国家有关新农村建设的各项方针政策落到实处，另一方面，在党纪国法允许的前提下，又要深入实际调研，及时采纳广大群众的合理建议。只有这样，党和国家的各项惠民政策才能得到更好的落实，建设新农村的合力才容易形成，干群关系才易于达到亲密无间的地步。我们在调研中得知，凡是在新农村建设中违背党和国家相关政策的真实用意，大搞形象工程甚至弄虚作假的干部往往是不受群众欢迎的干部，甚至，他们和群众的关系还可能比较紧张。这种干部及其作为不仅损害了党的形象，也不利于和谐社会建设，还不利于实现新农村建设的目标。

七　加强精神文明建设，培育新型农民

社会主义新农村建设不仅要使广大农民享有富裕丰足的物质生活，而且要使其享有丰富健康的精神文化生活。近年来，随着信息技术的迅速发展和"村村通"工程的深入推进，卫星电视、有线电话和移动通信早已在农村广泛普及，甚至互联网也已经进入广大农民的日常生活。在智能手机广泛普及的情况下，上网已经成为广大农民尤其是中青年农民朋友获取信息、学习知识、对外联络和文化娱乐的重要途径之一。信息技术在农村的广泛普及不仅活跃了广大农民的文化生活，而且还有力地促进了农村生产经营方式的转变。在关中地区，卫星电视、移动通信和互联网早已成为广大农民日常生活不可或缺的部分。因此，在物质生活日益富裕的同时，农民的文化生活也日渐丰富多彩。不仅如此，广大农民朋友获取信息与知识的途径也更加方便快捷。在此情况下，关中农民的生产经营方式正在发生着重大的变化。当前，关中地区的不少果农、菜农及众多养殖户在生产经营中，都会自觉地借助互联网获取相关信息，学习相关知识技术，并与同行开展合作交流，甚至与相关专家建立了远程合作关系。信息技术的普及不仅提升了关中农牧业的生产效率，而且也扩大了相关产品的销售渠道。当前，对关中农民来说，除实体店之外，互联网也是其产品的重要销售渠道之一。近年来，关中地区生产的苹果、花椒、木耳、柿饼及各种特产都已实现了网上销售，而且其影响力还在迅速增大。

尽管信息技术的普及与推广对农村经济社会发展的巨大推动作用有目共睹，但我们不能因此而忽视其负面效应，因为信息技术本身就是一把双刃剑。随着互联网在农村的渐次普及，其在农村的负面影响不仅已浮出了历史的地表，而且已经到了不得不重视的地步。尽管国家三令五申严禁未年成人进入营业性网吧，但由于一些网吧经营者利欲熏心，他们常常会以

出租身份证的方式规避实名制的限制而引诱未成年人上网，以致一些留守儿童或疏于管教的孩子沉迷网络而荒废学业甚至成为问题少年。不仅如此，在智能手机业已普及的情况下，对未成年人上网的监管已变得更加艰难。除青少年之外，互联网对广大成年人的负面影响也是值得警惕的。近年来，广大农村兴起的一些不正之风，甚至发生的一些违法犯罪案件也往往与互联网的负面影响有关，如网络诈骗等。如今，互联网也成了诸多犯罪分子实施违法犯罪活动的重要凭借。与前信息时代相比，今天的谣言之所以更加令人害怕，是因为互联网与移动通信所传播的谣言，其影响更加深远。因此，一些邪教也常常搭上了互联网与移动通信的便车祸害百姓。除此之外，一些犯罪分子在实施暴力犯罪的过程中对互联网的不当利用也是值得警惕的。从相关报道来看，在诸多暴力犯罪中，一些犯罪分子的作案工具和作案手段也常是从互联网上获得的。甚至，一些犯罪分子有时还在互联网上临时组织犯罪团伙实施犯罪行为。在上述违法犯罪活动中，无论是施害者，还是受害者都不乏农民。因此，在社会主义新农村建设中，我们既要大力发展并普及信息技术，促进农村经济社会跨越式发展，又要加强监管，严密防范其负面影响，切实加强精神文明建设和普法教育，努力实现经济效益与社会效益双丰收。

在全面建设小康社会，努力实现中华民族伟大复兴"中国梦"的时代背景下，对广大农村而言，不仅经济建设的任务非常艰巨，精神文明建设也同样任重道远。就关中地区而言，广大农村的精神文明建设虽然有声有色，成就斐然，但仍然存在一些有待加强的地方。20世纪八九十年代，关中地区每个乡镇甚至一些条件较好的行政村都有文化站。除了提供图书借阅的服务之外，文化站还会定期、不定期地组织球赛、文艺汇演、电影放映、象棋比赛等文体娱乐活动。然而，这种情况目前已发生了重大的变化。有的地方的文化站已不复存在，有的地方的文化站已名存实亡，取而代之的是网吧、麻将馆、棋牌室。近年来，"文化三下乡"活动的作用与意义虽然不可否认，但就某一特定的地区而言，其活动频率还是比较小的。因而，"文化三下乡"在农村的实际影响往往有限。在此形势下，农村精神文明建设之于全国精神文明建设和新农村建设的重要意义就毋庸置疑了。为了加强农村精神文明建设并培育新型农民，在新农村建设中，我们不妨做以下尝试。

（一）加强舆情引导和网络、文化市场监管，使党的各项文化政策落

到实处

在农村家庭联产承包责任制、村民自治和市场经济等多重背景下，加强党的基层组织建设，发挥党员干部的模范带头作用，大力宣扬党的路线方针，积极弘扬社会主义核心价值观，不仅有利于促进乡村文化建设健康有序地发展，也有利于加强广大农民的凝聚力和向心力。为了更好地发扬新媒介和大众文化的积极意义，在新农村建设中，我们要积极主动地引导各种舆论，加强网络和文化市场监管，净化农村文化环境，使新媒介和大众文化的负面影响降到最低程度。当前，农村地区互联网和文化监管的任务还十分艰巨，一些别有用心的人常常会借助新媒介和大众文化在农村地区兴风作浪，如封建迷信思想、淫秽色情视频资料和诸多不当言论的传播等。不仅如此，从相关报道来看，一些邪教组织在农村地区的活动也往往会搭上新媒介的便车。如此等等的违法犯罪现象严重影响着广大农民的身心健康，并对广大农村地区乃至全国安全稳定的政治局面构成了一定的威胁。因此，在新农村建设中，各级干部要及时了解并积极主动地引导农村舆情，以正确的舆论引导和教育广大农民，让社会主义核心价值观深入人心，把文化建设的主导权牢牢掌握在党和政府手里，及时化解矛盾冲突，加强对新媒介和文化市场的监管力度，严厉打击违法犯罪活动，为新农村建设打造一个优良的文化环境。

（二）弘扬正气，煞住歪风

在新农村建设中，我们要注意发现并树立正面典型，并通过发挥模范人物的示范带动作用，加强村民道德教育和村风建设。众所周知，榜样的力量不仅是巨大的，而且是无穷的。在调研中，我们了解到，关中地区一些农村有评选"道德标兵"的传统，这种做法有一定的现实意义和推广价值。每到年末，在当地村民委员会的组织下，村民要评选出他们心目中的"好婆婆"、"好公公"、"好儿子"、"好媳妇"、"好孙子"等。在此活动中，除了要给当选者颁发荣誉证书，给予物质奖励之外，还要广泛宣传他们的典型事迹，以供他人学习借鉴。这种活动不仅为广大农民树立了学习的榜样，而且也增强了当选者的上进心和自律意识。凡是获得荣誉的村民都非常珍惜这份荣誉，不仅如此，为避免遭人诋毁，他们往往更加努力，以使自己做得更好。除此之外，这种活动更为重要的价值是弘扬了正气。当前，一些地区之所以会出现歪风邪气，可能是因为歪风邪气缺乏有力的遏制，也可能是因为正气没有得到足够的弘扬。因此，在新农村建设中，一方面，我们要大力弘扬正气，另一方面还要积极主动地去遏制歪风邪气。对于不孝敬老人、虐待子女等行为，村民委员会要积极干预，使责任人担负起应有的义务，使尊老爱幼的观念深入人心。不仅如此，村委会和村民小组还应多举行健康有益的文化娱乐活动，以丰富村民的文化生活，尽可能地减少聚众赌博等违法犯罪事件的发生。

（三）繁荣地方艺术，活跃乡村文化生活

关中地区是中华文化与华夏文明的重要发祥地之一，这里不仅出土了众多的珍贵文物，而且还流传着不计其数的历史故事和神话传说。不仅如此，这片文化底蕴深厚的土地还孕育了丰富多彩、源远流长的地方文化。关中地区也是中国戏曲文化的重要发祥地之一，起源于关中又在全国一定范围内流传并产生过重大影响的剧种就多达十余种，如秦腔、老腔、碗碗腔、阿宫腔、提线腔、石羊道情、迷胡、同州梆子、秧歌剧、跳戏和西府曲子等。这些剧种虽然根植于民间文化，但其也不乏国家情结。关中地方戏的这种特点无疑诠释着广大关中农民尤其是民间艺人身处社会底层却心系民族国家大计的崇高情怀。关中地方戏曾在地域文化传承、公民道德教化、乡村文化建设和民间社会秩序维系等方面发挥过不可忽视的作用。今天，在新的时代背景下，乡村文化建设的目标虽然与已往时代有所不同，但传统地方戏曲的价值却并未丧失殆尽，甚至还存在一定的当下价值，如道德宣化、活跃乡村文化生活等文化功能。尽管如此，但由于新型大众文化的兴起和广大青年观众审美趣味的变化，关中地方戏不可避免地面临着诸多的生存困境，甚至一些剧种已经走向灭绝，如跳戏、石羊道情和同州梆子在近十年来没有一次公开的演出活动。在地方文艺日渐衰微的背景下，新农村建设有必要去挖掘地方文艺的当下价值，以此加强乡村文化建设，既能使广大农民享有更加丰富多彩的文化生活，又可以使一些农民减少对网吧、麻将馆和棋牌室的依赖。在此方面，渭南市有一些比较成功的经验。21世纪以来，渭南市推行的"一元剧场活动"无论在保护优秀传统文化方面，还是在活跃农民文化生活方面都已取得了显著的成效。2007年，陕西省渭南市"周末一元剧场"开始运营。2011年5月，以"周末一元剧场"为基础全面拓展的"一元剧场"项目被列为创建国家公共文化服务体系示范项目。"2011年9月以来，为给新农村建设营造良好文化氛围，满足基层广大农民群众文化需求，他们在继续坚持在渭南中心城市演出的同时，努力把演出区域拓展到渭南城区以外的县（市、区）和重点乡镇。如合阳县剧团组织'一元剧场'进乡（镇）演出，尝试让'一元剧场'演出走出剧院，深入村镇，给广大农村群众送去了久违的文化大餐，取得了良好的社会效益。"① "十七届六中全会召开后，渭南市委、市政府迅速召开全市文化工作会，同时出台《渭南市支持文化大发展大繁荣的若干政策》，进一步把'一元剧场'创建国家公共文化服务体系示范项目与渭南建设文化强市战略结合起来，其中对创建工作制定了专项规定，明确了各演出团体参加'一元剧场'演出的补助标准和经费来源，要求各县（市、区）将'一元剧场'演出补助经费列入当地财政预算。市秦腔剧团在中心城市进行'一元剧场'演出，每场补贴4000元，到各县（市、区）巡回演出，每场由市财政增加补贴2000元。县级剧团在本县演出，每场由县（市、区）财政补贴3000元，到其他县（市、区）交流演出，每场由市财政增加补贴2000元。这些措施从思想上、制度上、资金保障等多方面为'一元剧场'的长期稳定演出奠定了坚实基础，极大地调动了文艺院团参与'一元剧场'演出的积极性。"② 当前，渭南市的"一元剧场"活动已收到了很好的社会效果——不仅使一些停演多年的剧种或剧目重新回到了舞台，使不少艺人有了更多的演出机会，还活跃了城乡文化生活，强化了广大老百姓对秦东地方戏的文化认同感。

（四）加强普法教育，培育新型农民

孔子曾说："朝闻道，夕死可矣。"③ 由此可见，在孔子看来，生命的价值不在于长度，而在于"得道"，亦即提高个人素养的意义并不亚于延长生命的长度。尽管孔子的说法不无夸张，但其强调个人素养重要性的意义却是不容忽视的。在科技日新月异，社会瞬息万变的时代背景下，传统意义上的农民早已不符合当下时代的要求。今天，即使农业生产也要依靠科学技术及其进步去提高生产率和回报率，传统的耕作方式已很难适应现代农业的需要。因而，当代农民不仅要有吃苦耐劳的传统美德，而且要成为有知识、有文化、懂科学的新型农民。除农业生产对农民个人素质的要求已有了重大的变化之外，社会分工的变化也对当今农民提出了新的要求。对当今的许多农民而言，农业生产可能已不再是其日常生活的全部，

---

① 魏文：《渭南市"一元剧场"破解供需难题》，《中国文化报》2012年4月11日第7版。
② 同上。
③ （春秋）孔子：《论语·里仁第四》，张燕婴译注，中华书局2007年版，第44页。

甚至只是很少的一部分。当前，许多农民在更多时候其实在从事第二或第三产业的相关工作，而不是固守土地从事农业生产。在这种情况下，广大农民的个人素质不仅会对农业生产与农村社会产生相应的影响，而且还会对其所从事的非农业生产工作产生相应的影响，甚至可能会对其所在的城市产生一定的影响。近年来，有关农民工的负面报道常常见诸新闻媒体。这些事件的屡屡发生不仅影响着社会的和谐稳定，也影响着市民与农民之间的相互信任。因此，在农民进城务工已成为一种不可逆转的社会潮流的时代背景下，对广大农民加强普法教育就成了一项不可或缺的工作。遵纪守法是做人的基本底线，对广大农民朋友而言也是如此。只有这样，才可能与他人相安无事，才可能成为一个有益于社会的人。

党的十八届四中全会明确指出，要深入推进依法治国，建设中国特色社会主义法治体系，建设社会主义法治国家。与过去相比，当今农民的法治意识虽然有所增强，但仍存在对广大农民加强普法教育的必要性。今天，在广大农民中，不仅为某种利益链而走险甚至不惜违法犯罪的事件还时有发生，而且受骗上当的事情也屡屡出现。另外，在当今农村非法同居、虐待老人、以强凌弱的事件也并不罕见。不仅如此，在许多乡村地区尤其是偏远农村，凡事都习惯于私了。这种处理问题的方式与途径虽然方便快捷，也能维护乡村社会的稳定秩序，但有些做法却明显不符合现代法制精神，如在处理伤亡事件中，只追求为生者留活路，不考虑为死者讨公道的做法。这些问题的屡屡发生，无疑说明广大农民的法治观念还有待提高。因此，在社会主义新农村建设中，必须要关注和推进广大农民全面发展，其中最根本的是提高其综合素质，即提高他们的教育水平、文化品位、精神追求、道德修养和法制意识，使他们真正成为具有较高科学文化知识、思想道德修养和现代法制观念的新型农民。只有这样，社会主义新农村建设与和谐社会建设才能顺利推进。

八　发掘并弘扬优秀家训文化的当下价值，构建良好的社会风尚

自古以来，中国社会是以家庭为基本单位，因此，中国人历来就非常重视家庭教育。就文化资源而言，中国家庭教育并非是简单地以某一种文化为依据，而是各种文化兼而有之，汲其所长，为我所用。作为家族内部意志信条和行为准则的家训就是在汲取传统文化有关修身养性与为人处世思想的基础上，结合本家族家风建设的需要设定的。长期以来尤其在古代

中国，家训在人际关系调节和家风建设方面曾发挥着重要作用。家训不仅是古代家长或族长开展家风建设的重要依据之一，也是家族成员文化认同和身份认同的重要凭借之一。由于中国人非常重视家庭教育，故而，对当代中国人而言，传统的家训文化也是一种宝贵的文化资源。因此，家训文化对当前社会主义新农村建设也有着非常重要的意义。下面，我们将以陕西省渭南市韩城党家村传统家训文化为例，分析家训文化的当下意义，尤其在新农村建设中的当下意义。

党家村地处陕西韩城市，坐落在东西走向的泌水河谷北侧，所处地段呈葫芦形状，俗称"党圪崂"。韩城是一个文化底蕴深厚的历史文化名城，"史圣"司马迁曾生于斯长于斯。在乾隆年间，韩城曾被誉为"小北京"。党家村是韩城市久负盛名的古村落，建村距今已有 670 年历史。2001 年 6 月 25 日，经国务院批准，党家村古建筑群被列入国家重点文物保护单位。2003 年，党家村被成功列入中国历史文化名村名录（第一批）。党家村主要有党、贾两个家族，早在元朝至顺年间，党家村的始祖党恕轩就从甘肃敦煌迁徙到党家村定居，以务农为生。后来，党恕轩之孙党真乡试中举。从此之后，党家便迅速发展成为当地的一个旺族大户。贾家始祖据说是贾伯通，贾氏原籍山西洪洞县，明初迁徙至韩城贾村，以经商为主。明孝宗弘治八年，贾家第五代贾连娶党家女为妻，因有"郎舅之亲"，贾家遂于明嘉靖四年移居党家村。党、贾两姓联姻，是党家村发展史上的一件大事。从此，党家村进入了快速发展的历史时期。贾姓第十三代贾翼唐曾经商于河南南阳郭滩镇，生意极其兴隆，并成立了"合兴法号"。当时，党姓人也开始与贾姓人合伙经商。道光年间，"合兴法号"迁至南阳除旗镇（中国当时四大名镇之一），其生意遍及大江南北，经营范围甚广，涉及领域众多。嘉庆、道光、咸丰三朝是党家村经济史上的黄金时代，据传当时往党家村运送银两的镖驮络绎不绝，以至于号称"日进白银千两"。

如今，党家村已成为一个享誉中外的历史文化景点。党家村的文化底蕴不仅表现在其古建筑方面，也表现在其家训文化方面。自古以来，虽然有不少中国人乐于为子孙后代置办家产，但也不可否认，也有一些中国人更乐于以世代书香传家风，如清康熙年间内阁学士、刑部尚书徐乾学先生传给儿孙们的就是一楼图书。据清人汪琬的《传是楼记》记载，徐乾学先生在他的住宅后面造了一幢七间的书房，藏书千万卷，经史子集应有尽有。有一次，徐先生对儿孙说，徐家先世以读书应试起家，他传给徐家后辈的也不是房屋地产、金玉珍玩、鼎彝尊罍、园池台榭和舞歌车马，而是一楼图书。不仅如此，他告诫子孙，藏书之难比不上守书之难，守书之难又比不上读书之难，更比不上亲身去实践体会之难。藏书而不能守，同不藏书没有什么两样；守住了而不能读，同守不住没有什么两样（参见《四部丛刊初编（集部）·尧峰文钞》（1680—1687））。显而易见，在徐乾学先生看来，对于一个家族而言，文化与家风的传承要比金银财宝的继承更有意义。党家村的党、贾二姓虽然有经商的经历，但他们并不是只以赚钱为目的，他们也不乏书香传家的优良传统。历史上，党家村曾出现过政通人和、路不拾遗、夜不闭户、村民相敬如宾的美好局面，这种局面也无疑在显现着一种美好的家风和村风。由此可见，党村在家族和村落治理方面是不无成功之处的。在这个方面，党家村家训文化的重要作用无疑是不能忽视的。今天，我们所处的时代虽然已经发生了重大的变革，但不可否认，在社会主义新农村建设中，发掘并弘扬党家村家训文化的当下价值，仍具有一定的现实意义。

（一）弘扬优秀家训文化的当下价值，构建良好的家风与乡风

家训是中华传统文化的重要组成部分，不仅言简意赅、蕴意深刻，而且涉猎广泛、贴近生活。韩城市党家村先祖不仅善于经商，成为一方巨商，而且书香传家，善于从经史子集中摘录蕴含哲理的语句，并结合自己为人处世的经验，将其汇编成册，供子孙朝夕研习。经过党家村党、贾两族几代人的不断补充、修订、完善，遂形成了流传至今的党家村家训。党家村家训包括治家之策，为人处世、学习理财之法，立德、修身、养性之道等内容，堪称一部深厚的文化典籍。为便于教育子孙后代，党家村先祖将家训中的精华部分雕刻于四合院的照壁、门楣、门庭及门楼两侧的墙壁等醒目之处，供子孙朝夕诵读，对照执行。因此，党家村绝大多数村民都会诵读其家训，通晓其意，对家训的内容耳熟能详、烂熟于胸，做人行事能懂得"规矩"，明白"方圆"。

家风既是一个家族的身份标记，也是一个家族行为准则的日常化，如清代名流左宗棠所言："一国有一国之习气，一乡有一乡之习气，一家有

一家之习气。有可法者，有足为戒者。"① 因此，长期以来，中国人就非常重视家风建设。为了振兴家族，党家村家训在重视家族成员道德修养的同时，也非常重视家风建设，如"居莫若俭"、"谦恭节俭"等条目都在倡导"勤俭持家"的家风。"勤俭持家"是中国人的一种优良传统，自古以来，有不少人推崇过这种家风，如唐太宗李世民、清代雍正皇帝、清后期权臣曾国藩等人都曾以"勤俭持家"告诫后人。清代名儒朱柏庐在《治家格言》中，也大力倡导"勤俭持家"的家风。左宗棠在《左文襄公家训》中也告诫晚辈："其庶乎用财之道，自奉宁过于俭，待人实过于厚。"② 不仅如此，左宗棠还认为，一种优良的家风贵在坚持。因此，他曾告诫后人说："惟常尽力，以上报国恩、下拯黎庶，做我一生应做之事，为尔等留些许地步。尔等更能蕴蓄培养，较之寒素弟子，加倍勤苦力学，则诗书世泽，或犹可引之旨替，不至一日渐灭殆尽也。"③ 由此可见，"勤俭持家"是中国人比较认同的一种家风。今天，在韩城周原村张氏家族家训中，我们也能看到诸如"量入为出"、"克勤克俭"等语句。

　　勤，是勤奋，是不懈的进取精神；俭，指用钱上的节俭和生活中的淡泊习惯。勤可以丰家，俭可以长久。因而，"勤俭持家"就成了中国人普遍认同的一种家风。既然如此，那怎样才能做到节俭呢？除了寡欲之外，就是要坚持"量入为出"的理财原则。对于家庭财富的分配和消费问题，应根据收入状况慎重决策。长期以来，"勤俭持家"的家风在韩城民间的认同度一直比较高。如新城区五星村文家家训"惟以诗书为先务，莫若勤俭作家风"，老城学巷王家家训"治家崇俭，居世戒奢"。不仅如此，许多人家的门楣上都刻有"勤为本"、"勤俭持家"、"谦恭节俭"等字样。此外，在韩城民间，劳动人民代代相传的一些熟语，如"富时不俭贫时悔"、"挣钱不攒钱，不如不挣钱"等话语也体现着人们最朴素却又渗入意识深处的节俭观。

　　在市场经济背景下，勤劳、俭朴，维护家庭和睦，注重家风声誉仍然是一种美德，如《公民道德建设实施纲要》就把"勤俭自强"作为当代公民的道德规范之一。"勤俭"是勤劳、勤奋、勤快、俭朴、节俭之义；

---

① （清）左宗棠：《左文襄公家训》，见《治家格言》，吴敏霞，杨居让，候蔼奇译注，三秦出版社 1998 年版，第 312 页。

② 同上。

③ 同上书，第 327 页。

"自强"的基本内涵则是自尊、自立、自励，生命不息，奋斗不止。俭朴的人在生活消费上能量力而行，量入为出，不盲目攀比，不追赶时髦，不片面追求高消费，能珍惜劳动果实，能做到大方而不浪费。"志欲光前，惟以诗书为先务；心存裕后，莫如勤俭作家风。"党家村家训所推崇的家风何尝不也体现了这种精神？今天，党家村依然是一个民风淳朴、社会和谐、富裕文明的村落，以致被誉为新农村的典范。由此可见，传统家训在新农村建设中也具有一定的价值和作用。

中国共产党十七届六中全会指出，优秀传统文化凝聚着中华民族自强不息的精神追求和历久弥新的精神财富，是发展社会主义先进文化的深厚基础，是建设中华民族共有精神家园的重要支撑。此后，中国共产党十八大报告又提出，要加强对农村文化建设的扶持力度。党对传统文化和乡村文化建设的高度重视，无疑为我们发掘传统文化的当下价值、推进新农村建设提供了难得的历史机遇。当前，农民在全国人口总数中仍占有较大比重，乡村文化建设无疑事关全国文化建设的成败得失。因此，在新农村建设中，各级干部群众应该从思想上清醒意识到中国优秀传统家训文化对新农村建设的重要意义，重视发掘其当下意义，深入推进家风乃至村风建设，以形成良好的社会风尚。党家村有家训"志欲光前，惟以诗书为先务；心存裕后，莫如勤俭作家风"。告诉后人想要光大前业，就必须要勤奋读书，艰苦创业，勤俭持家。毋庸置疑，在社会主义新农村建设中，党家村家训的这种主张仍具有一定的现实意义。继承并发扬这种精神不仅有助于形成良好的家风，也有助于形成良好的新农村风尚。因此，如果各地村镇干部能够从传统家训中选取有当下价值的部分，以喜闻乐见的形式，适时向村民宣讲，那么，长此以往，不仅可以扩大村民的知识面，提高其知识修养，而且也有益于丰富农村文化生活，有助于遏制低俗文化回潮的势头，还有利于推进家风与村风建设。

（二）弘扬优秀家训文化的当下价值，提高广大群众的道德品质

党家村家训内容丰富，蕴含丰富深刻的哲理，并涉及了中国传统家训"仁、义、礼、智、信"五个维度。与其他中国传统家训相似，党家村家训也非常重视"立德"。古人云："大上有立德，其次有立功，其次有立言。虽久不废，此之为不朽。"① 因此，崇高的思想道德品质常常被看作

---

① （春秋）左丘明：《左传·襄公二十四年》，李梦生译注，上海古籍出版社 2004 年版，第 790 页。

君子人格的应有之义和国家长治久安的根基。如《左传》所言："夫令美，德之舆也，德，国之基也，有基无坏，无亦是务乎！有德则乐，乐则能久。"① 长期以来，中国人将"立德"、"立功"、"立言"视为不朽之大业。这种思想在党家村家训中也得到了继承与发展，如党家村家训就有"志于道德者为上，志于功名者次之，志于富贵者为下"的语句。也就是说，在党家村家训看来，人最高的志向应该是道德修养，其次是功名利禄，再次才是荣华富贵。

从目前所能见到的党家村家训条目来看，其文化渊源主要有三个。第一，是古代典籍。在目前流传的党家村家训中，取材于古代典籍的家训条目不在少数，如"傲不可长，欲不可纵，志不可满，乐不可极"② 就取材于《礼记·曲礼上》。其中"欲不可纵"即人不能放纵欲望，不能因为心中之欲而为所欲为。也就是说，在党家村先祖看来，做人要有道德操守，要懂得以理智节制欲望。"心欲小，志欲大，智欲圆，行欲方，能欲多，事欲鲜"③ 则取材于《淮南子·主术训》。其中"行方"就是指行为要正直端庄，不屈不挠，纯洁清白，不因穷困而改变节操。显而易见，党家村家训把《淮南子·主术训》对圣明人物的评定标准直接用为对自己家族的要求——做人心思要缜密，志向要远大，智谋要圆通，行为要端正，能力要全面，生活要简朴。

党家村家训条目的第二个文化渊源是前人的名言警句，党家村先祖常选取先哲的名言警句告诫后人。党家村家训中就有取自清人张英之语的条目，如"一言一行，皆思益人，而痛戒损人"（《聪训斋语》），告诫子孙后人一言一行都要想着对他人有益，损人利己或损人不利己的做法是要不得的。众所周知，张英是一位德才兼备的封建官吏，曾官至文华殿大学士兼礼部尚书。尽管如此，他为人却非常谦和，做事宽容大度，其"六尺巷"的故事至今还在民间广为流传。此外，党家村家训中也有取自张载之语的条目，如"言有教，动有法，昼有为，宵有得，息有养，瞬有存"（《正蒙·有德篇第二十》）。党家村先祖以此教诲子孙说话要有教养，举

---

① （春秋）左丘明：《左传·襄公二十四年》，李梦生译注，上海古籍出版社2004年版，第790页。

② 见李学勤主编《礼记正义·曲礼上第一》，北京大学出版社1999年版，第8页。

③ （汉）刘安：《淮南子第九卷·主术训》，赵宗乙译注，黑龙江人民出版社2003年版，第456页。

止要合乎规范，白天应身体力行，晚上应静思自己的成果，休息时应该保养身体，瞬间都不能懈怠。

党家村家训条目的第三个来源则是党家村先祖自创的家训条目，如"当行可止，素位外更何忮何求"。教诫子孙审时度势，当行则行，当止则止。在自己所处地位之外，还要懂得什么东西不能贪恋，什么东西必须追求。党家村先辈们将道德修养看作最高的追求，视为安身立命的根基。因此，党家村许多人家的门楣上都题有"树德门"、"立德"、"清白长远"等字样，意在告诫子孙应该将崇高的品德修养作为永不放弃的追求。

众所周知，党家村先祖以经商起家，曾成为一方富族，但从党家村家训来看，他们并没有被金钱蒙蔽双眼，反而教导子孙后代时刻要加强品德修养，不能以财富论英雄，更不能见利忘义。孔子云："富而可求也，虽执鞭之士吾亦为之，吾亦为之。如不可求，从吾所好。"① 正因为相比于财富，"从吾所好"更为重要，故而，孔子说："饭疏食饮水，曲肱而枕之，乐亦在其中矣。不义富且贵，与我如浮云。"② 作为普通人，我们可能达不到孔子的境界，但"君子爱财取之有道"的古训却不失为每一个人最基本的人生准则。从党家村的家训来看，党家村前辈在处理品德素养与经济利益之间的关系问题上明显体现了"为人处世以德为先"的原则。

在人际关系方面，党家村家训指出："行事要谨慎，谦恭节俭择交友；存心要公平，孝弟忠厚择邻居。"也就是说，在与人交往方面，党家村家训要求其子孙后代，做事要谨慎谦虚，交友要近君子远小人，为人要公正，对长辈要尊敬孝顺，对晚辈要关爱，与人为邻要团结友善。此外，其还以"友贵淡交，须从淡中交得去；人原难做，仍自难处做将来"的条目教诲子孙、亲属要君子之交淡如水，不能以名利为考量，做人不易，因而需从难处入手。当然，重视品德修养不仅是党家村家训的宗旨，也是中国传统家教中普遍具有的主题。战国时期齐国相田稷的母亲，品德高尚，教子有方，以至成为众多母亲的精神楷模。田稷年幼时，田母对儿子的要求就非常严格。其子做了国相后，她仍时刻不忘诫勉儿子。据《慈母家

---

① （春秋）孔子：《论语·述而篇》，张燕婴译注，中华书局 2007 年版，第 90 页。
② 同上书，第 92 页。

训·田稷母家训》记载，有一次，田稷收受了贿金两千余两，其母知道后，严厉地批评了田稷。她教诲田稷说，提高自己的品德修养丝毫不能懈怠，不能萌生不义的想法，不能收取不义的钱财，否则，就是不忠不孝。如果见利忘义，就不是我心目中的好儿子。田稷听后，知错即改，不仅退还了不义之财，还主动向齐宣王承认了错误。可以说，田稷能成为齐国贤相，其母功不可没。三国蜀主刘备在《遗诏敕后主》中也曾告诫刘禅，不要因为影响微不足道就去干坏事，也不要因为乏善可陈就不去做好事。只有贤明、品德高尚的人，才能让人信服。南宋大诗人陆游在《放翁家训》中也曾告诫子孙，为人要宽厚恭谨，不要把自己与浅薄之人等而视之。明代忠臣杨继盛在遗嘱中也要求家人，要为人谦卑，与人为善。清代东阁大学士陈宏谋也曾告诫子侄，只有诚实可信的人才有未来。显而易见，在"立德树人"方面，党家村家训与中国传统家教传统一脉相承，并在继承中有发展创新。

新中国成立以来，党和国家一直非常重视公民道德建设。2001年，《公民道德建设实施纲要》的颁布实施，使公民道德建设的重要地位在21世纪继续得到巩固与加强。依据新的时代要求，《公民道德建设实施纲要》明确提出了新时期公民道德建设的基本规范，即"爱国守法、明礼诚信、团结友善、勤俭自强、敬业奉献"。"明礼"作为公民道德规范，从狭义上讲，其要求人们要讲究起码的礼节、礼仪和礼貌。无论在公共场所，还是在职业场所，或在个人家庭生活中，行为举止都要得体、适宜。从广义上讲，"明礼"是强调讲文明的重要性，其特别强调公共场合中言谈举止要文明，如爱护公共财物、维护公共秩序、遵守交通规则、不随地吐痰、不乱扔垃圾、不大声喧哗，等等。"诚信"是诚实、诚恳、信用，亦即为人要忠诚老实，诚恳待人，取信于人。"友善"是指与人为友、与人为善，主要体现在人们相互之间的亲和力与亲善关系。"团结友善"所涉及的内容与范围相当宽泛，其既可大到一个民族、一个国家或整个世界，也可小到我们每个人的一言一行。总而言之，"团结友善"是要求人们要弘扬集体主义精神和团队精神，以增强全民族、全社会的凝聚力。继《公民道德建设实施纲要》之后，党的十八大也非常重视公民道德建设和社会诚信建设。在市场经济背景下，开展政务诚信、商务诚信、社会诚信和司法公信度建设无疑是十分重要的。

全面提高公民道德素质，是社会主义道德建设的基本任务。党中央曾提出要坚持依法治国和以德治国相结合，加强社会公德、家庭美德、个人品德教育，弘扬中华传统美德。社会主义新农村建设的关键在于人，没有新农民，何来新农村？只有把广大农民培育成有道德、有文化、懂科学的新型农民，"富裕文明和谐"的新农村才可能指日可待。因此，社会主义新农村建设务必要注重农民的思想品德教育。针对当前西部地区某些农民思想道德滑坡的现象，广大村镇干部不能为了追求所谓的"政绩"，对此熟视无睹，而应从实际出发，有针对性地开展公民道德教育，以建设良好的家风与村风。

长期以来，党家村的村民能恪守祖先的教诲，身体力行，人人注重立德、修身，并形成了文明和谐的村风。可以说，在价值观渐次多元化的时代，党家村家训是当地村民心灵深处的一座航标，它仍在无声无息地引导人们去做一个有道德坚守的人。对新农村建设来说，党家村家训及其当下价值无疑具有一定的启发意义。深入挖掘并发扬优秀家训文化的当下意义，何尝不是当代公民道德建设的一条可行路径。正直做人、诚信交友既是中华民族的优良传统，也是当前公民道德建设不可或缺的内容。因此，在新农村建设中，我们要深入发掘包括传统家训在内的中华优秀传统文化的当下价值，以家庭、学校、机关、企事业单位和各种公共场合为主要阵地，开展公民道德教育，把中华民族优良传统继承和发扬光大，使广大农民成为礼于外，诚于内，诚恳待人，以信取人的现代农民。

（三）弘扬优秀家训文化的当下价值，建构和谐友善的人际关系

"孝"是中华民族的传统美德之一，党家村家训也非常注重传承"孝悌"文化。在党家村，许多村民的门楣或其房舍的醒目位置往往都刻有隽永、苍劲的"孝弟（悌）"二字，意在勉励子孙后代要孝敬父母，亲近兄长。与此同时，党家村家训中也有许多阐述孝道思想的条目。"存心要公平，孝弟（悌），忠厚，择邻居"是教诲子孙要为人公正，孝顺父母，敬爱兄长，忠诚宽厚，与好人为伍。"孝敬仁义，百行之首，行之而立，身之本也"是告诫子孙们要将"孝敬"置于"百行"之首，即所谓"百善孝为先"。中华孝文化源远流长，是中华民族的文化血脉之一。从《诗经》中的"孝子不匮，永赐尔类"（《诗·大雅·既醉》）到《孟子》中的"老吾老以及人之老，幼吾幼以及人之幼"（《孟子·梁惠王上》），都是阐述"孝道"的重要性及其传承性。如果一个民族摒弃了孝道，那么这个民族可能就会走向衰败甚至会走向消亡。党家村家训倡导"母慈子

孝"与"父慈子孝",无非是为了使老人能"老有所依、老有所养、老有所乐",使年幼者能在关爱中茁壮成长,以便达到全村"黄发垂髫,怡然自乐"(《桃花源记》)的局面。

除了重视"孝悌"文化的传承之外,党家村家训还非常注重"仁爱"品质的培育。党家村家训非常看重与人为善的人格修养,其劝诫子孙后代要宅心仁厚,宽宏大量,推己及人,想他人之所想,急他人之所急。党家村家训中的"处富贵之地要知贫贱人的苦恼,居安乐之场要知患难人的痛痒"就是要求人们在坐享荣华富贵的时候,要注意体察穷人的苦楚;在享乐的时候,要注意了解苦难之人的痛楚。党家村的前辈还指出,"在少壮之时要知老人的心酸,当旁观之境要知局内的景况"。这是告诫人们,在少壮年的时候,要了解老年人的心酸之处;在旁观的时候,要知晓局内人的境况。也就是说,做人要设身处地,为他人着想,要懂得换位思考。从以上分析来看,无论是强调"孝道"的重要性,还是强调"仁爱"的重要性,党家村家训都是为了说明"与人为善"的重要性,亦即是为了建构一种和谐友善的人际关系。

人际关系的和睦与否,不仅关系到新农村建设的成败,而且也关系到整个社会的和谐稳定。为此,党家村的家训非常注重如何与人相处的问题。党家村家训在倡导与人为善的同时,也强调慎重交友的重要性,如"行事要谨慎,谦恭,节俭,择交友"。"择交友"就是交友要慎重,要有所选择,不能误入歧途。那如何选择朋友呢?党家村的先辈们告诫子孙,"友贵淡交,须从淡中交得去;人原难做,仍自难处做将来"。即"君子之交淡如水",要懂得"患难见真情"的道理。此外,"无益之书勿读,无益之话勿说,无益之事勿为,无益之人勿亲"也是告诫子孙要交"益友",不能结交"损友"、"佞友"。从以上分析来看,尽管党家村家训有关为人处世之道的论述非常全面而又深刻,但我们也不难看出,它是在继承并发扬中华传统文化相关思想的基础上去阐释其价值观的。

中华传统文化尤其是儒家文化非常重视人际关系问题,在如何对待别人的问题上,孔子主张"己所不欲,勿施于人"(《论语·颜渊篇》)。不仅如此,孔子还提出了"己欲立而立人,己欲达而达人"(《论语·雍也》)的主张。与孔子的将心比心相似,孟子则提出了"仁者爱人"的主张。孟子认为:"君子所以异于人者,以其存心也。君子以仁存心,以礼存心。仁者爱人，有礼者敬人。爱人者，人恒爱之；敬人者，人恒敬之。"① 在孟子看来，只有对别人有爱心的人，才能得到人们的爱戴和尊敬。在人际关系问题上，宋代大文豪范仲淹不仅从个人得失的角度去讨论喜和忧的问题，而且他还把个人得失放在国家民族的大背景下去讨论喜和忧的问题。因此，其"居庙堂之高，则忧其民；处江湖之远，则忧其君"（《岳阳楼记》）的博大胸怀曾经感动和激励过无数的人。在范仲淹看来，只要一个人心系国家民族，个人的得失就不足或喜或忧了。其实这种情怀是中华文化尤其是儒家文化的一个基本精神诉求。儒家所谓"修身、齐家、治国、平天下"就是要求每个人都不能仅仅为自己活着，而且还要为他人甚至民族国家活着，要成为一个对他人、对民族国家有益的人。社会主义新农村建设要实现预期的目标，就需要每一个村民和管理干部都具有一颗"仁爱"之心，能与人为善，推己及人。只有这样，人们才能和睦相处，和谐社会才有望建成。

今天，由于经济利益诱惑，在广大农村，自私自利的人和事仍屡见不鲜。因此，汲取包括家训在内的传统文化在处理人际关系方面有当代价值的思想主张，通过相关活动去增强农民的集体主义观念及与人为善的思想观念，无疑有利于建构和谐友善的人际关系，也有利于加快和谐社会建设。"乡风文明"是社会主义新农村建设的重要内容和目标之一，为达到这一目标，新农村建设不仅要形成"鳏寡孤独废疾者皆有所养"（《礼记·礼运篇》）和"老者安之，朋友信之，少者怀之"（《论语·公冶长》）的社会风气，还要形成与人为善、团结友爱的社会风气。这种社会风气恰好也是党家村家训所主张的社会风气，从党家村家训来看，家庭和睦、其乐融融的景象是其最基本的追求之一。因而，党家村家训及其实践经验对当前的新农村建设无疑具有一定的启示意义。"党的十八大报告提出，要推进生态文明建设，坚持节约资源和保护环境的基本国策，节约资源是保护生态环境的根本之策。因此，我们必须从小家庭的节俭开始抓起，将中华民族千百年形成的节俭观继承和发扬光大。社会和谐是中国特色社会主义的本质属性，因而，我们必须培育知荣辱、讲正气、作奉献、

---

① （战国）孟子：《孟子·离娄下》，金良年译注，上海古籍出版社 2004 年版，第 184 页。

促和谐的良好社会风尚。"① 为了促进和谐社会建设，我们有必要大力发挥传统家训对于建构良好的人际关系和社会风尚的积极意义，为人民安居乐业、社会安定有序和国家长治久安做出应有的贡献。

（四）弘扬优秀家训文化的当下价值，提高广大群众的自律意识

党家村家训继承了中华优秀传统文化有关修身养性的一些思想，并将其浓缩在家训条目中，用朴素的语言告诫子孙，慎思明辨，笃行求实，克己明理。"言有教，动有法"是告诫人们说话要有教养，举止要合乎规范。"居家有道惟能忍，处事无奇但率真"是告诫人们遇到事情不能轻易冲动，逞匹夫之勇，要懂得"忍让"的重要意义。党家村家训的这些要求与孔子对人们的告诫如出一辙，孔子曾说："君子有三戒：少之时，血气未定，戒之在色；及其壮也，血气方刚，戒之在斗；及其老也，血气既衰，戒之在得。"② 取材于《礼记》的"傲不可长，欲不可纵，志不可满，乐不可极"③ 告诫人们，傲气不可滋长，欲望不可放纵，志向不应张狂，享乐不宜无度。取材于《国语》的"动莫若敬，居莫若俭，德莫若让，事莫若咨"④ 告诫人们，举止要礼貌，家居要俭朴，做人要自觉谦让谨慎，遇事要主动咨询请教。取材于《淮南子》的"心欲小，志欲大，智欲圆，行欲方，能欲多，事欲鲜"⑤ 告诫人们，为人要谨小慎微，志向要宏大，眼光要长远，行为要正直端庄，处世要遵守道德规范，做事要深得要领，不能放纵欲望，不能我行我素。只有这样，才能成就君子人格。一般来说，家训的所有告诫虽然不无强制性，但更多的是希望其家族成员在日常生活中能够自觉地以家训规范和约束自己。从上述分析来看，无论是强调忍让，还是强调自我节制，其实都是在强调自我约束的重要性。为此，党家村先祖非常重视"养气"、"养性"、"养德"、"养道"的重要意义，如"薄味养气，去怒养性，处拟养德，守清养道"告诫人们，人生在世，重在修身养性，而非享受荣华富贵，粗茶淡饭反而更能涵养人的身

---

① 张静莉：《党家村门庭家训理念及其当下价值探析》，《湖北函授大学学报》2013年第6期。

② （春秋）孔子：《论语·季氏第十六》，张燕婴译注，中华书局2007年版，第256页。

③ 李学勤：《礼记正义·曲礼上第一》，北京大学出版社1999年版，第8页。

④ 《国语·周语·晋羊舌肸聘周论单靖公敬俭让咨》，邬国义，胡果文，李晓路译注，上海古籍出版社1994年版，第86页。

⑤ （汉）刘安：《淮南子第九卷·主术训》，赵宗乙译注，黑龙江人民出版社2003年版，第456页。

心。因此，其认为，处事平和最能涵养人的禀性，处在困境之中更能磨炼人的意志，保持高洁的操守更容易形成正确的人生观。显而易见，党家村家训在反复告诫人们，为人要慎思慎行，遇事要懂得忍让，并力争将道德规范变成自己的自觉行为。也就是说，和其他家训一样，作为家族成员共同精神标记，党家村家训非常重视家族成员自律意识的培养。

家训教育作为家庭或家族内部的一种教育方式，与学校教育和社会教育相比，虽然有不少共性，但在教育主体、客体及教育的内容与方法等方面却存在一定的特殊性。家训是家庭或家族文化的精髓，是整个家族几代人甚至几十代人为人处世经验的结晶。家训伴随着一个人的成长过程，因长期耳濡目染，潜移默化，家训难免会深深烙印在人的心灵深处，并外化为自觉行动。因此，家庭或家族教育往往会影响人的一生。村民思想品德培育及家风、村风建设是社会主义新农村建设的重要任务之一，而思想品德教育和家风、村风建设归根到底是优秀人格以及与他人相处能力的培育。由于中国传统家训在这方面有诸多成功经验，如党家村家训的价值立场及其实践经验，因此，中国传统家训对建设"富裕文明和谐"的社会主义新农村的当下价值和启示意义无疑是无法忽视的。

当前，在社会转型背景下，农村的犯罪率有攀升趋势。在此形势下，加大对违法犯罪行为的打击力度，增强法律的威慑力和震慑力虽然在所难免，但增强人们自律意识，让人们在内心深处自觉建立一种自我约束机制又何尝不是一种有效的策略？包括家训文化在内的中华传统文化非常重视个体自律意识的培养，如儒家文化强调"克己复礼"，注重个体的"内省"与"自省"，都有利于提高人们的遵法守纪意识，以避免触犯律令。传统文化强调"过而能改，善莫大焉"（《左传·宣公二年》），而不赞同过失之后的简单处罚，诚如《孟子》所说："及陷于罪，然后从而刑之，是罔民也。焉有仁人在位，罔民而可为也？"[1] 当前，法律法规相对健全，然而却仍有不少人不惜以身试法，究其原因，无疑与其成长环境、教育经历及思想、心理特点等因素密切相关。因此，倘若要想降低犯罪率，就必然要提高全社会的自律意识。当然，个体自律意识的提高并不是一件简单的事情，绝非朝夕就能达到目的，而是一个漫长的过程。在此过程中，包括家庭或家族教育、学校教育、社会教育等都要发挥作用。家庭或家族对

---

① （战国）孟子：《孟子·梁惠王上》，金良年译注，上海古籍出版社 2004 年版，第 16 页。

一个人来说，往往具有更为特殊的意义，因此，在培育公民自律意识的过程中，家庭或家族教育无疑具有更为重要的作用。由于家训是"一个家庭内部父祖辈对子孙辈、兄辈对弟辈、夫辈对妻辈等教育怎样为人处世的训示和教诫"①，而且这种训示或教诫可能从胎教开始，植根于个体的心底，并形成一种集体无意识，相伴于生命的始终，成为其为人处世的准则，故而，在当前社会主义新农村建设中，要大力发挥家训文化在家庭或家族教育中的重要作用，结合时代需要开展公民教育，提高广大农民朋友的自律意识，以切实推动社会主义新农村建设。

---

① 洪彩华，刘格华：《试论我国古代家训对家庭道德建设的当代功用》，《内蒙古民族大学学报》（社会科学版）2004 年第 3 期。

第四章　中华孝文化及其在新农村建设中的价值与意义

第一节　中华孝文化概述

中华民族优秀的传统文化有许多值得后世借鉴之处，孝文化便是其中之一。孝文化比较成型的思想观念，就是人们通常所说的"孝德"。在中国，孝文化有悠久的历史，早在殷商时期就已经出现了"孝"的观念，如当今出土的文物中就有甲骨文"孝"字。由此可见，早在殷商时期，我们的祖先就已经开始关注"孝"的问题了。据专家考证说，早在五帝时期就有了"孝"的观念。"孝"，《说文解字》中解释为："孝，善事父母者。从老省，从子，子从老也。"意思是说，善于侍奉父母才是孝。从字形分析看，"孝"为会意字，从子，从老省，意为子女孝敬父母。作为一种文化精神，"孝"首先存在于中国人的思想观念之中。

早在西周时期，统治者就已经把敬天、孝祖、敬德、保民视为经国大业。因此，自古以来，尊老敬贤就是中华民族的一种共识。西周以后，出现了大量关于孝的文献记载，《尔雅·释训》云："善父母为孝。"《周礼》中将"孝、友、睦、姻、任、恤"称为人之六行。清代语言学家段玉裁注曰："孝者，畜也。顺於道，不逆于伦，谓畜。"畜者，养也。春秋战国时期，儒家文化继承了西周先哲对孝文化的推崇，要求每个社会成员都要恪守"君君、臣臣、父父、子子"之道，发扬"老吾老以及人之老，幼吾幼以及人之幼"的精神，在家孝顺父母，"亲亲敬长"；在社会上尊老敬老，讲信修睦，选贤任能；在国家讲求"天下为公"，百姓忠于君王，报效朝廷。尽管各种说法关注的角度不同，但尊老敬贤、赡养父母却一直被认为是中华民族的重要美德之一。正因为自古以来中华民族将"孝"置于崇高的地位，所以，孝敬父母、光宗耀祖、尊老敬贤与忠孝节义便常常是中华文化一种较为普遍的价值追求。在现实生活中，当"孝"的具体行动从个体的行为举止提升到集体无意识的自觉行动层面时，"孝"便成为一种嵌入民族灵魂的文化基因。

一　孝乃人之立身之本

从古至今，人们对于"忠、孝、仁、义、礼、智、信"的理解虽然不尽相同，但不可否认，它们一直是中华文化核心观念不可或缺的部分，甚至是中华文明不可忽视的关键词。在这七个关键词中，"孝"仅次于"忠"，排于第二位，足见"孝"文化在中华文化中的地位。古代对于"孝"的全方位解释，当推儒学。作为儒学的创始者，孔子既十分重视亲子之间的情感交流，又非常重视子女对父母的尊敬、爱戴和赡养，并进而把"孝"作为"仁"之本。孔子曰："君子务本，本立而道生。孝弟也者，其为仁之本也与。"① 孟子对孔子的"孝道"思想作了进一步的拓展，他认为"孝"是"仁"的实质，因此"事，孰大？事亲为大"。② 在此基础上，孟子说："孝子之亲，莫大乎尊亲；尊亲之至，莫大乎以天下养。为天子父，尊之至也；以天下养，养之至也。"③ 不仅如此，孟子还主张"老吾老以及人之老，幼吾幼以及人之幼"。（《孟子·梁惠王上》）显而易见，"孟子已把孔子所提倡的人们对自己父母的爱推及他人，明显带有博爱思想。两汉时期，儒家大师董仲舒对儒家孝文化进一步拓展，使孝与忠开始接轨。自宋以来，朱熹等人又进一步把'孝'上升到社会意识高度。孝为立身之本、立国之根，其所提出的修身、齐家、治国、平天下即为此意"④。

《孝经》以孝为中心，比较集中地阐发了儒家的伦理思想。《孝经·三才》云："夫孝，天之经也，地之义也，民之行也。天地之经，而民是则之。则天之明，因地之利，以顺天下。是以其教不肃而成，其政不严而治。先王见教之可以化民也，是故先之以博爱，而民莫遗其亲，陈之于德义，而民兴行。先之以敬让，而民不争；导之以礼乐，而民和睦；示之以

---

① （春秋）孔子：《论语·学而第一》，张燕婴译注，中华书局 2007 年版，第 2 页。
② （战国）孟子：《孟子·离娄下》，金良年译注，上海古籍出版社 2004 年版，第 161 页。
③ （战国）孟子：《孟子·万章上》，金良年译注，上海古籍出版社 2004 年版，第 200 页。
④ 杨周相：《中国传统孝文化的特点及其现实意义》，《咸阳师范学院学报》2006 年第 1 期。

好恶，而民知禁。"① 在孔子看来，孝道犹如天上日月星辰的运行，地上万物的自然生长，天经地义，是人类最为根本的品行。尽孝是为人子女者义不容辞的责任，也是判断一个人本性善恶最基本的一种品行。天地严格按照它的规律运行，人民也应以它为典范实行孝道。

正因为把尽孝看作天经地义的事情，所以，孔子主张把"孝"贯穿于人的一切行为之中。《孝经》第一章《开宗明义》有言曰："夫孝，德之本也，教之所由生也。复坐，吾语汝。身体发肤，受之父母，不敢毁伤，孝之始也。立身行道，扬名于后世，以显父母，孝之终也。夫孝，始于事亲，中于事君，终于立身。"② 在孔子看来，孝是一切德行的根本，也是教化产生的根源。人的身体四肢、毛发皮肤，都是父母赋予的，不敢予以损毁伤残，这是孝的开始。人生在世应遵循仁义道德，有所建树，显声扬名于后世，从而使父母显赫荣耀，这是孝的终极目标。也就是说，尽孝要从侍奉父母开始，然后效力于国君，最终建功立业，功成名就。一个人要想建立功业、扬名于世、光宗耀祖、封妻荫子，首先要尽孝，这正与后世所谓"百善孝为先"（清王永彬《围炉夜话》）的说法如出一辙。从《孝经》中的这段文字来看，"孝"不仅是赡养和敬爱父母，也是尊老敬贤。"孝"由个体扩展到群体甚至国家层面，就是忠君爱国，就是民族和国家利益高于一切，甚至为国家利益可以献出自己的生命。由此可见，以个体而言，"孝"是个人立命的基石，为人的准绳，尊敬父母师长，洁身自好，爱人敬长，尽忠报国都是"孝"的应有之义。

既然"孝"是人安身立命的根基，侍奉亲人，忠于事君，建功立业都是其不可或缺的内容，那怎样去履行"尽孝"这一天经地义的义务呢？曾子曰："孝有三，大孝尊亲，其次弗辱，其下能养。"③ 在曾子看来，就为父母尽孝而言，不仅要敬重他们，而且要赡养他们。当然，赡养父母只是尽孝最基本的要求。除此之外，"尽孝"还有更高的要求。当曾子的学生公明仪认为，就赡养父母而言，曾子已经达到了"尽孝"的目标时，曾子回应说，就"尽孝"而言，仅仅赡养父母还是不够的。曾子曰："身也者，父母之遗体也。行父母之遗体，敢不敬乎？居处不庄，非孝也；事

---

① 《礼记·孝经三才章第七》，胡平生、陈美兰译注，中华书局2007年版，第239页。
② 《礼记·孝经开宗明义章第一》，胡平生、陈美兰译注，中华书局2007年版，第221页。
③ 《礼记·祭义》，胡平生、陈美兰译注，中华书局2007年版，第171页。

君不忠，非孝也；莅官不敬，非孝也；朋友不信，非孝也；战陈无勇，非孝也；五者不遂，灾及于亲，敢不敬乎？亨孰膻芗，尝而荐之，非孝也，养也。君子之所谓孝也者，国人称愿然曰：'幸哉有子！'如此，所谓孝也已。众之本教曰孝，其行曰养。养可能也，敬为难；敬可能也，安为难；安可能也，卒为难。父母既没，慎行其身，不遗父母恶名，可谓能终矣。仁者，仁此者也；礼者，履此者也；义者，宜此者也；信者，信此者也；强者，强此者也。乐自顺此生，刑自反此作。"① 在曾子看来，自己的身体，乃是父母的遗体。以父母的遗体来做事，敢不小心翼翼吗？日常起居不端重，就是不孝；为君主做事不忠诚，就是不孝；把工作当儿戏，就是不孝；对朋友说话不算数，就是不孝；临阵作战不勇敢，就是不孝。这五个方面做不到，表面上看是自身受到惩罚，实际上是殃及父母的遗体。用佳肴美味，岁时祭祀，这都不能算作是孝，只能算作是"养"。君子所谓的"孝"，是指全国的人民都认可的"孝"，这才是正直的"孝"。由此可见，"孝"不仅仅是敬重父母，而且表现在很多方面。处事要肃庄，对君要忠诚，做官要敬业，对朋友要诚信，战斗要勇敢，只有这样，才得到人们的认可，才能达到真正的"孝"。

在"尽孝"的问题上，孔子与曾子有较为相近的看法。孔子曰："孝子之事亲也，居则致其敬，养则致其乐，病则致其忧，丧则致其哀，祭则致其严，五者备矣，然后能事亲。事亲者，居上不骄，为下不乱，在丑不争。居上而骄则亡，为下而乱则刑，在丑而争则兵。三者不除，虽日用三牲之养，犹为不孝也。"② 在孔子看来，"尽孝"不仅要对父母无微不至地关心，而且还要安分守己地做人，不能犯上作乱，不能祸害他人。否则，即使用美味佳肴奉养双亲，也算不上真正的孝道。由此可见，"孝"既是一种道德规范，也是一种行为准则。它是"仁"的基础，也是构建和谐社会的重要保障。诚如《论语》所言："子曰：'其为人也孝弟，而好犯上者，鲜矣；不好犯上，而好作乱者，未之有也。君子务本，本立而道生。孝弟也者，其为仁之本与！'"③ 在孔子看来，孝顺父母，敬爱兄长，却喜欢触犯上级的人是很少的；不喜欢触犯上级，却喜欢造反，这种人从

---

① 《礼记·祭义》，胡平生，陈美兰译注，中华书局2007年版，第171页。
② 《礼记·孝经纪孝行章第十》，胡平生，陈美兰译注，中华书局2007年版，第254页。
③ （春秋）孔子：《论语·学而第一》，张燕婴译注，中华书局2007年版，第2页。

来没有过。君子致力于基础工作，只要基础立了，"道"自然就会产生。孝敬父母，敬爱兄长，这是"仁"的基础。由此可见，"孝"是人立身之本。君子务本，本立而道生。

二　孝文化是中华传统文化极其重要的组成部分

中华民族是一个重视养老的民族，而养老不仅仅是物质上的奉养，使老人饱食暖衣，老有所依，而且是精神上的奉养，使老人有尊严地活着，老有所乐。儒家文化特别重视"孝德"，其多部典籍都论及"孝"以及"孝"的标准和境界等问题。例如，《礼记》指出："是故孝子之事亲也，有三道焉：生则养，没则丧，丧毕则祭。养则观其顺也；丧则观其哀也；祭则观其敬而时也。尽此三道者，孝子之行也。"[1] 由此可见，君子之"孝"首先要学会侍奉长辈。父母健在时赡养他们，父母去世时为他们服丧，服丧结束后须按时祭祀。赡养时观其"顺"，服丧时观其"哀"，祭祀时观其"敬"。"顺"、"哀"、"敬"均不是表面的做作，而是发自内心的崇敬，"动于心而形于外"，"孝"是触及人灵魂深处的一种道德规范。在《论语》中，孔子也有同样的表述："今之孝者，是谓能养。至于犬马，皆能有养；不敬，何以别乎？"[2] 孔子认为，人之奉养与犬马奉养最大的区别在于"敬"，倘若不敬，奉养父母与养犬马能有何异？孔子非常推崇"孝道"，故而，在此问题上他有许多精到的论述。孔子曾说："父母在，不远游，游必有方。"（《论语·里仁》）不仅如此，孔子还主张，"父在，观其志；父没，观其行；三年无改于父之道，可谓孝矣"。[3] 即父亲活着的时候，要仔细观察儿子的志向；父亲去世后，要仔细观察儿子的行为；若对父亲合理的部分，长期不加改变，就做到孝了。在尽孝的问题上，子夏也主张要重视实际的德行，而不是表面的姿态。子夏对孔子说："贤贤易色；事父母，能竭力；事君，能致身；与朋友交，言而有信。虽曰未学，吾必谓之学矣。"[4] 在子夏看来，侍奉父母，要竭尽全力；服侍君上，要置生命于不顾。显而易见，"孝"不仅是物质层面的奉养，更是精神层面的崇敬，且精神层面高于物质层面。

---

① 《礼记·祭统第二十五》，杨天宇译注，上海古籍出版社 2004 年版，第 632 页。
② （春秋）孔子：《论语·为政第二》，张燕婴译注，中华书局 2007 年版，第 15 页。
③ （春秋）孔子：《论语·学而第一》，张燕婴译注，中华书局 2007 年版，第 7 页。
④ 同上书，第 5 页。

　　孝文化源远流长，是中华传统文化不可或缺的部分之一。"周初制定的以血缘关系为纽带的宗法制度，使孝成为一种正式的人伦规范和礼仪制度。《诗经》作为记录周朝前中期 500 多年先民生活风貌的诗歌总集，屡屡言及孝。孔孟儒学提出了孝的具体伦理道德规范。孔子曰：'生，事之以礼；死，葬之以礼，祭之以礼。'（《论语》）西汉以来，《孝经》传天下，孝子化万民，'夫孝，天之经也，地之义也，人之行也，德之本也。'（《孝经·开宗明义》）汉武帝'罢黜百家，独尊儒术'，以儒家思想为正统思想，将儒家伦理道德规范神化为'天意'、'天志'，又提出'三纲五常'说，孝最终成为封建社会通行的道德原则和伦理规范。宋明时期，程朱理学提出'宇宙之间一理而已'，'三纲五常'都是理的表现，'见父母自然知孝，见兄弟自然知弟'，都是天理。统治者大力倡导孝行，宣扬孝义，褒奖百姓中有孝德之人，把孝作为选拔和考核官吏的重要标准，甚至将孝制度化，使得孝普及到民族的每一个角落，植根于民族的土壤之中。"① 在中华文化史上，孝文化不仅历史悠久，而且影响深远。"孝文化在中国绵延数千年，各地遗存了大量古迹古物。有关于对'孝'论述的论著《大学》、《中庸》、《论经》、《孟子》、《道德经》、《三字经》、《弟子规》、《朱子家训》、《千字文》、《孝经》、《古二十四孝》、《增广贤文》等文化典籍；有以孝命名的城镇，湖北孝感市（地级市）、孝昌县、孝南区，山西孝义市（县级市），四川孝盛乡，陕西的孝通村、孝义村，江西的孝丰镇等；丰富多彩的孝故事传说、孝代表人物，鱼台'五里三贤'、岳飞孝母、二十四孝，博山的孝女颜文姜等；有众多的关于孝的遗迹碑刻，吉林省长春市的'孝子坟'、济南的闵子骞墓、鱼台的闵子骞祠、博山颜文姜祠、泰山《孝经》石刻、孝感董公墓、黄香坟、孟宗巷，等等。"②

　　中华孝文化不仅源远流长，而且内涵丰富。孝文化虽然以"孝道"为核心，但它并不仅仅局限于对父母或长辈的尊敬，而且还涉及广义的敬重、友爱等。古代典籍中"孝"与"弟（悌）"常常并举，如《论语·学而》云："其为人也孝弟，而好犯上者，鲜矣；不好犯上，而好作乱

---

　　① 杨力新：《孝文化对社会主义新农村建设的影响研究》，硕士学位论文，山东农业大学，2009 年，第 6 页。

　　② 同上书，第 6—7 页。

者，未之有也。君子务本，本立而道生。孝弟也者，其为仁之本与！"①
在谈到尽孝与学习的关系时，孔子还说："弟子入则孝，出则悌，谨而
信，泛爱众，而亲仁。"② 与《论语》相比，《礼记》不仅将"孝"与
"弟（悌）"并举，而且还将孝、悌、忠、顺四德相提并论。《礼记·冠
义》云："故孝、弟、忠、顺之行立，而后可以为人，可以为人，而后可
以治人也。"③ 不仅如此，《礼记》还认为，孝敬长辈的社会风气也有利于
国家长治久安，如《礼记·乡饮酒义》云："民知尊长养老，而后乃能入
孝弟，民入孝弟，出尊长养老，而后成教，成教而后国可安也。"④ 与
《论语》、《礼记》相似，《孟子》则将孝、悌、忠、信相提并论，孟子
曰："君子居是国也，其君用之，则安富尊荣；其子弟从之，则孝弟忠
信。'不素餐兮'，孰大於是？"⑤ 在孟子看来，孝顺友善、真诚守信是一
个人最为基本的品格。上述著作将"孝、悌"甚至"孝、悌、忠、信"
并举，作为审视和评判人道德品质的准绳，并以此告诫后人对照自省，不
断努力，切实加强品德修养，以成就君子人格。除儒家典籍之外，道家、
法家、佛家著作典籍中也不无相似的论述。由此可见，"孝道"思想是中
华传统文化的重要血脉之一，给中华文化打上了深深的精神烙印。在历史
的长河中，中华孝文化激励、规约着一代又一代的华夏儿女，不断提高自
身修养，努力向忠孝两全的目标迈进。尽管这一目标难度极大，但它毕竟
让中国人能时刻意识到自己肩上的担子有多重。

"孝的本义随着社会的调整不断延伸与扩展，首先是把对父母纯朴的
孝延伸为孝悌，继而把孝延伸到亲戚血缘关系中，进而从家庭扩展到社
会，最后把孝悌从人际关系领域延伸到政治法律关系领域，道德规范要求
与专制统治相结合，伦理与政治法律高度统一。这样，孝在婚姻血缘关
系、一般社会关系、政治法律关系中得到生动体现，孝的内涵加以完善，
被尊称为孝道。"⑥ "孝"虽然常常被作为一种道德素养，但它又有诸多物
化的表现形式。孝德、孝行、孝道不仅存在于人的意念之中，也常通过一

---

① （春秋）孔子：《论语·学而第一》，张燕婴译注，中华书局 2007 年版，第 2 页。
② 同上书，第 4 页。
③ 《礼记·冠义第四十三》，杨天宇译注，上海古籍出版社 2004 年版，第 814 页。
④ 《礼记·乡饮酒义第四十五》，杨天宇译注，上海古籍出版社 2004 年版，第 826 页。
⑤ （战国）孟子：《孟子·尽心上》，金良年译注，上海古籍出版社 2004 年版，第 286 页。
⑥ 李银安：《创新弘扬孝文化与构建社会主义和谐社会》，《党政干部论坛》2006 年第 4
期。

定的物质形式展现出来。"孝文化的物质形式是孝文化的表层部分，是孝思想观念、价值追求、规范制度等的物质载体，包括关于孝的典型人物、故事传说、经典书籍、习俗礼仪、坟茔寺堂、古迹文物、碑刻建筑等诸多方面。"① 这些看得见、摸得着、听得到的孝文化的物质形态，是孝文化的重要载体。中华孝文化虽然不无自身的局限性，但其正面价值也不容忽视。中华孝文化不仅在历史上发挥过重大的作用，而且对构建"富强、民主、文明、和谐"的小康社会也具有一定的价值和意义。站在新的历史起点上，挖掘中华孝文化的当下价值，弘扬中华孝文化的优良传统，不仅有利于推进社会主义新农村建设，也有助于建设和谐社会。

第二节　中华孝文化及其当下的社会功能与消极影响

孝文化是中华传统文化不可或缺的部分，在中华文化史上发挥过重大的作用，产生过巨大影响。在现代化程度日益提高的今天，研究孝文化不仅具有一定的学术价值，也具有一定的现实意义。在新的时代背景下，发掘传统孝文化的当下价值，不仅有利于更好地践行社会主义核心价值观，也有利于推进社会主义新农村建设。

一　孝文化的传承流变及其现状

（一）敬老养老习俗的传承与新型家庭关系的建构

农耕文化在我国大部分农村地区仍然产生着深远的影响，"养儿防老"还是诸多中国人最主要的养老依托模式。今天，中国已逐步进入老龄化社会，在此形势下，尊老、敬老、养老问题不仅是广大农村必须面对的问题，也是全国城镇必须面对的问题。因此，对当今中国而言，养老问题不仅是个人问题，而且已成为事关经济社会可持续发展的人口问题和社会问题。尊老、敬老、养老其实涉及两个层面问题：一是老有所乐，老有所敬；二是老有所依，老有所养。子女不仅要从内心深处发出尊敬父母的真诚感情，而且还要义不容辞地担起赡养父母的义务，尤其是父母丧失劳动能力的时候。在这种情况下，子女不仅要满足父母的基本生活需求，而

---

① 杨力新：《孝文化对社会主义新农村建设的影响研究》，硕士学位论文，山东农业大学，2009年，第6页。

且还要让父母精神愉悦地颐养天年。当然，我们今天所讲的对父母尽孝与封建礼教中的"父为子纲"是有区别的。在封建时代，父子在人格上其实是不平等的。今天，敬重父母与赡养父母虽然还是一种家庭美德，甚至是一种社会公德，但毫无疑问，父母与子女在人格上是平等的。因此，"新时代的农村孝文化，应该是以双向平等对待为基本特征的孝文化。父母抚养、疼爱子女，应以尊重子女的人格和尊严、需要和爱为前提条件。子女尊敬、赡养父母，应以尊重父母的人格和尊严为基础，在充分理解父母的前提下，给予父母爱戴和尊敬。在平等基础上建立起来的感情特征是感恩与友爱的整合，其本质是爱、是奉献，而不是传统孝文化所包含的那样，子女对父母的孝就是用无尽的补偿和牺牲来报答"①。当前，农村的生活条件与医疗条件虽然已发生了巨大的变化，但农民养老仍然以家庭养老为主，因此"老有所养"在当前农村仍然是一个不容忽视的问题。长期以来，农村人不仅主要以体力劳动为主，而且劳动强度还比较大。故而，许多农村老人年轻时往往不惜体力，拼命劳作，即使生病，也不愿住院治疗，常常靠自己的体魄与病魔抗争。长此以往，许多农村人在年轻时就容易落下病根，如风湿病、痛风、冠心病、心脏病等。一旦年老，他们的身体机能往往会很快衰老，甚至丧失劳动能力，并需要花钱买药维系生命。于是，对许多农村老人而言，往往难免要直面"不挣钱反而要大把花钱"的窘迫现象。这种现象在当今农村也并不少见，因此，对广大农村来说，今天仍需弘扬优秀的中华孝文化，在尊重父母人格和尊严的前提下，善待与奉养父母，使他们幸福地安度晚年。

"在现代社会中我们仍然强调子女要孝敬父母，为父母争光，按照社会主义伦理规范的要求，能否为祖国效力、为人民服务，是其能否为父母争光的关键，也是现代条件下，孝与不孝的一个标准。一般说来，能为国争光，对社会有益的行为与为父争光两者并没有根本的冲突，大多数情况下，二者是相互统一的，具有同向性。"② 在这个问题上，今天的价值立场虽然和传统"孝道"思想的价值诉求是一致的，但二者的目标路径却有诸多不同之处。传统孝道是以维系和践行"三纲五常"为基本宗旨，

---

① 杨力新：《孝文化对社会主义新农村建设的影响研究》，硕士学位论文，山东农业大学，2009 年，第 8 页。

② 同上书，第 8—9 页。

而当今的养老、敬老及其尽孝是在继承传统孝道思想尊老、养老、敬老及其富有担当意义的优良传统的基础上，依据现代法制文明致力于建构一种和谐友善的人际关系和家庭伦理。"当今中国农村的家庭人伦关系，主要有夫妻、父母与子女兄弟姐妹这样三种关系，要创造和睦的家庭氛围，体现个体的独立价值，每个家庭成员之间必须讲'亲亲'之情。"①

（二）厚葬习俗与"厚生薄死"观念并存

长期以来，在广大农村地区，人们把"死"看得极其重要，甚至会出现"薄生厚死"的现象，即父母活着时候子女对其的关照可能仅仅是为了满足其最基本的生活需求，甚至有些老人晚年的生活还比较艰苦，然而，一旦老人去世之后，很多子女却常常大操大办甚至不惜举债，以显示对父母的孝敬，彰显自己的孝心。当前，农村的丧葬习俗虽然已经发生了重大的变化，但厚葬风俗在关中地区并没有消失，仍然司空见惯。无论是老人自己还是子女，均会在较早的时候准备一些钱物以备老人"百年之后"使用。老人百年之后，其家人都会花费一笔数目不菲的经费做寿衣、做孝布、制寿材、摆宴席，请剧团，等等。据我们调查，在当今陕西关中地区这种现象非常普遍，父母去世后，子女即使借债也要为父母举办隆重葬礼。否则，他们会遭人数落，以至于在别人面前没尊严，甚至会失去人缘。我们在关中地区调查时，发现葬礼花费少则数千，多则三五十万元不等，一般在三万元左右。大户人家尤其喜欢厚葬亲人，我们在调查中得知，有人家在葬礼中光鞭炮一项的开支竟达万元以上。不仅如此，若父母双亡，三年后还要给父母坟前立碑，立碑花费少则数千，多则十余万甚至更多，一般为一两万元。

随着时代的变化，孝的标准也在不断地变化。我们在调研中得知，在当今关中地区，厚葬习俗与"厚生薄死"观念并存。一方面，不惜重金，大操大办葬礼的现象仍然司空见惯；另一方面，重视养老，节俭办葬礼的做法也在渐次增多。更为重要的是，一些老人的观念也正在发生着重大的变化。以前老人对自己的后事非常重视，以至于生前会做诸多准备。目前，不少老人所关注的不再是为后事准备什么，而是如何颐养晚年。这种变化，不能不说是一种可喜的变化。当今社会，我们应该改变"薄生厚

---

① 杨力新：《孝文化对社会主义新农村建设的影响研究》，硕士学位论文，山东农业大学，2009年，第9页。

死"的观念，而树立"厚生薄死"的新观念。在老人活着的时候，尽力赡养老人、尊敬老人、孝敬老人，给予老人最大限度的关爱。待老人去世时，采取一切从简的方式，尽自己的能力安葬老人，不铺张浪费，不大讲排场，不攀比，不盲从，以形成一种良好的社会风尚。

二　传统孝文化当下的社会功能

（一）以"孝"育人，以"孝"安民

孝文化之所以能在历史长河中历久弥新，并积淀了博大精深的文化内涵，是因为孝文化并不是一种孤立的文化，它与相应时期的政治、经济、伦理文化等有着密切的关系。根据马克思和恩格斯关于物质生活生产方式制约甚至决定精神生活和上层建筑的理论来说，物质生产方式，对人生活生产方式及人际关系的形成无疑也发挥着决定性作用。正因为如此，一个社会的思想道德、文化传承与风俗习惯难免与这个社会的物质生产状况有着千丝万缕的联系。

毫无疑问，中国传统孝文化就是由古代中国的生产方式及其文化特点所决定的。在漫长的封建社会，"以自给自足为基础的小农经济，是孝文化形成的最深刻的经济根源。从事落后的农业生产必须有足够的劳动力，处理生产生活中的复杂问题主要靠丰富的经验和高明的技术，而老年人的生活知识、生产经验和生产技能、智慧相对于晚辈都高出一筹。这就决定了老年人在社会中的无上地位。同时，农业经济社会的生产率不高，剩余财富不足，难以建立由社会为老人供给物质生活条件的制度，务农老者的基本生活不得不借助家庭来保障，以维持社会稳定。孝老爱亲、尊卑长幼观念经长期积淀，形成丰富的传统孝文化"①。

在中国历史上，"历代封建统治者及思想家都注意到了孝文化对巩固和稳定封建社会秩序的作用，把孝作为一种维护社会安定的手段，倡导'孝治天下'。历代帝王都对儒家孝德、孝道、孝行推崇备至，并以强有力的法律制度和统治措施大力倡导孝行，惩治不孝"②。正因为如此，作为"十三经"之一的《孝经》才被历朝历代的封建统治者奉为经典。相

① 杨力新：《孝文化对社会主义新农村建设的影响研究》，硕士学位论文，山东农业大学，2009年，第10页。
② 马艳：《中国古代孝文化演进的原因探析》，《中国校外教育》（理论）2008年第S1期。

传，李隆基曾亲自为《孝经》注释。长期以来，《孝经》就一直是比较通行的道德教科书。早在汉代时期，以"孝"育人就已变得非常普遍。与此同时，封建统治者还利用封建礼教甚至是通过嘉奖孝行、重用孝士来维护孝道，用严刑峻法来维护与推行孝道传统。《孝经》云："子曰：'五刑之属三千，而罪莫大于不孝。要君者无上，非圣人者无法，非孝者无亲。此大乱之道也。'"① 显而易见，在孔子看来，不孝的罪过是最大的。甚至，他还将不孝或不重视孝文化的人与犯上作乱之人相提并论，并认为他们是天下大乱的根源所在。因而，孔子主张对不孝之人要施于重刑。汉代以后，"孝"还是国家选拔人才的重要条件之一，如汉代的"举孝廉"。隋唐以后，"不孝"也常常被列为重罪，甚至不可赦免。

"中国是在血缘纽带解体不够充分的情况下步入文明社会的，其社会意识对血缘纽带的执着在世界文化中是相当罕见的。中国农耕经济的基本经济细胞是家庭，而非西欧中世纪的庄园。基于血缘关系的人类自身的生产繁衍派生出亲子之爱、骨肉之情，派生出父子、夫妇等一整套家庭伦理规范。中国农村由于聚族而居，彼此同宗共祖，加上不同宗族之间的频繁嫁娶，更使整个社会成为一个姻亲关系的网络。"② 西周时期，宗法制度不仅把血缘关系提升到了与社会关系乃至国家关系同构的地步，而且也深深地影响了封建社会治理模式的建构。在漫长的封建社会，无论是对国家而言，还是对家庭而言，其文化结构都可以用"忠"、"孝"、"仁"、"义"四个字来概括。

《孝经》云："子曰：昔者明王之以孝治天下也，不敢遗小国之臣，而况于公、侯、伯、子、男乎？故得万国之欢心，以事其先王。治国者，不敢侮于鳏寡，而况于士民乎？故得百姓之欢心，以事其先君。治家者，不敢失于臣妾，而况于妻子乎？故得人之欢心，以事其亲。夫然，故生则亲安之，祭则鬼享之。是以天下和平，灾害不生，祸乱不作。故明王之以孝治天下也如此。《诗》云：'有觉德行，四国顺之。'"③ 在孔子看来，圣明的君王是以孝道治理天下的，即便是对极卑微的小国的臣属也不遗弃，更何况是公、侯、伯、子、男五等诸侯。因而，他们便会得到各诸侯

① 《礼记·孝经五刑章第十一》，胡平生，陈美兰译注，中华书局2007年版，第257页。
② 马艳：《中国古代孝文化演进的原因探析》，《中国校外教育》（理论）2008年第S1期。
③ 《礼记·孝治章第八》，胡平生，陈美兰译注，中华书局2007年版，第244页。

国臣民的爱戴和拥护，他们帮助天子筹备祭典，参加祭祀先王的典礼。治理一个封国的诸侯，即便是对失去妻子的男人和丧夫守寡的女人都以礼相待，不敢轻慢和欺侮，更何况是对待臣民百姓呢！因此，就会得到老百姓的爱戴和拥护，他们都帮助诸侯筹备祭典，参加祭祀先君的典礼。治理自己卿邑的卿大夫，即便是对待臣仆婢妾也不失礼，不敢使他们失望，更何况是对待妻子、儿女呢！因而，他们就会得到众人的欢心，大家齐心协力地帮助主人，侍奉他们的父母。正因为这样，所以父母双亲在世的时候，能够安乐、祥和地生活，去世之后，灵魂能够安享后人的祭奠。因此，天下就能够祥和太平，自然灾害就不会发生，人为的祸乱就不会出现。圣明的君王以孝道治理天下，就会出现像上面所说的太平盛世。《诗经·大雅·仰之》篇中说："天子有伟大的德道和品行，四方的国家就都会归顺他。"

显而易见，传统孝文化具有对公民开展道德教育和稳定社会秩序的社会功能。在新的时代背景下，传统孝文化虽然不无负面影响，但道德教化和稳定社会秩序的功能却仍然有一定的现实意义。因此，在新农村建设中，我们也应该挖掘传统孝文化的合理内核，以"孝"来教育子嗣，让他们传承孝文化有当下价值的精神理念，懂得感恩，有责任意识，崇尚"尊老、敬老和养老"的社会公德，促进社会主义新农村建设。

（二）优化社会风尚，稳固社会秩序

中华孝文化源远流长，内涵丰富，对社会的和谐稳定曾发挥过积极作用。在市场经济背景下，继承并弘扬具有当代价值的中华优秀孝文化，不仅有利于提升公民的道德素质，也有利于促进"以德治国"，还有利于建构和谐社会。汉代王充在《论衡·率性篇》中说："论人之性，定有善有恶。其善者，固自善矣；其恶者，故可教告率勉，使之为善。凡人君父，审观臣子之性，善则养育劝率，无令近恶；近恶则辅保禁防，令渐于善。善渐于恶，恶化于善，成为性行。"① 也就是说，人的德性，难免有善有恶。善的，固然开始就善；恶的，还能经过教育、劝告、引导、勉励，使他们成为善。凡是做君主和父亲的，都会仔细观察臣与子的德性，善的就培养、教导、勉励、引导，不使他靠近恶；恶的就教育、安抚、制止、防

────────────

① （汉）王充：《论衡·率性篇第八》，方家常译注，贵州人民出版社1993年版，第102页。

范，使他向善的方面逐渐转化。善向恶方面逐渐转化，恶向善方向逐渐转化，这是人生来就有的品行。尽管王充把"善"看作人与生俱来的属性有不当之处，但他有关善恶相互转化的观点还是很有见地的。善恶并不是一成不变的，只要善于引导，"恶"也可以转化为"善"。因此，深入挖掘并弘扬中华孝文化的当代价值，也无疑是开展思想道德教育的一条重要途径。其实，在每个人的心中或多或少都有美好善良的道德理想，只要发挥每个人心目中道德自省机制的作用，人在行动上必然就会加强自我约束。一旦人的精神世界没有了自我反省和自我约束的道德准则，那么任何外在行为规范都可能难以变成一种自觉的行动。行"孝"也是一样，关键是个人的自觉。否则，可能名归而实不至。当然，中国正处在社会转型的关键时期。在这种社会背景下，各种利益纠葛难免比较多。因此，弘扬中华孝文化的当代价值，对构建美好的社会道德风尚无疑具有一定的现实意义。

"'孝道'是决定家庭、社会、国家稳定发展与安定的最重要的道德规范。中华孝文化含有人道主义因素，体现的是一种人文关怀，孝的本质是爱，是感恩，是对父母之善的回报，自然也是对血缘家庭关系的维护。家庭是社会的细胞，家庭稳定就有利于社会稳定。孟子也认为：'人人亲其亲、长其长，而天下太平。'这就是说只要人人做到孝悌，就不会'犯上作乱'，天下就会太平。马克思认为意识形态产生于一定的社会经济基础并服务于一定经济基础，新制度学派也认为文化作为意识形态节约社会的交易成本。文化和经济联姻，能够带动经济的发展。"① 传统孝文化不仅具有稳定社会秩序，构建良好人际关系的社会功能，在人力资源已经成为第一资源的时代背景下，孝文化对公民的道德教化功能也有利于促进社会和谐稳定与健康发展。"孝文化以孝德为核心，而包括孝德在内的道德也是资本，也能创造价值。道德资本在微观的个体层面，体现为一种人力资本；在中观的企业层面，体现为一种无形资产；在宏观的社会层面，体现为一种社会资本。孝德资本不仅是促进经济物品保值、增值的人文动力，还是一种社会责任精神，其最终目标是为了实现经济效益与社会效益的双赢。只有孝敬父母才能家庭和睦，只有家庭和睦才能社会安定，只有

①　杨力新：《孝文化对社会主义新农村建设的影响研究》，硕士学位论文，山东农业大学，2009 年，第 13—14 页。

社会安定才能经济繁荣，只有经济繁荣才能国富民强。孝文化有利于促进社会的和谐与稳定，从而孕育经济发展的良好环境。"①

三　当前农村孝文化的消极影响

由于传统的孝文化毕竟是封建社会小农经济与宗法制度的产物，故而，传统的孝文化难免存在一定的消极因素。因此，对于传统的孝文化，我们既不能简单地否定，也不能盲目遵从，而要秉持扬弃态度，取其精华，去其糟粕。据调查，当前农村孝文化的消极影响，主要表现在以下两个方面：

（一）父母与子女之间的平等权问题

在传统的孝文化中，由于受封建礼教及宗法制度的影响，子女甚至所有晚辈在家庭中的地位是不能与父母或其他长辈同日而语的，甚至历史上也有父母将子女视为自己的私有财产的现象。子女不仅没有个人的独立和自尊，而且连婚姻大事及职业选择都要听命于父母的安排。在传统的孝文化中，当父母存在过错时，子女虽然也可以规劝，但只能委婉地劝说，而不能强求，如孔子说："事父母几谏，见志不从，又敬不违，劳而无怨。"（《论语·里仁》）在孔子看来，如果父母有不对的地方，子女只能委婉地劝说，委婉地表达自己的意见就行了。如果父母不愿听从，那么子女就不要违抗他们，而要继续对他们恭恭敬敬，并替他们操劳而不怨恨。父母健在的时候，子女要"不远游，游必有方"。父母死后，子女还要"三年无改于父之道"。（《论语·学而》）在《论语·学而》中，孔子还认为"父在，观其志；父没，观其行；三年无改于父之道，可谓孝矣"。（《论语·学而》）在封建时代，"父为子纲"及子女对父母绝对服从的封建礼教观念其实并不仅仅指涉家庭关系，也常常被用于界说个人的社会关系。封建统治者，往往利用家国一体、家国同构的政治模式，把协调父子关系的孝道观念转移到君臣关系上，形成了君臣之间的人身依附关系，甚至"君叫臣死，臣不得不死"。

在现代文明高度发达的今天，在一些地区尤其是偏远闭塞的农村，旧的传统孝道思想依然根深蒂固，"三从四德"、"大人要给孩子做主"、"子

---

① 吴俊艳、吴俊蓉：《老龄化视野下的当代中国孝文化价值》，《乐山师范学院学报》2008年第2期。

不言父过"等观念依旧束缚着许多农村人的头脑，父母剥夺子女在家中的发言权，不尊重子女的个人尊严，任意打骂责罚子女，全然不顾忌子女的想法和感情，甚至以情感绑架的方式，左右子女未来的事业、婚姻等现象仍然时有发生。传统孝文化所强调的"父为子纲"、"谏而不违"等主张不仅不利于纠正父母的错误，也不利于发挥子女的主体性及其开拓创新意识。当前，在广大农村地区，父母与子女之间的平等权问题虽然已不再是一个多么严重的社会热点问题，上述问题只属于个别现象，但它依然还是一个不容忽视的社会问题。因此，在社会主义新农村建设中，我们在弘扬中华优秀孝文化优良传统，发挥其当下价值的同时，也要尽量规避其不良影响。

（二）被异化的"孝"文化还在农村流传

传统的孝文化认为，子女要绝对地孝顺父母，要无条件地服从父母，为了加强这种观念，历代统治者及文人总赋予"孝"一些具体的内容，树立了一些道德楷模，如传统的"二十四孝"。"二十四孝"图随处可见，其旨在提醒人们，他们就是"孝子"的标准。可是，如果以今天的眼光审视"二十四孝"，我们就会发现许多宣传其实是对"孝"文化的一种异化，"二十四孝"中的一些做法不仅违背现代伦理原则，甚至有违法的嫌疑。如董永卖身至一富家为奴，以换取安葬父亲的费用；八岁的吴猛为了不让蚊子咬他的父母，宁愿让蚊子咬自己；王祥备受后母虐待，但是，当后母想吃鱼时，他却不顾天寒地冻，卧冰求鲤；庾黔娄听从医生的指示，亲尝父亲的粪便，以判断父亲的病情，知道父亲病危时，还祈祷上天让他替父亲去死；年仅十四岁、手无寸铁的杨香"扼虎救父"，"惟知有父而不知有身"；孝子郭巨企图埋葬儿子，节约口粮以奉养老母；等等。这些故事被作为德育读物广为流传，教育一代又一代的孩子，试图让孩子们去仿效。这种现象显然已不尽合理，甚至也不合乎当代伦理精神和民主法制原则。因此，传承中华孝文化未必要全盘照搬，即使对多年来大家司空见惯用于道德教育的传统孝文化故事，我们也要根据当代伦理精神和民主法制原则，采取拿来主义的态度，使其更好地服务于当代社会公德建设。

此外，对传统孝文化一些价值理念的误读及其在当今时代的负面影响，我们也必须要尽力回避。孟子曰："不孝有三，无后为大。舜不告而娶，为无后也。君子以为犹告也。"（《孟子·离娄上》）长期以来尤其是封建社会，人们往往断章取义，截取"不孝有三，无后为大"语句，将有没有子嗣，尤其是男性，作为衡量"孝"的重要标准之一。因而，没有子女的人常常会成为被人嘲讽的对象，"断子绝孙"往往被中国人认为是狠毒之极的詈语。以至于有些家庭为了生孩子尤其是生男孩，倾家荡产在所不惜。在 20 世纪，有些人家为了生个儿子，不惜拖家带口，东躲西藏，以致成为超生游击队。在广大农村，之所以不少女孩的乳名常为"招弟"、"引弟"、"来弟"、"唤弟"等，无非是寄寓着父母盼望生男孩的愿望。更有甚者，我们在调研中得知，在 20 世纪，还发生过因家中人口多，生活负担重，生下女孩后，便将其溺死的恶性事件。近年来，虽然中国人的生育观念发生了重大的变化，但重男轻女的现象依然存在，尤其是农村地区。随着医学技术的发展，有些人便千方百计，借助 B 超辨别婴儿性别，若证实怀的是女孩，就将其早早引产，这种闻之令人凄然的事情，在当今农村依然存在。今天，从中国人口普查的相关数据来看，性别比例失衡已经成为一个严重的社会问题，尤其是在广大农村。因此，在社会主义新农村建设中，我们务必要尽力去改变广大农民朋友的上述观念，以促进人与社会和谐，实现可持续发展。

第三节　中华孝文化在社会主义新农村
建设中的价值与作用

当前，"三农"问题仍然是农村工作所面临的主要问题。"三农"问题虽然各有侧重，但由于农村、农业和农民之间具有天然的联系，因此，"三农"问题往往是三位一体的问题。"三农"问题不仅关系到农村社会经济的发展与否，也关系到新农村建设的成败，还影响着全国的社会稳定与"中国梦"的实现。因此，党的十八大和十八届三中全会等会议曾多次指出，"三农"问题是党和国家工作的重中之重，国家要实现真正富裕，必须解决好"三农"问题。由于中华孝文化不仅在中国历史上发挥过重大的作用，而且在农村地区仍具有较高的认可度，因此，在社会主义新农村建设背景下，充分发挥中华孝文化的当代价值无疑具有一定的现实意义。

一　中华孝文化在社会主义新农村建设中的现实意义

尽管当今中国的工业化和城镇化已经创造了一个又一个令人惊叹的辉

煌成就，但不可否认，农村、农业、农民分别在全国国土总量、产业或GDP总量与人口总量中所占的比率仍旧不小。因此，"建设社会主义新农村，是全面建设小康社会的重要任务。我们正在全面建设的小康社会，是惠及十几亿人口的更高水平的小康社会。改革开放以来，我国经济持续快速发展，城市面貌发生了巨大变化，但农村面貌变化较小。目前不少城市的发展水平已经接近或达到一些发达国家水平，但一些农村地区仍通不了路、看不起病、上不起学、喝不上干净水。据陈光耀先生研究，2005年，我国已有社区居委会79947个，5亿多人生活在城镇社区，城镇化率为43%，大部分人口生活在农村。即使将来城镇化率达到60%以上，全国也还有6亿左右人口生活在农村，农民依然是一个十分庞大的社会群体。如果农业问题解决不好，农村面貌得不到有效改变，农民生活得不到明显改善，全面建设小康社会就会成为空话。因此，实现全面建设小康社会的宏伟目标，重点在农村，难点也在农村"[1]。近年来，农村的经济社会发展虽然较快，但新农村建设的任务仍然比较艰巨。

在此背景下，建设富裕、文明、和谐的社会主义新农村仍然是农村工作的重要目标之一。为此，我们要坚持以人为本的价值原则和可持续发展战略，大力促进物质文明建设和精神文明建设协调发展，提升社会风险防范能力，力争使农村经济社会在全面建设小康社会的时代背景下实现跨越式发展。"坚持以人为本，必须立足于城乡一体化，让占人口大多数的农民群众参与发展进程，共享发展成果，分享改革开放的红利。实现全面协调可持续发展，必须着眼于所有城镇乡村，重视把农村的事情办好，加快农村经济社会发展。如果脱离农民群众的愿望，忽视农民群众的利益，发展就没有真正体现以人为本；如果农村经济发展滞后，文化落后，乡风文明没有明显好转，发展就不可能真正做到全面协调可持续。"[2] 由于伦理文化在广大农村影响深远，因此为了构建和谐社会，促进经济社会可持续发展，在新农村建设中，我们要积极弘扬优秀传统孝文化，大力开发和利用民间传统文化资源，使农村经济社会发展和精神文明建设同步发展。在老龄化社会即将到来的时代背景下，弘扬和重塑新型孝文化，不仅是继承

---

[1]　杨力新：《孝文化对社会主义新农村建设的影响研究》，硕士学位论文，山东农业大学，2009年，第16页。

[2]　同上书，第15页。

中华民族优秀传统文化的需要，也是新农村建设的迫切需要。发掘优秀传统孝文化的当下价值，无论是对农村经济社会可持续发展而言，还是对社会公德培育、小康社会建设与和谐社会建设而言，都具有重大的意义。

（一）弘扬优秀孝文化有利于在广大农村建立良好的社会风尚

中国早已完成了计划经济向市场经济的转型，由于市场经济就其实质而言，是一种趋利经济与效益经济，对调动市场主体创造财富的主动性和创造性有着一定的积极作用，因此，市场经济对中国经济社会快速发展的促进作用是毋庸置疑的。尽管如此，我们仍不能对市场经济的负面效应视而不见。由于市场主体对经济利益的追求永无止境，因此，在市场经济背景下，诚信缺失甚至见利忘义的现象有时难免会露出历史的地表。如此等等的现象常常会背离道德规范和法律法规，并给社会带来一定的消极影响。在社会转型过程中，广大农民也难免会受到新思潮的影响。在此过程中，随着价值观的变迁，人际关系也面临着诸多考验。曾几何时，扶起摔倒的老人并不是一件多么困难的事情。然而，在当今时代，"老人摔倒要不要扶"却成了一个公众热议的话题。一个不是问题的问题却成了人们必须直面的现实问题，这一变化无疑折射着市场经济背景下人与人之间信任度的变化。众所周知，人与人之间一旦缺乏起码的诚信，那么和谐的人际关系就不复存在。与此相应，一旦人际关系不再和谐，那么社会风尚的优化也就变得异常艰难。

因此，为了建立和谐的人际关系和良好的社会风尚，在新农村建设中，我们要大力发掘中华孝文化的当下价值，以构建友善的人际关系，并促进和谐社会建设。作为中华民族的传统美德，"孝"也是一种发自内心的真实情感，这种感情不仅指向父母亲人，也能推己及人，延伸到周围的世界。孔子曾教导学生"弟子入则孝，出则弟，谨而信，泛爱众，而亲仁，行有余力，则以学文"。① 在孔子看来，做人要比做学问更重要。在家就要孝顺父母，出门在外要尊敬师长，行为要谨慎，语言要诚实可信，要广泛地去爱众人，尤其是要亲近那些有仁德的人。这样躬行实践之后，还有余力的话，再去学习文化知识。对于孔子的教导，子夏对曰："事父母，能竭其力；事君，能致其身；与朋友交，言而有信。虽曰未学，吾必

---

① （春秋）孔子：《论语·学而第一》，张燕婴译注，中华书局 2007 年版，第 4 页。

谓之学矣。"① 在子夏看来，侍奉父母，要竭尽全力；服侍君主，要有献身精神；同朋友交往，要诚实守信。这样的人，即使没有学习也如同学过了一样。由此可见，无论是孔子，还是子夏，他们都非常看重"孝悌"的重要价值与意义，甚至把"孝悌"视为做人的根本。在市场经济背景下，在新农村建设中，弘扬中华优秀孝文化，培育广大农民诚实守信的道德品质，不仅有利于提高其道德修养，也有利于在广大农村营造良好的文化氛围和社会环境。只要人人遵循社会秩序，坦诚相待，不弄虚作假，不尔虞我诈，说老实话，办老实事，做老实人，那么良好社会风尚自然就会出现在广大农村。

（二）弘扬优秀孝文化有利于农村经济的良性发展

近年来，不少农村地区借助地缘优势或资源优势，组建或兴办了企业，但不少企业都是家族式的管理模式。这种管理模式的优点在于，家族成员存在着血缘关系，家族成员之间比非家族成员具有更高的信任度，由家族成员来负责企业某个部门管理，可以减少管理上的监督成本，提高企业效益。尽管如此，家族企业的缺陷也是不容忽视的，如管理中人情大于制度，感情大于法则的现象，有时候会给企业带来致命的打击。尽管建立现代管理制度和管理模式是乡村企业实现跨越式发展的重要保证之一，但由于许多现实问题在短时间内难以彻底解决，因而，乡村企业实现转型并不是一件容易的事情。在可以预想的时间内，家族企业在广大农村仍将继续存在。

在这种形势下，加强企业文化建设，提高管理效能就成了更为迫切的需要。众所周知，责任是企业文化的核心观念之一。为加强企业文化建设，在企业文化中融入传统孝文化中尊老爱幼与关爱集体的思想及主人公意识，开展思想道德教育，不仅有助于培养员工的敬业精神，激发员工的创造热情，减少内耗，形成互相理解、相互包容的良好风气，也有助于融洽职工与管理者之间的关系。职工的责任意识是企业最有价值的资产，只有广大员工有强烈的责任感，他们才能关心企业命运，才能将企业的兴衰与个人的前途命运紧紧相连，才能不遗余力地支持企业可持续发展。发掘优秀传统孝文化的当下价值不仅有利于营造重视人、关心人、理解人、尊重人、培养人、激励人的生产、生活环境，也有利于促进企业建立以人为

---

① （春秋）孔子：《论语·学而第一》，张燕婴译注，中华书局2007年版，第5页。

本的企业管理制度，还有利于促进员工全面发展，为企业发展提供人力资源保障。

（三）弘扬优秀孝文化有利于维护和谐稳定的社会秩序

农村的和谐稳定是新农村建设的需要，也是实现民族伟大复兴"中国梦"的需要，农村的稳定关系着整个地区，乃至整个国家的安全稳定。因此，社会稳定和谐无疑是新农村建设极其重要的目标任务之一。由于乡风文明在维护农村社会稳定和谐方面具有不可忽视的作用，因此，在新农村建设中，我们要大力加强乡风文明建设。"乡风文明是新农村建设20字要求的重要内容，是新农村建设的重要目标。从字面理解，乡风是指特定乡村内的风土人情、风尚习气、风采气度，即乡村的风气。乡村风气的好坏，是乡村文明程度高低的主要标志和社会价值导向的集中体现。作为社会主义新农村建设所要达到的目标中的'乡风文明'，主要表现为农民在思想观念、道德意识、知识水平、素质修养、行为操守等方面所达到的理想程度，以及农村人与人、人与社会、人与自然的关系方面所达到的和谐程度。乡风文明的建设，既有传承古朴民风的一面，也有创建现代文明风尚的一面，它的实质和核心是农民的知识化、文明化、现代化，就是培养有文化、懂技术、会经营的新型农民。弘扬孝文化是促进乡风文明的重要途径和现实选择。孝是一切人伦道德的根本，父慈子孝、兄弟友爱、睦邻友好是个人道德的基本要求。千百年来，因为孝道大行天下，才使家庭有了和谐，社会有了秩序，民族有了强大的凝聚力。家庭美德、职业道德、社会公德是社会主义道德的三个有机组成部分。其中，家庭美德是社会道德建设的起点，是个体道德化的摇篮，在整个社会主义道德建设中具有基础性的地位和作用。良好的家庭道德教育会提高人们自身的道德修养水平，从而在社会上与他人建立互助互信的人际关系，并自觉地用法规、纪律、道德来规范和约束自己的行为，成为有道德、有责任心的好公民。同样，体现家庭道德的家风与体现社会公德的社会风气是息息相通的，千千万万家庭的良好家风必然促进整个社会的文明之风。"①

尽管家庭道德建设的重要意义毋庸置疑，但我们在走访中得知，在当今农村，不养老、不敬老的现象仍然比较常见，甚至还有虐待、遗弃老人

---

① 杨力新：《孝文化对社会主义新农村建设的影响研究》，硕士学位论文，山东农业大学，2009年，第21页。

的现象。这些问题的出现，不仅会影响人际关系，也会影响社会风气。更有甚者，老人赡养问题有时会在当事人之间引发尖锐的矛盾冲突。由此可见，在广大农村地区，老人赡养问题虽然不是特别突出的问题，但上述情况即使是个别现象，也应引起相关部门和相关人士的高度关注，因为老人赡养问题不仅是家庭问题，也是社会问题，家庭的和谐稳定与否也必将对社会产生影响。正因为家庭道德与社会公德紧密相连，因此，在新农村建设中，我们要大力弘扬中华孝文化的优良传统，积极倡导尊老爱幼的家庭美德，深入推进家风乃至乡风建设，以促进和谐社会建设。孔子曾说："道之以政，齐之以刑，民免而无耻。道之以德，齐之以礼，有耻且格。"[①] 在孔子看来，用法制禁令去引导百姓，使用刑法来约束百姓，他们往往只求免于犯罪受惩，而不会有廉耻之心；用道德教化引导百姓，并用礼制去统一百姓的言行，百姓不仅会有羞耻之心，而且还会自觉地守规矩。由此可见，孔子对"用道德教化百姓"寄予了厚望。"'法治'与'德治'对提高群众道德水平、建设和谐家庭、和谐社会具有同样重要的意义。在加强公民道德建设，坚持依法治国与以德治国相结合，树立以'八荣八耻'为主要内容的社会主义荣辱观的今天，需要我们弘扬孝文化精髓，提高公民道德素质，促进社会和谐。要加强公民敬老爱亲的教育。当前，人口老龄化和老年人生活中出现的一些实际问题，必须引起我们关注。需要加强孝道的宣传教育，讲清楚'孝'的真正含义及其作用。使人感悟良知，培养人的博爱精神，在全社会形成尊老、敬老、助老、侍老、娱老的良好风尚，让中华民族这一传统美德发扬光大，并成为构建和谐社会的推进力。"[②] 也就是说，优秀孝文化的传承，不仅有利于家庭美德和社会公德建设，也有利于维护家庭乃至社会的和谐与稳定。

（四）弘扬优秀孝文化有助于提高农民的道德素养

全面提高公民的道德素质，是社会主义道德建设的基本任务。弘扬中华传统美德，是加强个人品德、家庭美德、社会公德教育的重要途径之一。社会主义新农村建设的核心任务在于培育新型农民，只有村民的品德素养提高了，"富裕文明和谐"的新农村才能实现。因此，社会主义新

---

① （春秋）孔子：《论语·为政第二》，张燕婴译注，中华书局2007年版，第13页。

② 杨力新：《孝文化对社会主义新农村建设的影响研究》，硕士学位论文，山东农业大学，2009年，第43页。

农村建设务必要注重村民的思想品德教育。针对某些村民思想道德滑坡的问题，村镇干部不能对此熟视无睹，而应该积极引导，用心矫正。人常说，好人不嫌多，坏人不嫌少。即使一个村组出现一个品行不端的人，不良影响可能会波及周围的许多人。因此，加强思想品德教育不仅是个人的事情，也可能关涉到社会公德建设，甚至会影响到公众的切身利益。在赡养老人的问题上，也是如此。

　　当前，多数农村老人的养老保障还比较低。因此，农村养老仍然以家庭养老为主。"家庭养老是我国普遍认同的养老模式，它赖以存在的思想基础就是传统的孝道观念，倡导孝文化，可以更好地发挥家庭养老保障功能。弘扬孝文化有助于农村敬老孝老风气的形成。'孝老爱幼不仅仅表现在有血缘关系的亲情方面，同时还应该表现在无血缘关系的非亲情方面。老吾老以及人之老，幼吾幼以及人之幼'。由'亲亲'启蒙，是人情陶冶、道德升华最基本的手段。将对父母的敬重、对兄长的尊重推及于人，就可能和睦九族，以亲乡里；每个人如果能像爱自己父母、兄弟、子女那样爱别人、爱人民、爱国家，多尽爱的责任，多做'爱的奉献'，那么整个社会的道德水平必然就会提高，社会风尚必然就会敦睦纯厚，良好的社会风气必然就会形成。"① 由此可见，在新农村建设中，大力弘扬中华孝文化的优良传统不仅有利于提高广大农民朋友的思想道德素养，也有利于促进社会公德建设。

　　（五）弘扬优秀孝文化有益于新农村民主政治建设

　　自汉代以来，历代王朝都曾以"孝"治理天下。封建统治者对"孝"的倡导与重视虽然有利于形成尊老敬老的社会风气，对保障老人的养老需求发挥了重大的作用，但在一定程度上，孝道思想也是封建统治阶级维护其专制统治的重要凭借之一。在封建时代，如果把国家看作一个家的话，皇帝就是这个家的家长。因此，提倡以"孝"治理天下不仅意味着晚辈对长辈的孝顺，也意味着全国人民对皇帝的顺从。不仅如此，过于强调"服从"，过于强调臣子及晚辈对君王和长辈尽忠尽孝，也在一定程度上抹杀了人与人之间的自由与平等。尽管中华孝文化存在诸多不合理的地方，但其在维护社会秩序方面所发挥的作用还是不容忽视的。在建设社会

---

　　① 杨力新：《孝文化对社会主义新农村建设的影响研究》，硕士学位论文，山东农业大学，2009 年，第 23 页。

主义新农村的今天，一方面，我们要摒弃传统孝文化不适宜当代社会的部分，另一方面，我们也要汲取中华孝文化的精华部分，最大程度地发挥其当下价值，把德治与法治并举，积极稳妥地推进农村民主政治建设。

　　当前，"我国根本的政治制度是人民代表大会制度，依法治国是治理国家的基本方略。由于我国特有的文化传统，人们对亲亲与孝敬之情依然很看重，故而运用道德教化、礼仪规范、人格楷模等德治途径和手段，来强化自律、责任感，唤醒人们心灵中的伟大、崇高、慈爱等情感，无疑能促进人际和谐，并进而达到治国安邦、政通人和的目标"①。不仅如此，就社会主义新农村建设的目标任务来说，中华优秀孝文化也有一定的当代价值。"党的十六届五中全会提出建设社会主义新农村的基本要求是：生产发展、生活宽裕、乡风文明、村容整洁、管理民主。这五句话二十个字，内涵丰富，要求明确，是新农村建设的基本内容。生产发展，关键是发展农村生产力，以便为新农村建设提供物质基础；村容整洁，生活宽裕，是新农村建设的重要目标；乡风文明，是建设社会主义新农村的内容；管理民主，是建设社会主义新农村的政治保证。"② 在这二十字方针中，任何一个目标任务的落实与实现都离不开社会的稳定与和谐。如果没有和谐的人际关系，一切都可能无从谈起。因此，发挥中华优秀孝文化的当代价值，构建和谐的人际关系无疑也是推进农村社会治理工作的一条路径。

　　当然，在此过程中，我们也要尽力规避传统孝文化的负面影响。过去，因为传统文化的负面影响，在广大农村，一些人非常重视"下级服从上级"或"晚辈服从长辈"对于维护社会秩序的重要意义，以至于村民们很少有机会参与村组事务的决策。近年来，随着广大农民文化素质的不断提高，在新型大众传媒迅速崛起并渐次普及的情况下，广大农民的眼界也在不断开阔。在此背景下，广大农民参政议政的能力也在不断提高，甚至，他们会积极主动地要求参与村中重大事务的决策，以维护其知情权和监督权。在这种情况下，农村的民主政治建设虽然迎来了难得的历史机遇，但因为利益冲突，发生矛盾纠纷的风险也可能随之增大。因此，平衡

---

　　① 杨力新：《孝文化对社会主义新农村建设的影响研究》，硕士学位论文，山东农业大学，2009 年，第 24 页。

　　② 同上书，第 16 页。

广大农民的利益关切，不仅是农村民主政治建设的一项重要课题，也关系着社会的和谐与稳定。让广大农民在关注自己利益诉求的同时，也能尊重他人的利益诉求，不仅需要法制约束，还需要提高其自律意识和自省意识。只有他们能自觉尊重别人，他们在行动上才能自觉与人为善。在此问题上，中华优秀传统孝文化能发挥一定的积极意义。传统孝文化在强调孝敬父母、重视亲情的同时，也强调与人为善。甚至，强调守规矩的重要性。当前，敬长、感恩的孝德教化，也可以在家庭"孝亲"的基础上，由对家庭内部的关切，推广到家庭外部的人群，并进而推广至天下。这是一个由近及远、由内到外、从知到行、从少到多的循序渐进的扩展过程。体现在价值理念和追求上，就是"修身成仁"。只有人人心中都有他人，都能与人为善，民主政治的价值理念才能真正实现。各为其利，过分强调个人主张的做法其实是对民主政治的一种曲解。

二　孝文化在社会主义新农村建设中发挥作用的途径与举措

正因为中华优秀孝文化有上述价值与功用，因此，在新农村建设中，我们应该充分发挥孝文化的当下价值，使传统孝文化在新时期焕发新的魅力。我们认为，可以从以下几个方面去发挥孝文化的价值与作用：

（一）构建尊老、敬老、养老的文化氛围

"孝"是中华民族的传统美德之一，"孝"不仅在广度上可以无限延伸，在时间上也是没有穷尽的。从《诗经》中的"孝子不匮，永锡尔类"（《诗·大雅·既醉》）到《孟子》中的"老吾老以及人之老，幼吾幼以及人之幼"（《孟子·梁惠王上》），都是阐述"孝"的可传递性。纵观人类文明史，尊老爱幼是一条被公认的价值原则。一个不尊老爱幼的民族，往往是一个没有凝聚力的民族，也可能是一个没有前程的民族。在老龄化社会即将到来的形势下，对中华民族而言，弘扬尊老爱幼的优良传统无疑具有一定的现实意义。当前，在广大农村，不孝敬父母的现象屡见不鲜。不仅如此，在农村青壮年外出打工已成为一种普遍趋势的时代背景下，农村空巢老人和留守儿童已相当普遍。由于广大青壮年农民常年忙于打工挣钱，他们只能给父母和未成年的子女提供物质保障，对他们的精神生活常常无暇顾及或疏于考虑。在此情况下，不管是空巢老人，还是留守儿童，他们常常倍感孤独，以至于找不到心灵的慰藉。此外，许多在外打工的村民已经习惯了城市的生活方式。于是，有些不免会厌弃自己的成长环境，甚至会嫌弃父母的生活习惯，尤其是新生代农民。更有甚者，有些人有时会用"你懂什么"、"你见过什么"、"你那都是老黄历了"等言语顶撞父母。如此等等的现象虽然不一定是出于恶意，但对父母的打击还是比较大的。尽管这些问题的出现有着非常复杂的原因，解决这些问题个人力量是非常微弱的，但在经济结构调整、法律制度建设等重大社会变革之外，在新农村建设中，构建尊老、敬老、养老的文化氛围也是非常重要的。当前，青壮年农民外出务工在短期内仍是一种不可扭转的趋势。在这种情况下，只要形成一种尊老、敬老、养老的文化氛围，农村老人的养老问题，尤其是空巢老人的养老问题也必将能得到一定程度的缓解，如陕西省渭南市党家村。

党家村家训非常注重"孝悌"文化，许多村民的门楣或醒目的位置上都刻有隽永、苍劲的"孝弟（悌）"二字，意在勉励子孙孝敬父母，亲近兄长。党家村家训不仅教诲子孙要孝顺父母，敬爱兄长，忠诚宽厚，与人为善；而且还劝诫子孙宅心仁厚，宽宏大量，推己及人，能想人之所想，能急人之所急，让子孙必须懂得换位思考的道理。党家村家训的这些主张无疑是对儒家文化"己所不欲，勿施于人"（《论语·颜渊》）、"己欲立而立人，己欲达而达人"（《论语·雍也》）的继承与发展。若能胸怀"仁爱"之心，人必恒爱之。社会主义新农村建设不仅需要村民具有一颗"仁爱"之心，管理者也应该胸怀"仁爱"之心，不以权谋私，不徇私枉法，能推己及人。只有这样，农村事务的协商与管理才能走向真正的民主。当前，党家村家庭和睦，其乐融融的景象随处可见，中国传统孝文化在其中所发挥的积极作用无疑是不能忽视的。因此，在新农村建设中，一定要大力营造尊老、敬老、养老的文化氛围，使"老有所依、老有所养、老有所乐"真正变成社会现实。

（二）树立典型，传递正能量

榜样的力量是无穷的，一个成功的楷模常常会影响带动一大片。因此，在新农村建设中，我们也要发挥榜样示范引领作用。为此，相关政府部门或村组基层组织应该充分发挥组织优势，通过有目的、有计划的系列活动，如积极组织评选敬老爱幼道德模范人物、助人为乐先进个人、"孝子"、"孝星"等系列评选活动，大力宣传先进事迹，发挥榜样的模范带动作用，引导村民尊老、敬老、养老并以此为契机传递正能量，推动和谐社会建设。

　　此外，我们也要重视文学艺术在农村文化建设中传递正能量，培育良好社会风尚的积极意义。因此，文学、电视、电影、戏剧、舞蹈、曲艺、杂技、音乐、摄影、美术、书法以及民间文艺与群众文艺等各领域的文艺工作者，不能为达到所谓的艺术效果，将农民作为揶揄或取乐的对象，而应当积极深入农村，广泛了解当代农民的生存状况与爱恨情仇，在读懂农村、农民与农业的基础上汲取素材、提炼主题，以充沛的激情、生动的笔触、优美的旋律、感人的形象，创作出思想性、艺术性和观赏性相统一，广大人民群众喜闻乐见的优秀文艺作品。为此，我们不仅要继续实施精品战略，组织好"五个一"工程、重大革命和历史题材创作工程、重点文学艺术作品扶持工程、优秀少儿作品创作工程，积极鼓励原创和现实题材作品，不断推出文艺精品，与此同时，还要扶持代表国家水准、具有民族特色和地方特色的优秀艺术品种，积极发展新的艺术样式，鼓励一切有利于陶冶情操、愉悦身心、寓教于乐的文艺创作，抵制低俗之风，尽可能地满足广大人民群众的精神文化生活需求。如今，许多省市电视台开辟了地方剧栏目，让群众参与表演，如陕西电视台的《百家碎戏》、重庆电视台的《街坊邻居》等栏目，备受农民喜欢。此外，还有一些农民尝试拍摄微电影。当前，微电影收视率不低，农民尤其是新生代农民参与热情较高。正因为当前农村文化资源非常丰富，广大农民的选择余地又比较大，因此，在新农村建设中，我们也可以以此为载体，加大优秀中华孝文化的传播力度，传递正能量，培育良好的社会风尚。为此，我们呼吁作家或艺术家在影视剧、文学作品中多刻画孝子形象，多渲染孝子的行为，使村民在观看影视作品或文学作品时，能受到感染和启迪。与此同时，作家、导演等还应对不孝敬父母的人物形象给予旗帜鲜明的批评，将其"丑陋"、"可憎"的一面呈现在观众面前，让人人观而憎之，看而戒之。在活跃广大群众的精神文化生活的同时，宣传相关领域内典型人物的先进事迹，并进而深化孝道思想，教育广大群众尊老、敬老、养老，弘扬中华优秀传统孝文化，传递正能量，以形成良好的社会风尚。

　　（三）加强优秀孝文化的宣传教育工作

　　近年来，许多离开学校的农村青年都早早外出打工。由于父母等亲人不在身边，不能"耳提面命"，无法时时提醒督促，故而，外出农村青年的价值观培育问题必然就成了一个不可忽视的社会问题。在此形势下，为促进广大青年农民健康成长，构建和谐社会，无论是在社会公德教育方面，还是在普法教育方面都重视青年农民的价值观培育问题。对外出青年农民而言，其价值观的影响因子虽然较多，也自有特殊之处，但从本质上来说，最主要的影响因子仍然是家庭环境与社会环境。因此，除了企事单位和社会要注意培育广大青年积极向上的理想信念，为他们提供一个健康的成长环境之外，家庭教育与引导也不能缺失。一个人的成长虽然深受其生活环境的影响，但幼年所受教育的影响也不容忽视。因此，在新农村建设中，我们也应该重视家庭教育的重要意义。为此，不仅要重视对青少年的培养与教育，而且家庭教育永远都不应该缺失，即使孩子远离父母，家人也要尽到提醒、劝戒、预警和正面引导的作用。为有效地开展家庭教育，我们不仅可以发掘当代公民教育中有关家庭美德教育的文化资源，也可以发掘传统优秀文化中有关家庭美德教育方面的宝贵资源，正面引导，反面警戒，帮助广大外出青年农民朋友把握好自己的人生之舵。

　　包括孝文化在内的中华传统文化虽然在当今时代不无消极落后的因素，但其中也不乏有当下价值的部分。因此，在家庭和社会教育中，我们也可以从中选取有现实意义的素材，古为今用，深入推进当代文化建设、家庭美德教育和社会公德教育。《中共中央关于深化文化体制改革　推动社会主义文化大发展大繁荣若干重大问题的决定》（2011）指出："优秀传统文化凝聚着中华民族自强不息的精神追求和历久弥新的精神财富，是发展社会主义先进文化的深厚基础，是建设中华民族共有精神家园的重要支撑。要全面认识祖国传统文化，取其精华、去其糟粕，古为今用、推陈出新，坚持保护利用、普及弘扬并重，加强对优秀传统文化思想价值的挖掘和阐发，维护民族文化基本元素，使优秀传统文化成为新时代鼓舞人民前进的精神力量。"[1] 当前，我们要利用社会主义文化大发展和大繁荣的契机，着力办好媒体农村版和农村频率频道，加大孝文化的宣传教育力度，使孝文化真正融进农民的心中，让尊老、敬老、养老成为一种社会风尚。

　　为此，在新农村建设中，我们可以从以下四个方面通过孝文化教育，去培育青少年思想品德：首先，尝试将《弟子观》、《三字经》、《千字

---

[1] 《中共中央关于深化文化体制改革　推动社会主义文化大发展大繁荣若干重大问题的决定》，2011 年 10 月 25 日，新华网（http://news.xinhuanet.com/politics/2011 – 10/25/c_122197737_ 5.htm）。

文》等作为启蒙教育和小学教育的内容，并通过老师深入浅出的讲解和学生体会感悟，让"孝"的种子植根于孩子的心灵深处。其次，父母为子女作出好的表率，行为示范。父母的言行必将深深影响自己的子女，并被子女仿效，诚如民间谚语"廊檐水向窝窝里滴呢"说的就是这个意思。因此，父母想让子女将来孝敬自己，那么他们就应孝敬自己的父母，以给孩子做出榜样。否则，可能适得其反。再次，父母在日常教育中还要不断地强化孝道教育，让子女时刻能感知到孝文化的熏陶，例如，陕西省渭南市韩城党家村许多村民的门楣或房子醒目的位置上都刻有隽永、苍劲的"孝弟（悌）"二字，意在勉励子孙孝敬父母，亲近兄长。在门庭楹联上，也经常写道："孝敬仁义，百行之首，行之而立，身之本也。"强调"孝敬"是"百行之首"、立身之本。最后，要有效利用现代媒体及乡村文化娱乐活动等载体，宣扬孝文化，弘扬主旋律，让孝文化接地气，使广大农民尤其是青年农民从内心深处认同孝文化。

（四）加大普法宣传，在农村社会治理中将法治与德治相结合

解决农村养老问题不仅需要提高广大农民的思想认识和尊老爱幼的自觉性，还"要把尊老、敬老、爱老上升到规章制度、法律等层面上来，并作为社会公德，让人们共同奉行、信守。老年人的问题现已成为人类发展所面临的不可忽视的大问题，为使老年人得到社会的敬重和照顾，老有所养、老有所安、老有所乐，世界上不少国家都制定了相应的法律法规。作为素有孝敬老人、崇仁博爱、礼仪之邦的中国，不仅要传承这种优秀文化，同时也要完善尊老、敬老、爱老的法律法规。解决农村养老问题，除了加强对全社会的尊老、敬老的宣传教育，弘扬中华民族尊老、敬老、养老的传统美德外，在依法治国的今天，还要依靠完善法制。但是，我国到目前为止还没有一部单独的农村养老法，有关农村养老的问题散见于《婚姻法》《老年人权益保障法》《继承法》《保险法》《民法通则》等之中，这种分散的表述方法不仅容易造成彼此的不协调，而且影响到农村养老制度的制定与实施。依法养老，建立和完善老年人权益保障法规体系，维护老年人合法权益，是保障农民养老的最为有效的措施之一。因此，完善养老立法，加大执法力度。动用法制手段，规范人们的养老行为，强化

人们的养老意识是非常必要的"①。

　　文化是民族的血脉，是人民的精神家园。优秀传统文化凝聚着中华民族自强不息的精神追求和历久弥新的精神财富，是发展社会主义先进文化的深厚基础，是建设中华民族共有精神家园的重要支撑。孝文化是中华传统文化的重要内核之一，我们需要不断挖掘中华优秀孝文化的当下价值，使其在新的时代焕发新的魅力，助力于社会主义新农村建设。

---

　　① 杨力新：《孝文化对社会主义新农村建设的影响研究》，硕士学位论文，山东农业大学，2009 年，第 44 页。

第五章　宗族文化在社会主义新农村建设中的价值与作用

第一节　宗族文化与村民自治

改革开放以来，中国广大农村普遍推行以村民自治为主体的基层民主制度。尽管如此，但由于宗族传统在中国具有悠久的历史，因此，在当前的农村社会治理中，宗族文化仍是不可忽视的影响因子。在社会主义新农村建设之际，宗族势力的发展必然对村民自治和基层民主政治建设产生影响。也就是说，农村宗族文化对社会主义新农村建设的影响必然是新农村建设要面对的课题。既然如此，那么，我们就必须要认真分析相关现实情况，力争将宗族文化的负面影响降到最小程度，将其当代价值发扬光大，使其在社会主义新农村建设中发挥更多的积极作用。

一　宗族及其文化特征

宗族是以血缘关系为纽带的人群集合，其聚落有大有小，大的聚落往往被称为族群，小的聚落往往被称为家族。一般情况下，一个宗族往往是一个姓氏。当然，也有一个宗族包含多个家族甚至多个姓氏的情况。族谱与祠堂既是宗族非常重要的文化符号，也是宗族认同的重要依据。宗族在中国出现得比较早，其历史非常悠久。"据学者研究，中国宗族的发展可以分为四个阶段：第一阶段，是周朝到秦朝之间的君主宗族制。在周朝，宗族组织绝大部分存在于上层社会，平民阶层中只存在少量的宗族团体，都很弱小并且依附于贵族宗族。由于周朝实行的是宗法制和分封制相结合的政治制度，周王室是大宗，天子是大宗宗主，诸侯是小宗，在自己的诸侯国里既是宗主也是国君，但都以天子为共主，小宗必须服从大宗，这种大小宗法制度实现了'宗统和君统的统一'，这'表明宗族制和政治完全一致.'第二阶段,是秦朝到隋唐的世族、士族宗族制。这个时期宗族的成分更为丰富,除了皇族、贵族之外,逐渐出现了秦汉时期的世族、魏晋南北朝时期的士族等拥有政治特权的宗族。同时,宗族的民间化趋势也开始显露,寒人宗族、义门宗族等平民宗族走上政治舞台。南朝时期,一些寒人宗族出身的权贵开始向统治阶级要求士族地位,要求在政治上拥有发言权。另外,宗统与君统的相互分离,使得皇权不能再随意支配宗族,这为宗族的快速发展提供了较为宽松的环境。第三个阶段,是宋元时期的官僚宗族制。这个时期的官僚很重视宗族势力的发展,如范仲淹等人开设宗族义庄进行宗族互助,欧阳修编写《欧阳氏谱图》开创私修宗谱先河,司马光编写《家范》用于宗族教育等都表明官僚与宗族之间在不断地融合。这些官僚很多都是平民出身,由科举入仕,他们为官之后积极发展宗族势力,促进了宗族民间化的进程。第四个阶段,是明清以后的平民宗族制。这个时期,宗族在民间大规模发展,一般的农民、商人都能成为族长,宗族积极参与农村公共事务,平民族人积极参加各项宗族活动,宗族公有经济也得到了发展,为宗族的长期发展提供了保障,宗族进一步呈现民间化、群众化的发展态势。"[①] 有人说,20世纪以来尤其是新中国成立以来宗族已趋于瓦解,其实不然。中国大陆在20世纪60年代以前的经济欠发达时代,农村地区的许多村落,也往往是以一个姓氏为主,大的宗族居住地甚至还形成村庄或集镇。不仅如此,很多地名也源自宗族聚落,如北方地区的王家庄、田家庄、毛家庄、赵家庄、李家庄、张家村、孙家村、索家村、边家村等。21世纪以来,远离中心城市的农村地区尤其是山区,仍旧存在以宗族聚居为主的村落。

在不同地区、不同时期,宗族的具体状况虽然不尽相同,但从相关资料和宗族自身的发展历史和活动状况来看,血缘关系、共同的祖先、集群而居、相互依赖和宗族规约等因素都属于宗族的基本特征。这些特征既是宗族认同的重要依据,也是宗族内部普遍认可的行为规范。《孟子》曰:"死徙无出乡,乡由同井,出入相友,守望相助,疾病相扶持,则百姓亲睦。"(《孟子·滕文公上》)孟子认为,无论国家大小,官吏都要勤于政务,农民则要勤于务农。不仅如此,每个人都要有必要的生存保障。死葬

---

① 贺欣:《宗族势力影响下的我国村民自治问题研究》,硕士学位论文,湖北大学,2012年,第9—10页。

和搬迁都不离开本乡范围，乡里的田都是井田制，人们出入劳作时相互伴随，抵御盗寇时互相帮助，有疾病事故时互相照顾，只有这样百姓才能友爱和睦。显而易见，在孟子看来，宗族成员集群而居、互相协助与共同应对风险则是人们和睦友爱的重要保证。

关于宗族的社会功能，贺欣认为是组织协调和文化教育功能。"所谓组织协调功能，就是指宗族以血缘为纽带、以宗族组织为载体、以广大族众为基础，在族内动员社会力量、组织互助合作和各种活动的功能等，同时以宗族权威和宗族规约为基础，协调宗族内部关系、调解宗族成员之间的纠纷等。宗族的文化教育功能是指宗族通过修祠堂族谱、祭拜先祖、学习族规祖训等形式多样的宗族活动，对宗族成员进行教育，传承宗族礼仪习俗，激发宗族成员的道德感和归属感。宗族势力一直以来都是中国农村社会的重要组成部分，它是宗族组织在农村生活中形成的一种非正式的社会力量，依照血缘对地缘的整合原则构成，呈现出村落和宗族一体性的特点。在中国社会漫长的发展过程中，宗族势力陆续完善了族谱、祠堂、族长、族规祖训等诸多要素，开始保持一种稳固的状态，并在明清时期走入国家的正式体制中，成为乡村政治制度的重要组成部分。在乡村，大的宗族人多势众，在调解争端、维护治安、保护乡土等方面具有较大的话语权和决策权。为了促进乡村的发展，宗族还注重对成员进行教育培养，积极发展宗族公共福利事业等，促进了宗族势力的进一步壮大。明清以来，强大的宗族势力渐渐得到了统治阶级的认可，在与国家政权的博弈中取得了平衡。"由于宗族也是一种集权制管理方式，因此在封建社会，统治阶级便常常将宗族势力视为其专制统治的重要依靠力量之一，并常常把族长看作其在乡村治理中的"代理人"，以便政府的权力和旨意得到贯彻执行。

新中国成立以来，特别是人民公社化运动之后，随着"一大二公三纯"经济体系的确立，国家政权对农村地区实现了有效的管理，农民也被纳入了公社组织之中，加之"文化大革命"期间对宗族及其势力的打击，致使原有的宗族势力被严重削弱，甚至处于"衰退"之态。改革开放之后，随着家庭联产承包责任制的实行和公社组织的解体，农村的组织管理工作出现了一些薄弱环节。在这种情况下，农民的集体观念受到了一定程度的弱化，其独立性和自主性得到了极大的张扬。尽管如此，族群关系仍然是广大农民非常重视的一种人际关系。在农村地区，婚丧嫁娶等事宜常常缺乏专门的从业人员，因而，很多时候需要自己亲自打理。由于这些工作都需要大量的帮手，在分产到户尤其是大量农民常年外出务工的情况下，依赖亲戚朋友就成了惯例。因此，每当遇上婚丧嫁娶等事宜时，挺身而出的总是同一宗族的人。宗族成员之间的相互协助，不仅加强了他们的凝聚力，也无疑会强化他们的认同感。此外，稼穑与房屋建造等生产劳动中的帮工和赠送礼金等行为也常常以宗族为纽带，这些活动也能体现并增强他们的向心力。尤其在逢年过节的时候，宗族成员共同祭奠祖先，甚至到祠堂参加祭拜仪式，无疑能体现并增强宗族的凝聚力。从这个意义上来说，宗族及其势力在当今农村仍然广泛存在。我们在调研中也发现，家族势力仍然是当今关中农村地区不可忽视的一种势力。尽管宗族势力的存在有利于增强广大群众尤其是宗族成员的凝聚力和向心力，但是随着宗族势力的不断壮大，也难免会产生一些负面影响。在很多问题上，宗族势力总是以本族利益为先，如此一来，便难免会导致诸多不公正、不和谐现象。例如，宗族势力往往会站在自身利益的立场上看待身边发生的事情，甚至会影响农村矛盾纠纷调解的公平性与村民选举的公正性。有些宗族势力往往会依仗人多势众，对单门独户欺压、蔑视。有些宗族为了确保自己的族人担任村干部，常常在选举中一边倒，更有甚者，在选举前还可能动用其影响争取其他村民的选票。如此一来，宗族势力无疑会影响选举的公平性。此外，为了本族利益，宗族势力之间有时也难免明争暗斗，甚至会出现械斗群殴的现象。农村宗族势力的这些负面影响，既不利于广大农村形成文明乡风，也不利于农村社会的和谐与稳定。因此，在新的时代背景下，我们既要大力发挥宗族文化的积极作用，又要尽力规避其负面影响，依法推进村民自治，全面建设"富裕、文明、和谐、民主"的社会主义新农村。

二　村民自治及其面临的某些问题

"自治"一词，《汉语大词典》解释为："自行管理或处理。"《辞海》解释为："自己管理自己。"由此可见，"自治"即"治自"，是反身代词"自"作宾语而前置。村民自治，简而言之就是广大农民群众直接行使民主权利，依法办理自己的事情，创造自己的幸福生活，实行自我管理、自我教育、自我服务的一项基本社会政治制度。1982年《中华人民共和国宪法》首次使用了"村民自治"一词，其第三章第五节第一百一十一条明确规定"城市和农村按居民居住地区设立的居民委员会或者村民委员会是基层群众性自治组织"。1982 年以来,《中华人民共和国宪法》分别在 1988 年、1993 年、1999 年、2004 年和 2011 年进行过一定程度的修订,但有关村民自治的规定却一直没有改变。由此可见,村民自治是中国基层政权组织建设的一项长期政策,并以国家大法——《宪法》的形式给予确认。为落实《宪法》有关"村民自治"的法律精神,保障广大群众依法办理自己的事情,切实实行村民自治,推动农村基层社会主义民主政治建设,促进农村社会主义物质文明和精神文明建设的协调发展,1987 年全国人大常委会审议并通过了《村民委员会组织法》。《村民委员会组织法》是关于农村村民自治的一部专门性法律,于 1987 年 11 月 24 日经第六届全国人大常委会第二十三次会议审议通过并公布,于 1988 年 6 月 1日起试行。1998 年 11 月 4 日,第九届全国人民代表大会常务委员会第五次会议审议通过了《中华人民共和国村民委员会组织法》,并由中华人民共和国主席令第 9 号公布,自公布之日起施行。2010 年 10 月 28 日,第十一届全国人民代表大会常务委员会第十七次会议审议通过了《中华人民共和国村民委员会组织法》修正案,并于公布之日起施行。

法律虽然赋予了村民自治权,但并不意味着村民就可以我行我素。《中华人民共和国村民委员会组织法》总则第一条就明确指出,制定《村民委员会组织法》的目的是"为了保障农村村民实行自治,由村民依法办理自己的事情,发展农村基层民主,维护村民的合法权益,促进社会主义新农村建设"①。也就是说,村民自治虽然要充分发扬民主,充分保障村民当家作主的权利,但依法办事却是一条最为根本的原则。不仅如此,村民自治还要以村民委员会为依托去实现。因此,村民委员会在村民自治中发挥着重要的作用。《村民委员会组织法》总则第二条明确界定了"村民委员会"的性质及其职能,"村民委员会是村民自我管理、自我教育、自我服务的基层群众性自治组织,实行民主选举、民主决策、民主管理和民主监督。村民委员会办理本村的公共事务和公益事业,调解民间纠纷,协助维护社会治安,向人民政府反映村民的意见、要求和提出建议。村民委员会向村民会议、村民代表会议负责并报告工作"②。为了保障村民委员会群众自治组织的性质,《村民委员会组织法》总则第三条与第五条还

---

① 《中华人民共和国村民委员会组织法》,《人民日报》2011 年 2 月 14 日第 16 版。
② 同上。

明确规定："村民委员会的设立、撤销、范围调整，由乡、民族乡、镇的人民政府提出，经村民会议讨论同意，报县级人民政府批准。乡、民族乡、镇的人民政府对村民委员会的工作给予指导、支持和帮助，但是不得干预依法属于村民自治范围内的事项。"①

关于村民委员会的组成，《村民委员会组织法》第二章第六条与第七条明确规定："村民委员会由主任、副主任和委员共三至七人组成。村民委员会根据需要设人民调解、治安保卫、公共卫生与计划生育等委员会。村民委员会成员可以兼任下属委员会的成员。人口少的村的村民委员会可以不设下属委员会，由村民委员会成员分工负责人民调解、治安保卫、公共卫生与计划生育等工作。"② 村民委员会由村民直接选举产生，选举村民委员会也是广大村民实现村民自治与当家作主权利的重要途径。因此，《村民委员会组织法》第三章第十一至第二十条明确规定了村民委员会产生办法："村民委员会主任、副主任和委员，由村民直接选举产生。任何组织或者个人不得指定、委派或者撤换村民委员会成员。"村民委员会成员每届任期三年，届满应当及时举行换届选举。村民委员会成员可以连选连任。"村民委员会的选举，由村民选举委员会主持。村民选举委员会由主任和委员组成，由村民会议、村民代表会议或者各村民小组会议推选产生。村民选举委员会成员一旦被提名为村民委员会成员候选人，就应当退出村民选举委员会。"③ 当村民选举委员会出现空缺时，按照原推选结果依次递补，也可以另行推选。候选人由村民选举委员会从登记参加选举的村民中直接提名，也可由村民提名。除被依法剥夺政治权利的人之外，凡"年满十八周岁的村民，不分民族、种族、性别、职业、家庭出身、宗教信仰、教育程度、财产状况、居住期限，都具有选举权和被选举权。村民过半数投票，选举方才有效。候选人获得参加投票的村民过半数的选票，始得当选。当选人数不足应选名额的，不足的名额要另行选举。另行选举时，第一次投票未当选的人员得票多的人为候选人，以得票多的当选，但是所得票数不得少于已投选票总数的三分之一。选举实行无记名投票、公开计票的方法，选举结果应当场公布。选举时，应设立秘密写票处"④。

---

① 《中华人民共和国村民委员会组织法》，《人民日报》2011 年 2 月 14 日第 16 版。
② 同上。
③ 同上。
④ 同上。

无法到现场投票的选民可以委托他人投票，但村民选举委员会应当公布委托人和受委托人的名单。

村民会议与村民代表会议是村级议事机构，也是决策机构。村民会议参加人员由有选举权的村民组成，村民会议由村民委员会召集，参会人数不得少于应参会人数的三分之二，否则不得召开。在不便召开村民会议的情况下，可由村民推举代表召开村民代表会议。《村民委员会组织法》第四章第二十三条、二十四条与第二十七条明确规定："村民会议审议村民委员会的年度工作报告，评议村民委员会成员的工作；有权撤销或者变更村民委员会不适当的决定；有权撤销或者变更村民代表会议不适当的决定。村民会议可以制定和修改村民自治章程、村规民约，并报乡、民族乡、镇的人民政府备案。"① 此外，土地承包经营、村级发展规划制订及集体资产处分都要经过村民会议的讨论审议。《村民委员会组织法》明确规定，村民委员会要遵循民主决策机制和公开透明的工作原则，依法履行自己的职权，并接受村民的监督。当村委会成员出现严重失职或违法违纪时，村民有权向上级部门检举。五分之一或三分之一的村民联署就可以提出罢免村委会成员的要求。只要有半数选民参与投票，并经参加投票选民的半数通过，即可罢免相关人员的职务。

发端于20世纪80年代初期的村民自治与家庭联产承包责任制一样，也是党的十一届三中全会以来农村改革的重大成果之一。关于村民自治所取得的成效，主要体现为"四个民主"（民主选举、民主决策、民主管理、民主监督）的落实。第一，民主选举明显优化了村委会班子结构，提升了村组干部的竞争意识，加强了其工作的积极性和主动性。第二，农村的民主选举制度、民主决策制度、民主监督制度和民主管理制度已初步建立。第三，提高了广大农民的政治觉悟，强化了他们的主人翁意识。目前，村民委员会在中国农村的广大地区已普遍建立，村民委员会换届选举也已常态化。根据法律规定，村民委员会必须由村民直接选举产生，并接受群众监督。村委会成员仍然是农民身份（公务员兼任除外），而不是公务员身份。村委会在管理本村事务与调解民事纠纷时，都要通过民主协商进行，而不能采取强制措施。不仅如此，村民委员会的工作报告、财务收支状况与经济社会发展规划也要经过村民大会或村民代表大会审议，甚至

---

① 《中华人民共和国村民委员会组织法》，《人民日报》2011年2月14日第16版。

村民大会还可以撤销或变更村民委员的不当决定。总而言之，村民委员会的一切权力既来之于广大村民，又要自觉接受广大村民的监督。在合法的前提下，广大村民以村委会为依托可以自主决定本村的事务。在"村民自治"中，自治的主体应该是村民，而不是村民委员会，因为村民委员会也是村民自主选举的。尽管村民委员会是一种基层群众性自治组织，但在现实中，它却存在着双重角色。虽然村民委员会由村民选举产生，并要接受广大村民的监督，但这并不意味着村民委员会完全听从村民指导与监督。除村民之外，村民委员会的工作还要接受上级机关即乡镇或街道办事处的指导与监督。不仅如此，乡镇或街道办事处还常常给村民委员会分配一些任务，更有甚者，乡镇的很多工作还必须依靠村民委员会去落实，如计划生育、维稳、税费收缴、新农村建设、土地承包经营、低保评定及各种数据统计等工作。因此，在现实中，村民委员会无疑就具有了双重角色。村民委员会虽是一种群众性自治组织，但它又常常分担了上级部门的一些行政性事务。在这种情况下，人们有时难免会感到村民委员会好像是政府部门的代言人或是政府机构的一部分，甚至会认为村民委员会也是有实权的组织。

由于村民委员在现实生活中有一定的实权，因而，村党总支书记或支部书记、村长等人难免就拥有一定的实权。一般情况下，村干部既是村组事务的实际管理者，也常常被视为农村致富奔小康的带头人。因此，村干部往往拥有较多的资源优势。首先，他们拥有丰富的人脉资源。在广大农村，上级机关对农村的各项政策、指令常常要通过村民委员会去落实，如各项惠民政策的落实。与此同时，农民向有关部门申办证件、申报批复、报送相关材料，有时也要经过村委会。除此之外，农民与一些企事业单位的往来也难免要通过村民委员会，如企业进驻及其征用土地等事宜。虽然这些事情都无法绕开每一个相关的农户，但村民委员会却常常扮演着中介或调解人甚至村民代言人的角色。因此，一般情况下，与普通村民相比，大多数村干部的社会关系网都比较大。他们不但在政界有较多熟人，在商界也有不少朋友。其次，村干部拥有以权谋私的便利。由于农民与上级机关、企事业单位之间的事务往来往往要经过村民委员会，因此，一些党性修养不高的村干部就难免利用工作之便为自己谋私利，他们常常抢占国家惠民政策的先机或在群众得到实惠的同时使自己得到更大的实惠。经调研发现，因为职务之便，有些村干部长期廉价承包集体土地、村办企业及村委会的房产；有些村干部开着豪车住着豪宅，却吃着低保；有些村干部廉价抢占了集体矿山、牧场与林地，却又享受着国家退耕还林的丰厚补助；有些村干部以长期租赁的方式，把集体土地、矿山、林地等资产变相出让给相关企业，从中不当谋利；有些村干部与开发商狼狈为奸，中饱私囊，不惜损害村民利益；等等。

正因为村干部也存在以权谋私的可能性，所以当前的村干部选举不仅竞争异常激烈，而且还存在不少的问题。"民主选举是村民自治的基础，但自《村民委员会组织法》施行以来，虽然各地相继制定、颁布了实施《村民委员会组织法》办法和村委会选举办法等法规，但对大多数农村来说，真正意义上的村委会选举尚处于起步阶段，对选举全过程还需进一步规范。当前村委会选举中反映出的问题主要集中在行政力量的非法干预、宗族势力的干扰、买卖选票、贿赂选举等方面，而且这种现象有愈演愈烈之势。"[1] 在2002—2006年之间，在韩城市上峪口村曾经就因地方势力干预村主任选举而引发了一系列矛盾纠纷事件。

据北方网报道，2002年12月1日，上峪口村选举产生了以李三（为避讳文中皆以化名"李三"代替）为村主任的新一届村民委员会。上任伊始，李三就拟订了9项工程建设计划，其中，第一项就是依据上峪口村的实际情况制订的小流域治理计划。在随后召开的村民代表、党员、村干部联席大会上，小流域治理工程计划得到了与会者的广泛赞同，并顺利通过。不仅如此，该工程还得到了韩城市政府、韩城市税务局、韩城市环保局的批复，并被韩城市政府定为"百村富民"工程。有了上级部门和广大百姓的支持，李三对该项惠民工程信心倍增。然而，让李三万万没有想到的是，这项工程不但难以推进，还给他带来了巨大的麻烦，引发了一系列的诉讼纠纷，并最终导致其村主任职务被罢免。

当时，小流域治理工程需要占用上峪口村东边高崖下81亩（包括河道）的河滩地，但该片河滩地早在1989年5月18日已经被村民李五（化名）承包，合同约定的承包期限为30年，年承包金仅为10元，当初约定的承包用途为栽树种草。不过，那片地当时已经易主，其用途也发生了重大变化。2002年11月14日，未经村委会同意，李五就擅自将该地转包

---

① 贺欣：《宗族势力影响下的我国村民自治问题研究》，硕士学位论文，湖北大学，2012年，第18页。

给了韩城市上峪口煤矿。于是，该地就被上峪口煤矿法定代表人李某的儿子李四（为避讳用化名"李四"）实际占用，用于堆放煤炭。在这种情况下，要实施小流域治理工程，就必然要收回这片河滩地。为此，上峪口村委会当时向韩城市农村承包合同仲裁委员会申请仲裁，要求终止高崖畔河滩地的承包合同。

2003年4月17日，韩城市农村承包合同仲裁委员会做出韩农合仲字（2003）01号仲裁裁决，终止了上峪口村委会与李五签订的高崖畔河滩地承包合同。2003年4月23日，李五以不服上述裁定为由，将上峪口村委会起诉至韩城市人民法院，要求确认承包协议和转包协议有效。可是，李五随后又主动撤诉，河滩地实际使用人李四也未另行起诉。在此情况下，2003年7月7日，韩城市农村承包合同仲裁委员会向上峪口村出具了韩农合仲字（2003）01号仲裁裁决书生效证明。此后，李三代表上峪口村委会向韩城市人民法院申请强制执行。然而，由于李四阻挠，法院难以执行，因此，那片河滩地依然难以收回。无奈之下，上峪口村委会一纸诉状将李五、上峪口煤矿告上了法庭，李四被作为第三诉讼人，原告要求依法收回高崖畔河滩地。判决生效后，李三代表村委会向韩城市人民法院执行庭缴纳了5万元先于执行保证金，但执行过程依然不乐观。与此同时，韩城市上峪口煤矿及李四不服判决，便上诉至陕西省渭南市中级人民法院。2005年8月24日，渭南市中级人民法院做出（2005）渭中法民一终字第098号终审判决，驳回上诉，维持原判。

在渭南市中级人民法院做出终审判决前，李四就启动了罢免李三村主任职务的程序。罢免大会前一天，即2004年11月15日，李四召集了近50名村民来到自己家中，将30万现金向到场村民一一展示，并声称只要罢免成功，就可以把钱分给大家，并要求村民在中午12点前进入罢免会场。在罢免大会当天，李四自掏腰包在村口设立了一个饸饹（当地一种特色食品）摊子，免费供应村民。2004年11月16日中午12点，罢免大会正式开始。经过统计，大会共433人投票，其中351人同意罢免村主任李三，罢免遂告成功。还没来得及实施小流域工程的村主任李三不得不尊重"民意"，在任期将满前卸任。当天下午，李四就兑现自己的承诺——上峪口村村民从李四手里人均领到了300元的现金。据统计，此次罢免活动，李四共花去人民币309900元。对于发钱的原因，李四后来解释为"图个热闹而已"。罢免大会之后，李三将罢免一事举报到了韩城市民政局。2005 年 1 月 31 日，韩城市民政局做出了答复——上峪口村在罢免村主任的过程中，存在不正当行为，影响了会议投票结果，因此罢免当属无效。尽管罢免活动被宣告无效，但对上峪口村村民来讲，自罢免大会结束的那一刻起，他们就注定要面对将近一年没有村主任的现实。

2006 年 4 月，上峪口村选举委员会成立。2006 年 4 月 16 日，李四向上峪口村选举委员会提出了参选申请。因为李四户口早已迁出该村，2006 年 4 月 17 日，上峪口村选举委员会经研究讨论，以全票通过的方式否定了李四的参选申请。2006 年 4 月 20 日，上峪口村选举委员会以第三号公告的形式公布了该结果。2006 年 4 月 22 日，上峪口村选举委员会公布了村委会主任候选人名单。当时，名单上并没有李四。尽管如此，李四却仍向全体村民抛出了一个个银弹诱饵，并承诺在自己任期内将会给村民发放总额为 230 万元的红利。2006 年 4 月 27 日，选举大会如期举行。当时，有 702 名选民参与投票，李四出人意料地得到了 430 票。选举结果揭晓后，上峪口村选举委员会认为，因李四没有参选资格，故而村委会主任的选举应认定为无效。不过，韩城市第六届村民委员会选举领导小组办公室副主任薛某却认为，选举结果有效，应予认可。2006 年 9 月 6 日，龙门镇第六次村委会换届选举指导小组向上峪口村第六次村委会换届选举委员会出示公函，内容为："经请示上级民政部门，你村 4 月 27 日选举大会，程序合法，对于选举结果，应当尊重大多数群众意愿，承认其当选有效。"时隔 4 天后，2006 年 9 月 10 日，李四即以"上峪口村主任"的身份代表上峪口村起诉原村主任李三，诉讼请求为"要求被告移交公章、合同及账务"。因不满李四利用不正当手段当选，该村第六届换届选举委员会成员曾联名请原村主任李三代为保管公章、合同、账务等印信和资料。因此，在选举结束后，2 年多的时间里，上峪口村的村务交接工作都未能完成。2007 年 1 月，韩城市龙门镇政府针对李三反映的该村选举问题，正式立案并交由民政局办理。①

因新闻媒体没有公开报道韩城市上峪口村选举风波的最终结果，所以因考虑到隐私和避讳问题，我们就不好去追问和深究这件事的最终结局了。不仅如此，从朱文强的《陕西韩城 30 万元罢免村主任事件调查》来

---

① 朱文强：《陕西韩城 30 万元罢免村主任事件调查》，2008 年 4 月 1 日，北方网（http://news.big5.enorth.com.cn/system/2008/04/01/003068968.shtml）。

看，这件事引人深思和关注的也不仅仅是事件的结局，而更为重要的是事件本身及其折射出来的问题。从韩城市上峪口村选举风波来看，村主任的选举在一些地方已经变成了各种力量的角力场，尤其是地方势力和金钱在其中发挥的作用已经到了不能忽视的地步。据《新西部》2008 年第 12 期作者署名为"白墨"的文章《金钱博弈下的龙门村"大选"》介绍，2008 年底，在陕西省韩城市龙门镇龙门村村主任换届选举以前，张姓和王姓两名候选人先后都曾宴请村民。当时，杨姓候选人是前任村委会主任，王姓候选人是一名私企老板。为了击败竞争对手，王姓候选人当时公开承诺：只要他当选为村主任，当选第二天，他保证能给全村每人发放两万元的红利。果不其然，做出承诺的王姓候选人击败了杨姓候选人如愿当选。当选之后，他就拿出了 1300 万元现金，发放给了村民。消息一出，在全国引起了不小的反响。一时间，"天价村官"成了众多媒体热议的话题。2009 年 1 月 10 日，央视《东方时空》也报道了此次选举风波。与此相似，2011 年，在陕北某地村委会换届中，也出现过巨大的选举风波。当时，有村民曾在媒体给省领导写公开信检举其村村委会选举中的乱象。据检举信交代，不仅在选举中出现了贿选的现象，而且还出现了有人在选举前动员甚至胁迫选民给某人投票及失踪多年人员、触犯刑律被羁押人员非法委托投票等严重违反《选举法》的现象。当前，不仅村民委员会选举有时存在一定的不正之风，而且一些地方的村支书与村主任也存在相互"争权夺利"的现象。虽然如郭孝义等人民喜爱的村干部也不在少数，但上述现象仍是不能忽视的。即使上述现象只发生在少数人身上，它的影响也是十分恶劣的。他们的罪恶行径不仅使党和国家的惠民政策大打折扣，而且影响着广大农村的安定团结，影响着新农村建设的实效，影响着和谐社会的建设进程。

三　村民自治中的宗族势力问题及其表现

"社会主义制度确立后，我国农业生产在较长时期内曾实行集体生产，统一经营，统一分配，农民在生活上对集体有较强的依赖性，宗族对其影响较小，故宗族势力是以隐性形态存在。改革开放后，农业生产实行家庭联产承包责任制，分散经营，集体对农民的约束力削弱，农民在生产和生活上对集体的依赖性降低，但对宗族的依赖性有所增强。宗族势力便趁机抬头和发展，并由隐蔽转向公开，其危害性日益严重。宗族作为我国社会中特殊的群体，具有较强的内部凝聚、相互依赖和群体自我保护、对外抗争的意识。在集体生产条件下，集体的利益与个人利益息息相关，人们关心集体的利益往往高于宗族的利益，宗族势力活动缺乏必要的基础。"① 当前，在个人利益被逐步放大，甚至追求个人利益最大化已成为一些人价值诉求的情况下，为壮大自己的实力，宗族成员就难免抱团取暖。于是，宗族势力便成了乡村治理中一种不可忽视的力量。今天，宗族势力在广大农村的影响力十分巨大，并在一定程度上影响着村民自治制度的贯彻施行。由于宗族势力在当今农村有一定的影响力，因此，宗族情感也常常被少数不法分子所利用，甚至有时还会发展成为有目标、有组织、持续进行的某种违法乱纪活动。根据现实情况和相关资料来看，宗族势力活动的存在和发展，难免受历史、政治、经济、文化等多方面因素的影响。与此同时，宗族势力及其活动也可能对特定的政治、经济、文化活动产生影响。因而，在新农村建设中，当前农村地区的宗族势力及其活动特点，尤其是宗族势力的负面影响就不能不引起人们的重视。

当前，在广大农村地区，宗族势力活动及其负面影响主要表现在以下方面：第一，宗族势力往往会干预村民自治工作。在村委会选举、村组干部评议、村组相关制度的制定与执行过程中，宗族势力常常会从自己的利益出发参与相关工作。由于他们人多势众，因此，选举、评议结果及相关制度的出台就难免会受到宗族势力的影响。不仅如此，他们还可能采取多种甚至不合法的手段，干预村民自治工作的正常开展。第二，宗族势力可能会称霸一方。由于宗族势力大，因此，他们不仅会对村组干部造成一定的压力，也会对其他弱小族群或异姓村民造成一定的压力。为了便于开展工作，也为了保住自己的职位，许多村干部在开展工作的时候也往往要顾及宗族势力尤其实力较大的宗族势力的想法。否则，工作就不好开展，甚至危及其竞选或相关政策的落实。不仅如此，势力大的宗族还可能通过操纵选举，把自己不满意的村干部拉下台，把"自己人"推上村干部的职位。在此过程中，弱小族群或异姓村民难免就沦为弱势群体。长此以往，势力大的宗族可能会称霸一方。第三，宗族势力也是影响农村社会和谐稳定的一个重要因素。"宗族势力对外姓势力表现出较强的排斥心理，这种

---

① 陈保亮：《宗族势力活动：一个必须高度重视的社会问题》，《学习论坛》1997 年第7 期。

排斥心理在农村生活的很多方面表现出来，非常容易导致村民之间的对立，影响村民之间的团结。据调查，如果一个村落里只有一个大宗族，没有其他宗族对其构成挑战，那么这个村落就能保持相对的安宁；倘若一个村落里有两个或两个以上的较大宗族，如果宗族之间的事务一旦未处理好，不同宗族之间就会出现矛盾纷争，甚至出现武力冲突。"[1] 不仅如此，一些宗族势力有时还会公然对抗国家的政策法规，对执法机关的正确决定置之不理，甚至对执行公务的人员实施围攻、谩骂、殴打，或软磨久拖，拒不履行应承担的各项义务。更有甚者，当某些人的无理要求得不到满足时，他们可能会秘密串联，煽风点火，聚众闹事，或以集体上访为名，拦车挡道，冲击党政机关，甚至打砸抢，影响极为恶劣。如此等等的现象不仅容易导致人民生命财产蒙受损失的违法犯罪事件发生，使群众之间产生积怨，而且还会严重地影响社会的安全与稳定。纵观30余年村民自治政策的实施状况，我们不难发现，凡是宗族势力较活跃的地区，社会稳定工作的任务就比较艰巨。相反，凡是宗族势力较弱的地区，社会稳定工作的压力就相对较小。为了实现社会主义新农村建设的终极目标，我们要尽可能地发挥宗族势力的积极作用，力争把其消极影响降到最低程度，确保村民自治政策真正落到实处。

第二节　宗族文化对新农村建设的影响

一　宗族文化对新农村建设的积极影响

宗族文化在当今社会虽不无消极影响，但我们也不能因此而忽视其对村民自治及新农村建设的某些积极作用。宗族文化对村民自治与新农村建设的积极影响主要表现在四个方面：

（一）宗族文化有助于协调农村的社会关系

在中国社会发展史上，村民自治制度应该是我国社会治理方式尤其是基层社会治理方式的一项重大变革。村民自治制度不仅体现了国家意志和村民自治权的统一，也体现了基层社会治理中依法办事和因地制宜的统

---

[1]　贺欣：《宗族势力影响下的我国村民自治问题研究》，硕士学位论文，湖北大学，2012年，第19页。

一。村民自治制度使基层社会组织在法律许可的范围内，可以从无差别的制度框架中解脱出来，依靠广大村民因地制宜地处理自己的事务。在全面建设小康社会的历史背景下，农村的基础设施建设和公共事务建设正在如火如荼地加速进行，如交通、水利、住房及社会保障、精神文明建设等都已经取得了丰硕的成果。这些成就虽然离不开国家强有力的支持，但也不全是国家一包到底。甚至，有些项目是在各级政府的积极支持下，村民委员会充分调动广大农民的积极性，大力发挥民间力量的作用，依靠新农村建设的合力推进和完成的。不仅如此，在村民日常关系的协调方面，民间社会作用与力量也是不可忽视的。在村民日常关系的协调中，国家司法机构虽然不能缺位，但乡规民俗的协调作用仍然不能小觑。此外，村与村之间的利益纠葛或矛盾冲突，有时也可以借助当地传统的纠纷处理机制去解决。"我国是一个有着悠久家族传统的国家，'作为传统中国社会的基本结构单元，家族既服务于国家的政权统治又服务于大众的生活组织，远从殷商之始，家族的观念和结构即绵延不绝以至存续达三千余年之久。''中国家庭是自成一体的小天地，是个微型的邦国。社会单元是家庭而不是个人，家庭才是当地政治生活中最基本的单元，在中国农村家族文化仍然发挥着重要作用，广大农村通常由一群群家庭组成的。'由此可见，以家族为单位形成的宗族势力在农村社会中占据着重要地位，在村民日常生活、生产劳动和村落之间发挥着重要作用，其具有增强凝聚力、调解村民矛盾、组织发动村民投身公共事务等功能。换言之，长期以来，我国农村自我管理、自我服务机能的不断完善，很大程度上是在宗族势力的争斗和调节中发展形成的。与此同时，我们知道在村民自治的过程中，宗族势力能够起到提升村民的自治意识、完善村民自治制度建设的作用。"[①] 宗族文化在人际关系协调方面的当下价值与作用，无疑对新农村建设有促进作用。

　　（二）宗族文化也有助于维护社会稳定

　　长期以来，广大农民尤其是北方农民经常是集群而居。因此，村民之间的相互关系往往是农村社会关系的重要内容，甚至是最核心的内容。这种社会关系的维系不仅要依靠国家的法令政策，也要依靠广大农民都认可

---

　　① 贺欣：《宗族势力影响下的我国村民自治问题研究》，硕士学位论文，湖北大学，2012年，第31页。

并具有现实意义的传统习俗。当前，在关中地区的不少村落中，一些德高望重的老人也常常扮演村落内部民事调解员的角色。每当村民发生纠纷时，他们并不一定会立即诉诸法律或寻找政府部门处理，而是接受这些老人的调解。当调解不成时，他们才选择司法途径。尤其是家族内部，族规乡约常常是人们的行为准则之一。在这种情况下，宗族文化与传统习俗在维系农村社会秩序方面的当代价值便凸显了出来。它们不仅能够调解广大村民之间的人际关系，而且通过调解村民之间的人际关系还能达到维护社会稳定的目标。倘若是宗族内部的纠纷，宗族中德高望重的长者的调解效果则更为显著。当族群内部发生纠纷时，那些德高望重的长者常常会根据传统的宗族规约和风俗习惯，提出调解方案或解决矛盾的方法。一般情况下，宗族成员对其族群中德高望重者心存敬畏。因此，只要调节办法不存在明显的偏颇，宗族成员就不会有激烈的反对。只要调节办法合理，当事者常常会欣然接受。即使矛盾冲突发生在宗族之间，也并不意味着一定会发生族群恶斗，双方通过沟通协商处理矛盾冲突也是一种较为普遍的选择。每当矛盾冲突发生时，双方族长或代表往往会主动出面沟通协调。这种沟通协调虽然不一定会平息矛盾冲突，但有时也能起到避免事态扩大化的积极作用。宗族文化不仅有利于广大农村保持治安稳定，维护社会秩序，还有利于共同抵制偷盗抢劫等恶性事件发生。在众多族规中，偷盗、奸淫、抢夺都是明文禁止的。显而易见，宗族文化在维护社会稳定方面仍具有一定的现实意义。因此，在新农村建设中，我们也要重视发掘并发挥宗族文化在维护农村社会稳定方面的积极意义，以促进和谐社会的建设。

（三）宗族文化有助于降低农业生产成本，有助于发展农村公益事业

节约生产成本，提高生产效率不仅是发展农业经济的重要举措之一，也是提高农业生产效益的重要途径之一。"家庭联产承包责任制实行以来，农业生产变成了以单个家庭为单位的生产模式，为了满足生产需要，农民往往需要购买农业机械用于耕作、播种、收割等，也需要购买优良的种子和化肥来提高农作物的产量。由于农耕机械的使用有季节性，故而使用频率不高。如果每个农户都去单独购买，势必会造成很大的浪费，同样在购买种子化肥方面，集体采购会比单独采购的成本低很多。因此，在实际中，宗族往往会组织宗族成员合资购买农耕机械，共同保管、共同使用，也会'团购'种子化肥。如此一来，无疑有效降低了农业生产成本。在发展村落经济的时候，宗族成员的广泛参与，更容易提升工作效率。此

外，由于不用考虑安排住宿等问题，运营成本便相对低廉，因而，就更有利于提升规模效益。此外，在村规民约中，宗族成员往往对发展村落公益事业也负有一定的责任。比如，修筑道路，兴修水利，甚至现在很多农村村口修建的迎宾牌坊，都是农户自发自愿集体建成的，其中宗族势力的影响和号召力是不言自明的。可以看出，宗族势力对农村公益事业的发展有着不可忽视的推动作用。"① 今天，在关中农村地区已经出现了合作经营的农业经济模式。据我们了解，这种合作主要以家族为主体。这种模式应该是当前农业经济一种可行性较高的发展路径，因此，在新农村建设中，我们应注意发掘宗族文化在促进农业经济规模化经营与农村公益事业发展方面的当下价值。

（四）宗族文化有助于培养民众的协作精神

由于宗族成员之间存在一定的血缘关系，因而，宗族成员之间就难免具有天然的向心力和凝聚力。不仅如此，这种影响力对下一代也具有潜移默化的影响。他们在这种环境中生长，就难免耳濡目染宗族规约及宗族成员间和睦相处的美好传统。因而，宗族文化不仅有助于培育团结协作精神，也有益于提高人们的自律意识，并能将这种文化精神推己及人。此外，在宗族内部，还常常存在着互帮互助的良好风气。当宗族成员遭遇不幸或遇到困难的时候，族内的其他成员就可能会提供某种帮助，使其顺利渡过难关。例如，当宗族成员经济拮据的时候，常常能够从宗族中获得帮助。在借贷、承租等经济活动中，一般情况下，选择自己家族内的人作担保可能比较容易。

二　宗族文化对新农村建设的负面影响

对村民自治来说，宗族势力是一把双刃剑。宗族文化对村民自治与新农村建设既有一定的推动作用，也存在不容忽视的消极影响。当前，发挥宗族势力的积极作用，消除其不利影响，无疑是新农村建设的重要任务之一。因此，深入分析宗族势力对村民自治与新农村建设的负面影响及其表现，寻找问题的症结所在，并探寻合理的应对策略，无疑是十分必要的。

（一）宗族文化对新农村建设的负面影响及其表现

1. 对村民自治组织建设的负面影响

---

① 贺欣：《宗族势力影响下的我国村民自治问题研究》，硕士学位论文，湖北大学，2012年，第32页。

"通过民主选举来产生村民委员会是村民自治的一个重要内容。宗族势力利用自己的影响，直接或者间接地干预村民选举，影响村委会的产生，导致很多农村的选举，并不是看候选人的为人和能力，而是看其宗族背景。宗族势力非常强调宗族本位，以宗族利益为先，自然将掌握村民自治权力机构视为宗族利益的重要部分。他们在选举的时候常常以血缘为基础，对宗族之外的人设置选举障碍，并依靠宗族的人多势众，拉帮结派，保证本族的候选人当选。很多宗族里有声望的人物在选举中占据举足轻重的地位，他们有时候的一句话可能会影响选举的方向，因此许多候选人都会去送好处、许承诺、巴结这些有声望的人物，进而寻求得到他们的支持，以达到自己当选之目的。"① 与此同时，由于广大村民在自身素质和民主意识等方面还存在一定的局限性，因而，他们在投票的时候也未必都能做到以大局为重，甚至一些人还可能以自身利益尤其是眼前利益为重要依据。为此，他们在选举的时候，常常会以宗族关系为纽带壮大其影响力。不仅如此，许多村民还把本族成员当选看作一种荣耀，他们甚至认为只有"自己人"当选，他们才能得到更多的实惠。因此，在相关选举中，他们往往会把自己手中的选票投给本族的候选人或本族共同的"朋友"。由于宗族内部便于协调立场，因此，凡是较大宗族势力支持的候选人，其当选的概率必然较大。另一方面，我们也看到，一旦选举结果达不到宗族势力预想的目的时，他们可能会恶意发泄不满，甚至会采取抢选票、抱票箱等无理、无赖的行为，干扰选举的正常进行。不仅如此，近年来，在村委会换届选举中，还出现过一些宗族势力企图改变选举结果的事件。当"自己人"落选时，他们可能会通过组织宗族成员恶意上访等活动，想方设法推翻原有的选举结果，企图进行再次选举，以达到其预想的目的。上述现象虽然只是少数甚至是个案而已，但这些现象给村委会组织建设带来的巨大负面影响还是不能忽视的。

2. 影响村组重大事务的决策和实施

宗族势力对村民委员会换届选举的影响，无非是为了壮大他们的实力。为此，他们有时会千方百计在村委会中安插本家族的人。不仅如此，在村委会干部之间权利分配或制衡中，宗族背景的大小有时也是不可忽视

---

① 贺欣：《宗族势力影响下的我国村民自治问题研究》，硕士学位论文，湖北大学，2012年，第29页。

的影响因子。大宗族背景的村干部往往拥有更多的话语权，小背景或者无背景的村干部往往没有太大的话语权，甚至他们常常还要依附于势力较大的宗族。因此，村组重大事务的决策和实施及许多政策的出台，也可能会受到宗族势力的影响。"村委会制定各项政策的时候，他们都会照顾自己宗族的利益，更多地听取宗族成员的意见，制定出对宗族有利的政策，而往往以牺牲其他村民利益为代价，这样使得政策从出台之初就有失公平。另外，村民会议也是村民自治的权力机构和决策机构，通过村民的共同商讨来决定事务，而宗族在人员数量上的优势，使得他们在村民会议中占据决定性地位。很多政策在村民会议的讨论过程中，会被宗族势力依照自己的利益需求而改变，而宗族之外的其他呼声常常被淹没。如果不顾及宗族势力的想法，那么这些政策就不容易获得通过。"① 不仅如此，村组不少决策的实施也难免会受到宗族势力的影响。尽管上述现象不是很普遍，而且常以较为隐蔽的方式存在并发挥作用，但其社会危害性却是不能忽视的。因此，在新农村建设中，我们要极力规避上述现象及其危害性。

3. 影响村组正常的社会秩序

"基于利益的需求，宗族势力往往会使出各种手段来干扰村委会的正常工作，妨碍各项方针政策的贯彻落实。不仅如此，宗族势力还可能通过对优质资源的占有，逐渐形成一个封闭的'宗族经济联合体'，这个宗族经济联合体排斥外来经营者，即使这些外来经营者拥有优势资源，也进入不了这个市场，这样就使得一些农村市场不能更好地对外开放，商品也不能自由流通。另外，宗族势力也经常会利用自己的优势，抢夺集体资产或企业的承包经营权。"② 此外，宗族势力也会影响农村计划生育工作的正常开展。尽管当前人们的生育观念已发生了重大的变化，广大农民在落实计划生育政策方面已经有了较高的自觉性，但在个别农村地区尤其是偏僻落后地区，计划生育工作仍不好开展，尤其是宗族势力强大的地区。在这些地区，宗族成员间常常相互包庇，相互协助，阻挠计划生育小组正常开展工作，以至于这些地方的超生现象依然比较普遍。上述现象虽然只是个别地方出现的一些偶发事件，但其对当地正常社会秩序的影响及其危害性

---

① 贺欣：《宗族势力影响下的我国村民自治问题研究》，硕士学位论文，湖北大学，2012年，第30页。

② 同上。

却是不容忽视的。因此，在新农村建设中，我们要引以为戒，并尽可能地减小宗族势力对农村正常社会秩序的干扰。

（二）宗族文化在新农村建设中产生负面影响的原因

1. 宗族观念与民主法制意识之间存在着矛盾

受几千年封建思想的熏陶以及长期以来自给自足的小农经济的影响，"中国农民逐渐形成了相对封闭、孤立、守旧的思想模式，民主法制意识和自治意识显得比较淡薄。中国农民大多数存在逆来顺受的心理，习惯被动地去履行义务，而对自己手中的权利不了解、不清楚，对法律知识知之甚少，不懂得运用法律武器去维护自己的合法权益。一旦利益被侵犯，出现了纠纷冲突，诸多农民习惯使用民间习俗、村规民约等道德武器来解决问题、平息纷争。当道德武器没有效果的时候，农民又会去寻求宗族等强硬势力的帮助来维护自己的利益，这种过激行为尤其是非法的势力的介入，往往会引起群殴、械斗等暴力事件，严重影响了农村的稳定"①。

近年来，随着农村治安形势的好转和广大农民法制观念的增强，族群之间的恶性械斗事件已非常罕见。尽管如此，但家族之间的矛盾冲突及其引发的对立还是比较常见的。在广大农村，因浇地灌溉、土地边界、宅基地等问题在个人之间引发的冲突有时也会演变为家族之间的矛盾冲突。在实际调研中，我们了解到，关中地区也存在这样的问题。如果一个自然村存在两三个家族，那么这个村许多集体事务商定就必须要考虑到家族利益平衡，否则，相关决策就不好执行。不仅如此，家族之间有时也难免存在一定的矛盾。家族之间的矛盾有的是因为个人矛盾引发的，有的是因为历史积怨导致的。从现实情况来看，不管是哪一种原因导致的家族矛盾，其实质原因都是家族利益至上。正因为家族成员对家族利益看得比较重，因此，当集体利益和家族利益有冲突时，他们的大局意识往往就大打折扣。再者，由于广大农民习惯于借助族规民约去解决问题，因而，当某个问题涉及不同家族时，不仅不容易达成共识，而且因为双方势力大小等因素的影响，最后结果也很难保证公平、公正。加之，传统族规与习俗不一定符合现代法治精神。因此，宗族观念的存在必然就影响了广大农民民主法治意识的增强。

---

① 贺欣：《宗族势力影响下的我国村民自治问题研究》，硕士学位论文，湖北大学，2012年，第24页。

2. 农民对公众事务的关注度不高，参政议政的积极性还有待提高

改革开放以来，农村发生了天翻地覆的变化，农民的思想也经历了多次洗礼，许多人的观念已经发生了巨大的变化。当前，农民"不再是单纯的农业生产者，不再固守田园自给自足，社会经济的发展让农民的视野更宽，他们的选择也更加多元化，有的外出打工，有的经商做生意，有的自主创业，有的通过求学跳出农门，等等。在多元文化背景下，先富裕起来的工商户和企业主对农民固有思想的冲击最大、影响最深。因而，利益为先、金钱至上的思想便逐渐在农村滋生蔓延，并导致一些农民往往更关心自己的利益，更关心如何赚钱致富，而对村民自治等公共事务常常漠不关心，以至于对集体事务缺乏当家作主的主人翁精神"①。热衷于发家致富并没有错，错就错在顾此失彼或把赚钱当成唯一有意义的事情。一旦赚钱成了人们的唯一目标，一些人难免就常常无暇关心或没有精力关注公众事务。在这种情况下，一些农民不可避免地会产生"人各为己"的心态，以至于不关心集体事务，或不会主动关心公众事务，甚至会认为集体的事情应该是各级干部操心的事情。因此，村民选举在一些农民眼里也被认为是走过场。他们往往对自己的权益不够重视，要么缺席选举大会，要么不珍惜自己手中的选票。更有甚者，有些农民会借助选举牟利，哪位候选人出资多，就将选票变相"卖"给哪位候选人。有些农民还利用选举来拉拢关系，经营关系。在这种情况下，选举难免会失去公平性和公正性。此外，由于不少农民对集体事务漠不关心，以至于广大农民的民主监督权也常常流于形式。因此，一些村干部便利用监督不到位的缺陷，飞扬跋扈，专权霸道，甚至会腐败堕落。近年来，农村腐败问题已经成为一个不可忽视的社会问题。这种现象的出现，与广大农民没有积极发挥自己的监督权和参与权有一定的关系。对这些现象，无论是视而不见、听而不闻，还是选择逆来顺受，抑或用暴力解决问题或消极对抗都是不正确的。只有广大农民都热情关注集体事务并依法行使自己的权利，村民自治的目标才能真正实现。

3. 宗族文化生命力顽强，当今农村的宗族势力仍不可小觑

相比较而言，当今农村的宗族势力虽然已大大削弱，但由于宗族文

---

① 贺欣：《宗族势力影响下的我国村民自治问题研究》，硕士学位论文，湖北大学，2012年，第24页。

化在中国源远流长，因此，宗族文化对中国社会尤其是农村社会的影响在所难免，甚至是长期存在的。中国人具有很深的宗族情结，以至于身份认同和文化认同在国人的心目中具有极其重要的意义。当前，中华民族仍然保持着认祖归宗的优良传统。陕西黄陵因为是中华人文始祖黄帝的安眠之地，因而就成了炎黄子孙的祭祖重镇。每年清明节，政府都会在这里举办大型祭祖活动，海外华人也会蜂拥而至，盛况空前，这无疑体现了中华民族认祖归宗情结的强大凝聚力。另外，河南洛阳市的香山白氏陵园，据说是白居易墓冢所在地，因此，海内外的白氏后代来此寻根者也常常络绎不绝。这些现象都说明了宗族文化强大的生命力与感召力，这种力量是中华民族凝聚力的重要组成部分，具有重大的历史意义和现实意义。

尽管如此，基于个人或家族利益的狭隘宗族观念却是不利于新农村建设的。今天，我国虽然实行的是家庭联产承包责任制，但由于广大农民之间难免会存在利害冲突，因此，一些农民为了个人利益的最大化难免会向宗族靠拢。宗族成员抱团取暖的负面影响很大，甚至会影响村民自治政策的实施。在农村治理中，势力强的宗族往往会对众多集体事务产生强有力的影响，如两委会选举、重大事务表决与集体资产处置等。虽然《村民委员会组织法》对选民的资格认定问题已作出了明确的界定，但实际上，很多地区都主要以户籍作为选民资格认定的标准。因此，无户籍的"外来户"便常常没有机会参与当地的两委会选举。另外，即使有选举与被选举的资格，人数较少的族群，也未必会对选举产生重大影响。也就是说，势力较大的族群往往能对农村两委会选举产生较大的影响。这种现象不仅使村民自治变得更加封闭，而且还可能会出现某些宗族势力长期控制两委会的现象，甚至会出现以强凌弱的现象，如此等等的现象必然不利于村民自治的健康发展。

《村民委员会组织法》规定："村民代表会议可以行使除选举、罢选、制定村民自治章程和村规民约等其他须提请村民会议决策事项以外的职权，它是村民自治重要的执行机构，也是重要的决策和监督机构，与村委会之间存在执行与决策、监督和被监督的关系。从村民代表会议的组成来看，村民代表会议由村民委员会成员和村民代表组成，村民代表由村民按每五户至十五户推选一人，或者由各村民小组推选若干人。"① 村民代表会议制度"是我国民主集中原则在村民自治中的又一体现，村民通过推选代表，将自己民主的意愿集中起来进行决策，实现对村民自治的参与。那些文化素质相对较高、积极性强、有村民自治实践能力的村民代表，不仅能代表自己的意愿，而且能够很好地代表村民意愿，为村民自治的决策和管理工作提供意见和建议，并形成与村委会良性互动的效果。与此同时，他们能够对村委会的工作、财务收支等情况进行更好的监督，合理判定村干部的工作成绩，促进民主监督体系的进一步完善"②。尽管村民代表会议制度的初衷是为了让广大百姓更好地实施当家作主的权利，但由于宗族势力的影响，在现实中，村民代表大会有时也难免被人利用。一方面，势力强的宗族可能会控制村民大会或村民代表大会，使势力小的族群或其他个人的作用不能得到更好的发挥，他们的意见或建议也可能得不到主张。在这种情况下，受势力较大宗族支持的干部很可能对群众的呼声就置若罔闻，便容易养成官僚主义作风。另一方面，一些势力较大的宗族还可能借助民主选举或召开村民代表大会的机会罢免不偏向他们的某个村干部或否决不能使自己利益最大的某些议案。在这种情况下，无论是一些立场不坚定的村干部，还是一些势单力薄的村民甚至势力较小的族群，为了自身利益的最大化，他们也可能会顺应势力强大的宗族，而不敢公开与其叫板。面对这种情况，势力强大的宗族常常会利用其人多势众和村民的畏惧心理，逐渐扩大自己的影响力，甚至称霸一方。这种"强势家族"在广大农村并不罕见，他们有时难免会用不正当甚至违法乱纪的手段扰乱农村的正常秩序，常常会给村民自治工作带来一定的负面影响。因此，在新农村建设中，我们要尽可能减少甚至杜绝此类问题的发生，以确保村民自治政策真正落到实处。

第三节　在新农村建设中增强宗族文化积极作用减小负面影响的方法路径

　　为了有效地落实村民自治政策，并构建和谐文明的社会主义新农村，

---

① 《中华人民共和国村民委员会组织法》，《人民日报》2011年2月14日第16版。
② 贺欣：《宗族势力影响下的我国村民自治问题研究》，硕士学位论文，湖北大学，2012年，第28页。

我们就不能忽视宗族文化对新农村建设的影响力，因为如前文所述，其正、负面影响是现实存在的。在此形势下，我们务必要科学地看待宗族势力的影响——既不能过分夸大宗族文化的积极作用，也不能过分夸大其消极作用，而要实事求是地分析宗族文化，在此基础上，去发掘其当下意义，摒弃其落后因素。此外，在深入发掘宗族文化当代价值的同时，我们还要大力提升农民的科学文化素质，从多方面着手提升社会主义新农村建设的质量。基于上文对村民自治和宗族文化相互关系的分析，我们认为，在新农村建设中探索发挥宗族文化积极作用的途径与方法是非常必要的。

一　取其精华，去其糟粕

我国是一个拥有丰富文化积淀的国度，几千年的文化积淀，注定了我们与传统文化有着千丝万缕的联系，也注定了我们无法断然切割现在与过去的联系。因此，我们必须正视传统文化，在总结历史经验的基础上去谋划未来。宗族文化与新农村建设的关系亦是如此，我们必须重视宗族文化中的精华部分对推动村民自治和新农村建设的积极影响。我国有很多优秀的传统美德，如勤俭持家、仁义诚信、邻里和谐、夫妻和睦、兄弟亲善、扶危救困等。这些优良传统作为中华民族异常珍贵的精神财富，早已融入了中华文化的血脉之中，并成为中国人安身立命的重要准则。因此，不少宗族还将其写入了自己的族规之中，如党家村家训。陕西省韩城市党家村有两大宗族——党家与贾家，他们都将上述传统美德通过各种方式纳入到了自己的族约之中，并用其教育本族成员。无论是从历史记载来看，还是从现实情况来看，他们的教育方法都取得了显著的成效。在社会主义新农村建设的时代背景下，党家村党、贾两大家族的经验无疑有一定的现实意义和推广价值。当前，发掘并光大传统美德的现实意义，已经成为社会主义精神文明建设的重要路径之一。因此，在新农村建设中，对于有现实意义的族规、家风，我们也要大力弘扬。与此同时，对于不合理、消极落后的族规、家风，我们也要勇于变革。只有广大百姓在日常生活中能够自觉践行社会主义核心价值观，新农村才能成为真正意义上的"新农村"。近年来，我国非常重视文化遗产尤其是具有鲜明地方特色的民俗文化的抢救和保护工作。经调查发现，宗族及其文化活动对文化遗产和民俗文化的传承发挥着相当重要的作用。当前，在很多地方，各种各样的宗族文化活动尤其是民俗活动在传承当地民间文化方面仍然功不可没。如秦东地区一些农村的"灯芯子"和舞狮子等活动，大都以家族为单位，家族成员往往是核心成员。另外，秦东地区的地方戏，也常常与宗族文化不无关系。由此可见，在社会主义新农村建设中，要想更好地继承和发扬传统文化，尤其是具有鲜明地域特色的文化遗产和民俗文化，宗族文化的作用就不可低估。

除了延续文化血脉之外，宗族文化对乡村秩序的协调维护作用也必须得到重视。纵观30余年的村民自治得失，我们不难发现，在农村社会中，"法律并不是作用最明显和最有效的控制和协调工具，几千年发展延续下来的宗族规范和行为准则，往往比法律等工具更具有效果。因此，许多专家将宗族势力视为农村社会的主要维护力量。我国农村要实现真正的法治化，可能还需要一段较长的时间，在这之前，我们有必要对宗族文化进行改良，使其为村民自治服务。近年来，有学者将宗族规范称之为'民间法'，认为用这种性质的宗族制度来解决一些民间纠纷是十分有效的"[①]。从现实情况来看，宗族规约有利于调解民间矛盾的说法有一定的道理。在一定程度上，宗族文化常常能够弥补农村地区法律制度落实不到位的缺失，甚至族规、族约等宗族文化还是村规、村约的补充力量，它们共同为新农村的稳定奠定了坚实的基础。总之，宗族文化在今天依然存在一定的现实意义。当然，宗族文化给新农村建设带来的不全是正面影响，如前文所述，宗族文化本身也存在诸多与当今社会不相适应的地方。因此，在新的时代背景下，我们要去粗取精，趋利避害，使传统宗族文化更好地为新农村建设服务。

二 促进农村经济社会发展，弱化宗族势力的影响力

因经济基础决定上层建筑，故而夯实经济基础，也是新农村建设的重要任务之一。我国当前仍处于社会主义初级阶段，大多数农民的物质生活还不是特别富裕，于是，不少农民对经济利益的关注度仍比较高。因而，经济利益纠纷往往是当今农村最主要的纠纷之一，也是宗族势力干预村民自治的主要原因之一。因此，在新农村建设中，我们务必要促进农村经济社会健康、快速地发展，让广大农民在经济上能够摆脱对别人的过度依

① 贺欣：《宗族势力影响下的我国村民自治问题研究》，硕士学位论文，湖北大学，2012年，第34页。

赖，使他们真正富裕起来。只有让广大农民较快地富裕起来，让其物质生活得到极大丰富，广大农民应付各类风险的能力才能得到切实加强。也只有这样，广大农民才能真正摆脱对宗族势力的依赖，村民自治才能真正削弱宗族势力的影响力。当前，农村经济社会发展尤其是城乡协调发展还面临诸多困境。其中，"城乡二元结构是制约城乡发展一体化的主要障碍。必须健全体制机制，形成以工促农、以城带乡、工农互惠、城乡一体的新型工农城乡关系，让广大农民平等参与现代化进程、共同分享现代化成果。要加快构建新型农业经营体系，赋予农民更多财产权利，推进城乡要素平等交换和公共资源均衡配置，完善城镇化健康发展体制机制"[1]。为此，国家正在通过各种渠道，通过一系列切实有效的举措，刺激和发展农村经济，鼓励广大农民大胆地走出家门积极创业。在这种情况下，地缘与血缘的关系已不再是农民人际关系唯一的决定因素。随着交际范围的拓展，广大农民的眼界也随之开阔。不仅如此，广大农民的思想观念也正在经历着前所未有的变化。这些变化，不仅有力地冲击了其宗法观念，而且也有利于他们走出宗族文化的阴影，减少对宗族势力的依赖，增强民主法治观念，走向广阔的社会生活。

因此，经济社会发展仍然是当前农村工作和新农村建设的第一要务。只有农村经济获得了巨大发展并取得相应的成就，村民自治才能拥有坚实的物质基础，卫生医疗、文化教育、水利交通等农村公益事业才能得到大力发展，农民的社会保障才能落到实处，农民才能独立自主地行使自己的权利。当前，农村两委会选举中所出现的诸多舞弊现象虽然原因多种多样，但不少农民容易受金钱利益诱惑或容易屈从某些势力仍是最重要的原因之一。农村经济社会的发展，除了能提升广大农村的自信心和独立性之外，还能提升村干部和村委员会的威望，这在无形之中也会削弱宗族势力的影响力。一般来讲，村干部和村委会的威信越高，农民对村委会和村干部的信任度就越高，广大农民参与村组公共事务的积极性也就越高。在此过程中，广大农民的民主法治意识也会得到提升。此外，我们知道，倘若农村经济得到了快速发展，农民实现了发家致富的目标，那么村组公共事务建设和村组干部的福利待遇也自然会得到相应的提升。如此一来，不仅能激励村组干部一心一意地为村民服务，为村里的发展运筹帷幄、殚心竭

---

① 周文宣：《论市场在资源配置中的决定性作用》，《理论与当代》2014 年第 2 期。

虑，也有利于增强村组干部领导广大村民致富奔小康的主动性，还能切实有效地预防贪污腐败、违法乱纪。十八大报告及十八届三中、四中全会等党的系列文件明确指出，为大力发展现代农业，要加快农村土地承包经营权有序流转，促进农业规模化、集约化、标准化和产业化经营。因此，建立健全"政府引导、市场调节、农民自愿、依法有偿、流转有序、管理规范"的农村土地流转机制，加快农民就业向二、三产业转移，促进农业增效、农民增收和农村经济发展，推进现代农业发展，加速社会主义新农村建设步伐，无疑是今后农村工作的重要任务。在此背景下，随着农村经济社会的快速发展及广大农民物质生活和精神生活的快速改善，我们坚信宗族势力的影响力必将被大大削弱。

三　挖掘优秀宗族文化的当代价值，提高农民的思想文化素质

（一）提升农民的民主法治意识，削弱宗族文化的消极影响

社会主义新农村建设不仅要在物质层面改变广大农村贫穷落后的面貌，还要在精神层面改变广大农民贫穷落后的面貌。在精神文明建设方面，不仅要根除消极落后的思想文化，而且要培育积极向上的思想文化，尤其要加强民主与法制建设。"民主和法制是克服宗族观念影响的良药。我们需要不断挖掘宗族文化的当下价值，加强村民民主意识的培育，促使其从传统的狭隘思想中跳出来，树立正确的世界观和价值观，使其成为村民自治的真正主体。此外，要让农民接触了解到现代政治文化，使其清醒认识到自己是国家的主人，是村民自治的参与者和推动者，清楚了解自己在政治生活中有什么权利，如何去行使自己的权利，掌握基本政治生活的操作技术。与此同时，还要经常性地开展法制宣传教育，改变村民注重物质利益而忽视政治权利、义务的现状。"[①] 因此，我们要结合普法教育、哲学社会科学普及宣传、举办法律讲堂等多种形式，加强法律宣传活动，强化农民法治意识。为此，从根本大法《宪法》到村民自治的相关法律，都要进行广泛的宣传教育，并采取村民喜闻乐见容易接受的形式进行，如文艺演出、电影放映、流动宣传车宣教等方式。在此过程中，尤其要加强对村民选举、决策监督、村民救济等法律知识的宣传教育，让广大农民充

---

① 贺欣：《宗族势力影响下的我国村民自治问题研究》，硕士学位论文，湖北大学，2012年，第33—36页。

分了解自己在村民自治中的权利与义务，以及如何行使权利，怎样履行义务等知识。不断增强广大农民的民主法治意识，不仅是提升农民自身素质的需要，也是削弱宗族文化消极影响的需要，还是推进新农村建设的需要。

（二）汲取优秀宗族文化的合理成分，完善农村治理的相关法律制度

为了减少甚至根除宗族势力对村民自治的不利影响，我们不仅要深入研判传统宗族文化，因地制宜，汲取其合理成分，还要逐步完善农村治理的相关法律制度，为更好地实现村民自治提供有力的法律、制度保障。从当今农村的现状来看，以下工作仍需加强：第一，完善村民选举的法律法规。国家或者地方政府要根据村民选举存在的问题，制定相应的法律法规，进一步规范农村选举法规。如选举法中对两委会候选人的提名方式及其监督办法应作出更为具体的规定，尽可能地避免宗族势力把持村两委会。对选民登记和候选人的资格审查也应作出更明确的规定，对流动票箱与委托选举的审查与监督办法也应具体化，尽可能地避免舞弊。另外，对连选连任也应该有更加具体的法定条件，连任也应该有一定的限度，以避免事实上的终身制。不仅如此，还要尽可能避免连任带来的权力垄断和权力膨胀的问题。选举制度建设方面，一定要加大对拉票、跑票、贿选等违法行为的打击力度，让不合理的选举行为得到应有的惩罚。在此过程中，除乡镇一级政府要选派工作人员到现场监督村干部选举工作之外，还要提升村民自身的民主法治意识，使选举工作公开透明。与此同时，还要建立村干部选举的举报制度和查处制度。第二，在村干部管理方面，要健全村干部岗位目标责任制度和民主监督机制。我们在调研中发现，之所以有些村组干部责任意识不强，干部之间起内讧，以致两委会组织涣散，战斗力不强，关键原因是村组干部岗位目标责任制度和民主监督机制不完善或执行不力。因此，为了加强基层组织建设，我们不仅要完善村组干部岗位目标责任制度和民主监督机制，而且要加强执行力度，以便为新农村建设提供坚强有力的组织保障。第三，汲取优秀宗族文化的合理成分，提升村民的自律意识，建构良好的社会风尚。农村社会治理不仅需要依靠法制手段，还要依靠广大农民的道德自律。因而，中华优秀传统宗族文化中有关优良家风建设的内容无疑具有一定的现实意义。今天，一些乡规民约在乡村社会治理中仍然发挥着积极意义。因此，在新的时代背景下，发掘其当下价值，无疑有利于促进新农村建设。

（三）弘扬宗族文化的优秀传统，大力发展乡村文化教育事业

众所周知，科学技术已经成为第一生产力。在此背景下，广大农民的科学文化素养对社会主义新农村建设也有着十分重要的意义。没有新型农民，就不可能有真正意义上的社会主义新农村。因此，在社会主义新农村建设背景下，我们要大力发展乡村的文化教育事业，为新农村建设提供足够的智力支持。文化教育事业既包括学校教育，也包括家庭教育和社会教育。在家庭教育中，宗族文化往往是重要的素材之一。尽管传统宗族文化存在消极落后的因素，但其也不无合理的部分。在现实中，传统优秀宗族文化不仅有助于培育孩子的协作精神、团队精神，还有益于提升孩子的思想品质。除家庭教育之外，对青少年成长影响比较大的是学校教育和社会教育。

我国早已普遍实行九年义务教育，为了把党的惠民政策落到实处，不仅要切实贯彻执行《义务教育法》，而且要大力支持农村孩子尤其是家庭贫困孩子积极深造，以打破当前出现的"读书无用论"与"农民孩子上升空间小"的论调。这些论调所反映的不仅是某些农村人的悲观心态，而且这种论调还可能引发社会对立情绪。因此，关注和加强农村教育的意义是毋庸置疑的。当前，农村"学校教育要在巩固九年义务教育的基础上，加大对农村学生尤其是贫困家庭的学生在学业上的扶持力度；要大力推广农科知识培训，提高农业生产的科学化水平；要拓展教育培训载体，如开设农民课堂、村级图书馆等。同时，要加强农村文化建设，丰富农民群众的业务生活，摒弃不良习气。要大力实施电视、网络村村通工程，广泛开展科技、医疗、文化三下乡活动，为农民群众带去丰富多彩的科技知识、医疗服务和文艺演出，通过形式多样的文化活动，在农村形成健康向上的文化氛围，将农民的注意力引向公益事业上面，加大对村民自治的关注"①。只有广大农民具有了较高的科学文化素养，人人都能自觉地关注村务建设，并能积极参与村务活动，村民自治的法制化和民主化进程才能如愿以偿，宗族文化的消极影响才能被真正削弱，宗族文化的积极作用才能得到强化。

---

① 贺欣：《宗族势力影响下的我国村民自治问题研究》，硕士学位论文，湖北大学，2012年，第37页。

四　推行大学生"村官"计划，改善农村的政治生态

从我国当前的村民自治现状来看，不少村干部的文化素养还有待提高，民主法治意识也有待加强，这是我国农村最为现实的问题之一。因此，加强村干部教育培训工作，提升其科学文化素养和民主法治意识必然是社会主义新农村建设必不可少的重任之一。只有村干部系统了解村民自治的相关法律法规，准确定位自己的角色，牢固树立公仆意识，村委会才能成为有力的战斗堡垒。与此同时，还要借助大学生"村官"计划的东风，积极引进农村急需的科技人才，提升村干部队伍的科学文化素养和创新能力。当前，我国已经实施了大学生"村官"计划和选调生计划等农村振兴计划，国家领导人多次写信鼓励大学生"村官"，希望他们在农村建功立业，实现自己的理想和抱负，这无疑有利于引导更多大学生致力于农村建设事业。从当前的效果看，大学生"村官"计划效果显著。因此，在社会主义新农村建设中，我们要积极推行国家"村官"计划，在政策允许的情况下，鼓励大学生到基层担任村官，并为他们长期扎根农村提供必要的保障，出台相应的激励政策。大学生"村官"计划不仅有利于提升村干部队伍的整体实力，也有利于弱化宗族势力的影响力，改变某些村组某些家族长期把持两委会甚至村干部"终身制"的现象，还能减轻大学生的就业压力。更为重要的是，大学生"村官"往往能在农村找到实现自己人生价值的广阔舞台。近年来，不少大学生"村官"脱颖而出，已成为当地致富奔小康的带头人，如陕西省大荔县大学生村官拜小玲等。

第六章　民间信仰及其对新农村
建设的影响

在人类社会进程中，植根于理想信念之中的精神力量也对人类历史的发展变革产生了重大影响。对当今中国农民而言，他们的精神力量不仅来自新思想、新文化，也来自传统文化和传统习俗。长期以来，坚持走中国特色社会主义道路的理想信念不仅是实现共同富裕、避免两极分化、确保社会和谐稳定的重要政治保障，也是当今社会主义新农村建设的重要精神动力。社会主义共同富裕的美好愿景是中国农民建设新农村的精神支柱，是他们发挥自身积极性、主动性和创造性的动力源泉。与此同时，植根于农民家庭生活和社会生活的民间信仰，仍具有顽强的生命力。因此，在社会主义新农村建设的伟大实践中，我们一定要坚守主流文化的阵地，培养广大农民坚定社会主义信念，坚持农村民间信仰的社会主义导向，在与非社会主义、非共产主义信仰的斗争过程中，大力发挥优秀民间信仰在当今社会的积极作用，将其正确的信念转化为广大农民群众为全面建成小康社会而积极奋斗的自觉行动。此外，我们还要不断地探索更加有效的实践形式，将社会主义信仰渗透到农民群众的生活方式和生产方式之中，以防范和抵御消极落后的思想在农村蔓延。有消息称，改革开放后，"我国的邪教组织又逐渐发展了起来。20 世纪 80 年代，邪教势力大多在偏远地区活动，90 年代新生邪教多以中心城市为基地扩张，进入 21 世纪，当代邪教势力开始出现国际化的趋势"[1]。在此过程中，邪教组织常常会在广大农村开展活动，以致一些不明真相的农民被邪教组织蒙骗利用。因此，社会主义新农村建设不能忽视民间信仰问题。

---

① 《资讯》，《人民公安》2014 年第 11 期（第 5 页）。

第一节　民间信仰概论

一　民间信仰的基本内涵

"信仰"是指人们对某人、某物或某种主义、学说、理论等的极度信任和景仰，以至在其面前表现出敬畏和依赖感，并神圣地将其奉为自己的行为典范和指南。[①] 人不能没有信仰，没有信仰就如同没有灵魂。因此，广大民众需要有自己尊崇的对象。就人们尊崇的对象而言，既有真实具体的存在物，也有某些超自然的精神性甚至虚幻性膜拜对象，民间信仰中不乏虚幻性膜拜对象。民间信仰既包括在民间流传久远的某些原始宗教，也包括由原始宗教和巫术演变而来的民间迷信及某些风俗习惯即俗神信仰。尽管某些民间信仰与原始宗教有一定的渊源关系，但民间信仰与制度化的宗教却是有区别的。制度化的宗教是自成体系的，有明确的教规教义，而民间信仰往往都是自发产生的，其传承和传播也并不需要更多的组织工作，其传播形式主要为实践活动中的口耳相传。

俗神信仰作为一种非宗教化、非制度化的信仰，是中国民间信仰的重要组成部分。虽然俗神信仰并没有多少详尽的记载，但其在中国却有悠久的历史和深远的影响。俗神信仰是广大民众在历史发展中自发将各种神灵筛选、变换成一定的信仰体系。这种体系并不是整齐划一的，而是相对杂乱的，不管是否与特定的体系一致，只要能符合民众的某种意愿的信仰对象就会被纳入体系之中。就基本情况而言，广泛盛行于广大农村的民间信仰，大多以家族或地域性庙宇为单位，以年祭、庙祭或十分常见的生命周期仪式等为重要表现形式。这些民间活动是民众自发的一种崇拜神灵、观念的行为习惯和典礼仪式。民间信仰活动虽不像正统宗教那样教义严明、组织严密、教规严肃，但它又常常吸收和兼容正统宗教的某些观念与仪式。民间信仰的活动主体是农民，其活动范围主要在农村。民间信仰活动具有生活性、简易性、多样性、历史性和地域性等特点。

民间信仰总有或多或少的历史文化渊源，并呈现出不同的特色。村落

---

① 参见谢金森、张国栋、张鼎如、王福梅：《民间信仰误区的解读与矫正——新时期农民信仰问题的调查》，《福建农林大学学报》（哲学社会科学版）2004年第2期。

及其所属区域的建制沿革、村落的历史文化背景、村落经济的发展状况等
因素，都是影响村落民间信仰活动的重要影响因子。村庄建制沿革不仅能
体现村落的历史进程，也折射当地民间信仰发展流变情况。村落的历史文
化背景和文化氛围不仅是当地民情风俗的文化基因，也是当地民间信仰的
文化土壤。村落的经济状况不仅是当地百姓精神文化生活的重要影响因素
之一，也是当地民间信仰的重要影响因素之一。一般来讲，越是经济发达
的地区，老百姓的精神文化生活就越丰富，其民间信仰活动的规模和气势
就可能比较大，其负面影响反而可能相对有限。在现实生活中，不乏经济
活动和民间信仰活动相得益彰的例子，如乡村庙会也往往是乡村物资交流
大会。今天，庙会在乡村经济活动中的重要地位和作用仍然是不可小觑
的，如关中地区绝大多数村社的庙会都会有相当规模的商品交易活动。每
逢庙会逛会者总是络绎不绝，于是，小商小贩们甚至某些大商家也常常欣
然而至。由于关中地区庙会众多，按日期排下来，几乎天天有庙会，因
此，有些小商贩长期以赶赴庙会做生意为业，即赶会。显而易见，在此过
程中，经济活动和民间信仰活动是并行不悖的，甚至是相互促进的。今天
的庙会已大大不同于过去的庙会，当前，人们逛庙会不全是为了参与某种
民间信仰活动，对不少人来说，逛庙会也成为一种购物和休闲方式。从我
们的调研来看，越是经济发达的地区，民间信仰对当地民众的束缚也就越
小。否则反之。另外，凡是设有庙会、集市的地方也往往是文化底蕴比较
深厚的地方。总之，民间信仰并不是孤立的，其与民间社会的方方面面都
有一定的关系。

二　民间信仰的主要对象

民间信仰是一种信仰形态，但它不同于严格意义上的宗教，具有一定
的自发性和民俗性。"民间信仰"是民间流行的对某种精神观念、某种有
形物体信奉敬仰的心理和行为。不像宗教信仰更多地强调自我修行，民间
信仰的思想基础主要是万物有灵论，故信奉的对象较为庞杂，所体现的主
要是唯心主义，但也含有唯物主义和科学的成分，特别是民间流行的天地
日月等自然信仰[①]。众所周知，民俗文化既是传统文化的重要基础之一，
也是民间信仰的重要基础之一。民间信仰就像从历史深处流过来的一条多

---

① 参见林国平《关于中国民间信仰研究的几个问题》，《民俗研究》2007 年第 1 期。

源河流，在或急或缓地流动，与其他文化交汇互渗，因时因地而变化多端，异彩纷呈，孕育和塑造着中国人的文化心理、道德风貌和民族个性。这种草根文化在传承流变中具有一定的稳定性、保守性、适应性和再生性，也推动和制约着以其为背景的社会历史发展。

中国民间信仰的对象基本上有以下几种：第一，信仰俗神。道教、佛教等宗教派生出来的俗神，如玉皇大帝、太上老君、如来佛祖等。例如，关中地区农民笃信神灵，每年腊月三十日午后，家家大门及家中所有房门都会贴上门神，使大鬼、小鬼，包括债主不能进门，以便放心过年。直到正月十五日晚，把各处门神取下来裹在火把中，送到路口烧掉，以示顺利过完大年。在宁夏、青海等地亦有此习俗，不过宁夏等地大都是正月初三早晨，送"家神"（当地人称"送先人"或"送老先人"）时，将门神连同冥币一起烧掉。宁夏海原等地送"家神"的习俗和关中不少地区"送神"的习俗及做法基本是一致的。关中地区在春节期间有两次送神活动，大年初三是送家神，元宵节是送天地神和门神。送神一般在清早进行，先在供奉祖先、神灵的案前，焚香、烧纸、泼散贡品（将贡品掰开扔掉小部分，寓意祖先、神灵享用了）、奠酒、叩首，再到灶神前焚香、烧纸、泼散贡品、奠酒、叩首，完后将各处的黄钱或钱马撕下和大年三十撰写的祖先、神灵牌位、纸钱等裹在一起，到大门外焚烧，接着便鸣炮，寓意恭送祖先升天。在个别地方，送神后还要"打醋坛"。所谓打醋坛，是指提前找一块拳头大小的圆形石头，俗称醋坛，放在炉子中烧，待醋坛烧红后放到装有少许食醋的马勺或铁桶中，趁热气沸腾的时候，在屋内各个角落走转，另一人则跟随打醋坛的人，边走边撒五谷粮食，寓意祖先骑马上路的食粮。屋中每个角落巡走一番后，到大门口将剩余的五谷和醋坛一起扔掉。近年来，送神习俗已经淡化，尤其是"打醋坛"已十分罕见。第二，信仰自然万物。此类信仰认为各种自然现象与天地万物如天地山川、河流湖海、风雨雷电等，都有神灵主宰，人们对它们应该敬畏崇拜，祈福免灾，这是原始信仰的遗留和继承。第三，崇拜忠臣良将。中国人对有功于国、造福于民的忠烈贤良，如关羽、岳飞、屈原、徐达等，甚至包括毛泽东等老一辈革命家，都是十分崇敬，人们会立祠建庙，加以崇拜，希望能在他们的庇佑下招福免灾，如关中地区长期把关羽奉为财神。第四，崇拜祖先。以与自己有血缘关系的祖先的神灵为崇拜对象，崇拜者奉行"祖宗虽远，祭祀必诚"的信念，坚信祖先的神灵会为自己赐福免灾。第五，崇拜行业神。三百六十行，行行都有自己的行业神，如木匠供鲁班、织工供嫘祖、医师供三皇、茶行供陆羽、戏班供唐明皇等。对这些行业神的信仰与崇拜乃至祭祀活动，实际上反映了后代人对前代人创造性劳动的极大尊重。

三　民间信仰在广大乡村长期存在的原因

（一）乡村社会的相对封闭性和宗族文化的强大生命力

长期以来，中国乡村社会的相对封闭性及宗族文化的强大生命力，无疑是民间信仰在广大农村存续的重要原因之一。费孝通先生认为，历史上，中国乡土社会的基本社群是"小家族"，每个人都生活在差序格局之中，人们的活动范围有地域上的限制，在区域间接触少，生活隔离，各自保持着孤立的社会圈子。在这种限制下，形成了生于斯、死于斯的社会。弗里德曼则更为透彻地指出，民间信仰的产生与存在和中国农村的宗族法制传统有关。众所周知，宗族以血缘关系为纽带，讲求同宗同源同地，具有一定的排他性。直至新中国成立前，许多同姓人家聚居的村落，往往有共同的宗祠、族产等。新中国成立后，按人口对土地重新分配，但仍然实行城乡分治，并限制人口流动。在"破四旧"的号召下，宗祠虽然被相继摧毁，农民逐步走向了大集体，但由于广大农民仍然面临着诸多仅凭个人力量难以解脱苦难的问题，因而他们对亲情的认同，对神灵的信仰仍然没有发生根本的改变。改革开放后，告别了人民公社，在实行家庭联产承包责任制的同时，国家对个人的控制逐渐放宽，农民获得了更高的自由度。这使得中国的乡土社会逐渐成为一个"半熟人社会"，村落中大量的农村精英通过各种途径不断崛起，虽然传统的宗族势力已经被大大削弱，但这并不意味着宗族意识已经彻底丧失。在个人遇到事情的时候，仍然会向其家族发出"我们是同一个祖宗"的呼声。在村落的文化中，宗族的观念与民间信仰往往是存在交集的，崇拜、祭祀共同的祖先神或共同参加社祭以及存在共同的禁忌。

（二）民间信仰还是乡村社会的共同文化认知之一

我们经常用"散"或者"一盘散沙"来概括乡土社会的特征，其实这种说法并不十分准确。广大农民平时可能各忙各的，相互来往不多，但遇到他们共同感兴趣的事情或属于自己家族的事务，他们也常常自发参与，相互协作。如王荷英所言，"村民们平时各忙各的，是一种'分散'

状态下的个体行动，但遇到事却经常呈现出一种'整'的格局"①。不仅如此，广大乡村的不少风俗习惯乃至文化生活在相应的文化区内往往有较高的认可度，甚至是该地区村民的集体无意识，如"在红白喜事的操办方面，所动员起来的已经不再是单个的家庭或个体，而往往是一个或几个自然村庄、一个家族，甚至是一个行政村或跨村落的区域"②。这种集体合作的形式，不仅仅体现在婚嫁贺礼等物质方面，而且还体现在人力方面，每个自愿帮忙的人都有很明确的定位，适合做什么就主动做什么。因为在长期的乡村生活中，人们对当地的风俗习惯及相关禁忌十分了解并在村民中已经达成了一种默契，所以，无论是嫁娶、寿辰、贺喜等人生礼仪，还是祭祖、谢神、殡葬等祭祀活动，广大村民常常会基于共同的文化认知而自发参与。在此情况下，上述活动无疑就为整个村落营造了共同生活空间。在"村落共同的生活空间，相互知根知底。行政村虽然拥有一定的行政空间，却可能缺乏共同的生活空间。具备这种特征的基层社会被称为'半熟人社会'，以区别于费孝通提出的'熟人社会'"③。这种社会特征既源于广大村民共同的文化认知，也能维持甚至固化这种文化认知。民间信仰也是民间社会的一种文化认知，故而，乡村社会中广大村民共同的文化认知无疑是民间信仰存在的重要原因之一。

在民间社会，民间信仰活动常常是人们精神文化生活的重要组成部分。在广大乡村，文化娱乐活动多在特定日期或闲暇时节，民间信仰活动在时间上也具有这样的特点。此外，我们还注意到，作为民间信仰生动的表现形式，民间信仰的仪式则具有深刻的象征意味，村落共同举行的民间信仰仪式实际上是村民在具体时空中创造的一种文化图腾，也是村民关于村落生存空间和精神空间的文化图式表达。民间信仰与广大民众的生活息息相关，其传承与发展都离不开特定地区广大民众的实践活动，同时也深刻地影响着当地民众思维意识的形成及其生产实践活动，甚至对他们的社会活动与价值观也会产生一定程度的影响。不仅如此，民间信仰还对乡村文化建设具有一定的影响。"普通民众作为村落文化的传承者并不是静止不动的，人口结构、文化素质、闲暇娱乐将伴随着宏观的社会经济文化环

---

① 王荷英：《民间信仰的变迁》，硕士学位论文，华中师范大学，2006 年，第 12 页。
② 同上。
③ 贺雪峰：《论半熟人社会》，《政治学研究》2000 年第 3 期。

境的改变而作出相应的变动，并将一直持续下去，民间信仰也深深地融入
其中，共同建构了整个村落的精神空间格局。"①

（三）社会传统对民间信仰的倡导

"作为一种文化形式，民间信仰是民间文化的一个重要组成部分。作
为一种传统，民间信仰总是联系着一方民众，历史地形成并经历着不断选
择与变异的过程。民间信仰的断裂与复兴，实际上是历史文化背景、现实
因素及村民精神文化需要综合作用的结果。"② 在古代社会，国家常常以
正统信仰来控制官员与民众的精神空间。为此，官方不免会颁布某些神圣
化的仪式，并将其赐予仪式所波及的那些人，通过国家合法化的途径推行
这些仪式，以达到控制社会的目的。因此，一些民间信仰的兴起常常与官
方的倡导有一定的关系，如尧山圣母庙会。尧山（又称浮山），位于陕西
省关中平原东北部的蒲城县，距古都西安 130 公里，北依陕北高原，南与
峻险华山相望，是关中汉唐宫廷文化和陕北黄土文化的交汇处。尧山最高
峰海拔 1091 米，主峰南柏林葱郁，山腰有处平坝，建有圣母庙，称为灵
应夫人祠。祠后有清泉，景色奇特。尧山圣母庙历史源远流长，初建无
考。尧山圣母庙中供奉之灵应夫人，在唐代已有封号。今天，在祠庙东北
石壁上还能看到一批唐代的摩崖石刻，最早者为唐贞元（原石刻如此）
十五年（799）。据有关记载，唐长庆二年（822），为诰封灵应夫人，在
尧山山腰重修了颇具规模的祠庙。宋崇宁二年（1103），再次封号"灵应
夫人"，并正式规范了十一神社接神送神的活动仪式。金大定四年
（1164），敕赐祠庙为灵虚观。明天启三年（1623），县令王佐申请将尧山
庙载入祀典。清朝年间，尧山圣母庙会活动甚为兴盛。民国期间，庙会及
祭祀活动规模及盛况有增无减。"文化大革命"期间，庙宇遭受毁灭性的
破坏，庙会活动停止。1992 年庙会活动重新恢复，重建庙祠，每年清明
前后都有盛大的庙会活动。今天，尧山圣母庙会民俗已成为陕西省非物质
文化遗产保护项目。

在古代社会，民间信仰不仅通过自上而下的各种形式确立，也通过自
下而上方式确立。地方士绅有时也请求政府给其宗祠、祠庙赐以匾额、封

---

① 吴智强：《民间信仰与社会主义新农村建设》，硕士学位论文，华侨大学，2008 年，第
10 页。

② 同上书，第 13 页。

号的做法，这种做法也常常能得到广大民众的认同。其实，宗祠和祠庙也是地方势力借助祖先神与地方神以扩大自己影响力的手段。在宗法制社会，由于这种做法也有利于维护社会秩序，因而，常常会得到官方的许可与支持。在官方与民间的双重认同中，民间信仰必然就成了宗法制社会广大民众精神文化生活的重要组成部分。

（四）民间信仰也是广大民众的精神寄托之一

在广大乡村，除了司法途径和现代科技之外，民间信仰活动也是广大村民解决问题尤其是心理问题的重要方式之一，尤其是广大村民祈福、避灾等心愿的表达。在"神圣功能上，村民衡量神明是否灵验的标准在于它们能否帮自己解决日常生活中碰到的难题，内容基本上囊括了经济、婚嫁、升学就业、家庭和睦等村民日常生活的各个部分。当村民遇到用现实手段难以解决的问题时，一种解决方式是在庵里直接祈求'王公'的庇佑，另外一种方式是在祈求庇佑的同时寻求'庙公'的帮助"[①]。蒲城尧山圣母庙中供奉之灵应夫人，是当地以祈雨和求子灵验而出名的女神，深受民众崇敬膜拜。自古以来，尧山圣母清明庙会，前来求子还愿的人络绎不绝，庙内外人山人海，香火十分旺盛。

求子时人们先到尧山正殿为圣母叩头上香，心中默默许愿，如想生男孩，主事者发给一支黄纸花和白纸花，如想生女孩则发给一支红纸花。领到花后，求子者再到正殿西侧的娘娘庙叩头上香，领取一只由黄表纸包的童鞋和一束纸花，由主事者将童鞋和纸花在娘娘像前蜡烛火焰上方绕三圈赐以灵气，意思是说由娘娘具体执行。然后，求子者就将童鞋藏于怀中，满怀憧憬和希望速下山。回家后，将纸花和童鞋压入床下，等待喜讯。还愿时，由家人带小孩上山，要给灵应夫人带颜色各异的一大把纸花、一双童鞋、一条红绸被面和鞭炮若干。在圣母正殿将花束、童鞋、红绸交于主事者，再带小孩上香磕头，燃放鞭炮。然后，由主事者给小孩披上红绸，以示赐予福气。走出大殿后，让小孩环抱庙前千年古柏，以示健康成长，长命百（柏）岁。如此等等的活动虽不无封建迷信的嫌疑，但不可否认，这种活动却是广大村民极其重要的精神寄托，这也是民间信仰长期存在的重要原因之一。

---

① 吴智强：《民间信仰与社会主义新农村建设》，硕士学位论文，华侨大学，2008 年，第15 页。

四　民间信仰的基本特征

归纳概括起来，民间信仰主要有以下特点：

（一）历史性

中国民间信仰历史极为悠久，其起源可以上溯到原始氏族社会。当时，社会生产力水平低下，民众生存环境恶劣，生活异常艰辛，不得不屈服于不可抗拒的自然力量，以至幻化出各种信仰对象作为生产与生活的精神支柱。经过几千年的发展和积淀，有些信仰已经被历史淘汰，有的则逐渐走向成熟和稳定。在这个过程中，它们不断地吸收儒、释、道等哲学、宗教观念，其内容和形式渐次丰富起来。近代以来，国运日衰，西学东渐，在此背景下，民间信仰中许多落后的东西遭到了人们越来越多的反思和批判。中国共产党成立后，为领导人民进行新民主主义革命、社会主义革命和社会主义建设，以马列主义理论为指导，对民间信仰进行了相应的批判、引导和改造，在继承优秀传统文化的基础上，开展了一系列破旧立新的工作。改革开放之后，党和政府在反思文化机制，调整文化政策的同时，更加尊重文化发展演变的自身规律，重视研究民间信仰存在的历史依据、心理基础和经济根源，既倡导信仰自由，又破除愚昧迷信，逐渐引导民间信仰与社会主义价值体系相适应，与社会主义现代化建设的伟大社会实践相适应，向着健康向上的方向发展。

（二）群众性

民间信仰的信众遍布于不同职业和阶层，尤其是广大民间社会。不少家庭和店铺都设有供奉神灵的神龛，重要节日则焚香祭拜，这无疑是民间信仰群众性、集体性特征的重要例证之一。今天，在广大民间社会，祈福避灾仍然是老百姓的共同心愿，如求子拜神、谢神活动在当今农村仍然屡见不鲜。在关中地区，不少农民常常向神灵求子。因此，"送子观音"的神像或庙宇在关中地区非常多。关中地区求子的方式比较多，有跪拜许愿，给观音挂红被单（当地称作"披红"）者；有伸手触摸神像前陶泥制作的形似小男孩生殖器雕塑者；有朝神像旁洞口扔小石头以测吉凶者；有请道士"画符"，日日携带或冲药服用者；有饮"送子观音"庙中"圣水"者。一旦心愿得以实现，来年定会"还愿"。求子与还愿的方式虽然不尽相同，但广大信众的愿望和心理却是相似的。因此，一般来说，民间信仰活动常常是一种集体活动。

（三）功利性

一般来说，民间信仰大都呈现出功利性的特点。凡是遭遇疾病灾害等不幸时，民众常常会想到神灵，并渴望神灵能为其祈福消灾，祛病健体。关中地区比较缺水，灌溉条件又比较落后，农民尤其是种旱地的农民往往靠天吃饭，庄稼十年九旱，"雨"对当地的百姓来说，显得尤为重要。因此，"龙王庙"在关中乃至西北地区农村十分常见。倘若连日干旱，当地百姓就会自发组织起来，共同赴龙王庙祈雨，希望龙王爷能普降甘霖，缓解旱情。每到此时，村落全员参与，组织锣鼓队，在祈雨台摆设香案，供奉祭品，焚香，并拿出事先请法师或道士用香火在黄表纸上画好的符贴，裹上纸钱，众人跪着点燃。与此同时，他们嘴里念念有词，一般是祈求"老天爷"、"龙王爷"下雨，保佑庄稼丰收。烧完纸钱后，开始奠酒，为首者将酒水撒向天空，请求"老天爷"、"龙王爷"享用，寓意以酒换雨。奠酒之后，为首者手持雨牌，雨牌上有道士或阴阳画的符贴，在祈雨台舞动，锣鼓声阵阵，众人跪在祈雨台四周，默默祷告。仪式全部完成后，众人集体叩头。

关中地区的一些民众对神灵非常虔诚，认为神灵的法力无边，可以解决许多问题。当遇到生病、丢失贵重东西、官职升迁、子女升学等问题，一些人不免会求助于神灵。先给神灵供奉祭品，再焚香、烧纸钱、奠酒、三叩九拜，接着向神灵诉说心中的事情及自己期望，并承诺如果能实现愿望，自己将报答神灵。报答的方式通常为捐资修建或扩建庙宇，或捐资修建村庄的道路，或为该庙宇做义工，或坚持每月初一、十五亲自来庙宇中守护神灵等。如此等等，广大百姓参与民间活动或多或少都有一定的功利祈求。

（四）多样性

在多元文化的时代背景下，因民众生产和生活的地域差异，民间信仰也呈现出多样化的特点。在关中地区，佛教寺庙和道观在同一地区常常并存，甚至一座神庙常常会供奉许多神灵，专门供奉一位神灵的庙宇十分罕见。这种现象，无疑与广大民众信仰的多样性有关。在很多时候，一个人可能同时信仰多种信仰对象。今天，在关中农村仍有"见庙就烧香，见神就下拜"的说法。正因为民间信仰具有多样性的特征，故而农村地区和民间信仰活动常常丰富多彩，而又相安无事。

（五）自发性

民间信仰大多是自发性的，一般没有严密的组织机构、严格的仪轨，只是遵循长期形成的风俗习惯。民间信仰活动往往由年高德劭者主持，有集体活动则聚，活动结束则散。正因为民间信仰以广大百姓的自发参与为主，又缺乏专门的组织机构，因此，很多民间信仰活动常常依靠百姓之间的相互影响与协作来完成。不过，这一特点也会给某些别有用心的人留下可乘之机。他们可能会假借民间信仰的形式，串联群众，有意壮大自己的势力。近年来，我国出现一些邪教组织，也常常是打着民间信仰旗号壮大自己的势力，祸害百姓。因此，在社会主义新农村建设中，我们既要承认民间信仰的自发性特征，又要对上述问题提高警惕。

第二节　我国农村民间信仰的现状及其存在的主要问题

近年来，我国农村民间信仰问题也渐次浮出了历史的地表并呈现出复杂化的趋势。这些问题的出现不仅给农村文化建设甚至社会主义精神文明建设带来诸多不利，而且还可能影响社会的和谐稳定与国家的长治久安。在构建社会主义和谐社会与建设社会主义新农村的时代背景下，深入调查、研究农村民间信仰的兴衰规律、现状、动因、存在问题及其发展趋势，并得出科学的结论，不仅能引导农村民间信仰朝着健康、有序的方向发展，还能为社会主义精神文明建设和新农村建设提供有价值的参考意见。

一　我国农村民间信仰现状

20 世纪 80 年代以来，随着多元文化的兴起，民间信仰在广大农村也悄然兴起。在此背景下，一些地方的民间信仰场所如庙宇、祠堂等也得到了不同程度的修复或重建。如果以整体发展趋势的视角对民间信仰场所的恢复情况进行审视，那么，我们就很容易发现，20 世纪 80 年代以来，民间信仰场所的恢复现象一直是存在的，且其规模和速度还呈增长态势。与此同时，民间信仰活动场所的影响力在逐步提升。当前，一些民间信仰场所已经在传承传统文化，团结民众甚至海外华人方面作出了一定的贡献。因此，在新农村建设中，优秀民间信仰在丰富基层文化生活，促进社会和谐稳定方面的积极意义仍然是不可小觑的。为发挥其积极意义，回避其负面影响，我们就务必了解民间信仰的现状。

（一）民间信仰及其活动场所变迁

20 世纪 80 年代以来，我国民间信仰在逐步恢复。民间信仰的形式既包括群体形式，也包括个体形式。前者包括以群体为单位的法会、庙会、聚餐、唱戏以及游神等，常常是在寺庙内进行的，并且多选择在神灵的诞辰日、成道日或升天日等重要节日。其中，最隆重的活动是游神，这种活动大多在春节期间的寺庙外进行。后者包括个体进行的烧香、抽签、祈祷、占卜、算卦等。近年来，民间信仰的活动形式呈现出了开放的趋势，伴随着经济社会的发展和文化交流的增多，诸多曾经颇为封闭和神秘的民间信仰活动，在继承传统的活动内容及相关特点的同时，也在逐渐开放。如今，一些民间信仰活动已经与其他经济文化活动有着千丝万缕的联系，如有些地方的某些大型群众性活动往往以节庆活动作为内容，以民间信仰活动为载体；有些地方则将民间信仰活动与集贸市场和旅游观光等行业相结合。如上所述，如今的一些民间信仰活动与其他经济文化活动已经形成了交织融汇的复杂结构，甚至难以区分彼此，以至一些民间信仰也具有了现代色彩。此外，民间信仰活动形式的另一个转变也非常值得注意。一些规模较大的民间信仰活动场所正在朝着服务社会的方向发展，其所开展的公益慈善事业不仅是为了维持日常活动和修缮寺院等民间信仰活动场所，有时也为修桥铺路，救助孤寡老人，改善当地的教育、医疗条件筹集善款。在民间信仰逐步恢复，并逐步变迁的同时，民间信仰活动场所也在逐步恢复，并发生着相应的变迁。

在过去的 30 多年里，我国民间信仰活动场所的发展体现出如下特点：第一，数量十分庞大。即使与五大宗教活动场所的数量相比，各地大小不一的民间信仰活动场所的数量也是十分惊人的，甚至远远超过了前者。在关中地区，民间信仰活动场所比较普遍，而宗教活动场所毕竟数量有限，不一定每个乡镇都有。第二，规模不断壮大。自 20 世纪 80 年代以来，农村民间信仰的场所规模不断扩大，民间信仰活动场所中，建筑面积有增大趋势，华丽程度也有增强趋势。第三，地域差异性大。从分布情况看，地域差异很大。就民间活动场所分布的整体情况而言，农村多于城市，山区、贫困地区往往多于平原发达地区。

（二）民间信仰活动及其场所的职能变迁

改革开放以来，我国民间信仰的职能定位，已经发生了巨大的变化。随着我国社会主义新农村建设以及社会主义和谐社会建设步伐的不断加快，乡村地区的经济文化生活也发生了日新月异的变化。这些变化必然对民间信仰活动及其场所职能的发挥与转变产生一定的影响。在此背景下，民间信仰活动及其场所职能的变化主要体现在四个方面。

1. 民间信仰及其场所正在成为弘扬优秀传统文化的阵地之一

我国民间信仰及其活动场所大多与我国历史上的杰出人物及其经历有关，由于他们一般都是品德高尚、才能非凡之人，因此，其故事不仅是传统文化的重要组成部分，而且还常常是诠释传统文化核心价值观的生动例证。在关中地区，作为民间信仰重要活动场所的庙宇大多供奉的是历史名人，如韩城市的司马庙、司马迁祠供奉的是史圣司马迁，韩城市大禹庙供奉的是治水英雄大禹，宝鸡市五丈原诸葛亮庙供奉的是诸葛亮，铜川市耀县药王庙供奉的是药王孙思邈。不仅如此，建庙宇的地方也是很讲究的。要么与该名人的经历有关，要么与其故事传说有关。在宗祠、庙宇中，不仅供奉有崇拜对象，而且常常呈列着大量相关古代石刻、名人题词及其教化百姓的字画等。近年来，有些地区还鼓励民间信仰团体开展历史资料的搜集和整理工作。于是，一些历史人物的事迹便被写成了书籍或改编成了戏剧，甚至拍成影视剧。对历史名人的瞻仰及其观赏以其为题材的文艺作品的活动，不仅有利于传承优秀传统文化，也有利于丰富广大民众的精神文化生活，提升其思想道德素质。

2. 民间信仰活动及其场所正在成为乡村人际交往和信息交流的平台之一

自实行家庭联产承包责任制以来，广大村民主要以家庭为单位自主安排自己日常的生活生产事务，集体活动相对较少。因此，民间信仰活动及其场所往往就成为广大村民开展人际交流的重要平台。在当今关中地区，就有在庙会期间走亲访友甚至相亲约会的习俗。不仅如此，在一些地方，民间信仰场所也是广大村民的公共活动场所。这种习惯，也为地方基层组织宣传时事政策提供了便利。因而，在关中地区的庙会上，我们常常能看到有关宣传政策的横幅标语及基层政权组织的某些公告通知及常设的宣传栏等。有时，一些农村基层组织还会乘机在信仰场所召开村民会议。有时候，科技、文化、卫生三下乡活动，也在民间信仰活动期间进行。不得不承认，这些活动对社会主义新农村建设有一定的积极意义。

3. 农村民间信仰活动场所也是基层文化娱乐的重要场所之一

近年来，尽管乡村文化建设取得了巨大的成就，但广大农村的公共文化娱乐设施仍比较少。由于民间信仰场所是公共场所，不仅广大村民乐于前往，而且又能回避噪声污染等诸多纠纷，因此，在闲暇之时，广大村民往往去民间信仰活动场所开展文化娱乐活动，如锣鼓演奏、地方戏清唱及扭秧歌等。为了丰富广大村民的文化生活，民间信仰活动的组织者有时也会拿出一些资金购买图书、象棋、扑克、麻将等增添文化娱乐设施。今天，这种文化娱乐活动已经成为一些农村比较常见的文化生活方式，深受广大农民的喜爱。

4. 民间信仰活动场所也正在成为重要的农贸市场之一

在关中农村，凡是大型的信仰活动，总有不少村民和信众会借机卖香烛或贩卖农副产品。不仅如此，随着农村经济的发展和繁荣，众多民间信仰活动尤其是在一些交通相对便利且场地规模较大的地方所举行的民间信仰活动，常常会有繁忙的农贸交易活动，以及日用化工产品和农业机械的推广与交易活动。这些活动不仅能使民间信仰活动与老百姓日常生活的关系更加密切，而且也能促进当地的经济发展。因此，庙会等民间信仰活动已经成为关中农村地区经济活动的重要契机之一。

二　当前农村民间信仰活动中存在的主要问题

虽然民间信仰在当今农村仍发挥着一定的积极作用，但其中也存在诸多问题。当前，农村民间信仰主要存在四个方面的问题。

（一）与封建迷信、非法宗教相混杂

民间信仰是一种特殊的文化现象，常具有两面性。一方面，它们与巫术有一定的关系，往往相信世间万物都是有灵性的。不过，这种特殊的文化现象却并没有脱离人们的现实生活而存在；另一方面，它们在某些方面与宗教文化又有一定的共同点。因此，在科技文明高度发达的今天，我们仍旧不能对民间信仰等闲视之，而要辩证地看待民间信仰在当今的价值与作用。

在古代中国，民间信仰及其仪式和象征体系既未曾纳入宗教的范畴，也不存在"民间宗教"的说法。根据不同需要，封建王朝对民间信仰活动常常采用两种截然相反的政策：一方面实行的是排斥政策，即为了让国家意识形态占据统治地位，朝廷会阻止这种民间意识形态的发展，会禁止不利于维护皇权统治的民间信仰活动；另一方面，会采取区别对待的政策，为了使"皇权神授"的观念被广大百姓接受，朝廷会提倡部分有利于维护皇权统治的民间信仰活动。此外，民间信仰与佛教和道教等宗教组织也有一定的联系。由于在价值立场等方面，民间信仰与宗教有一致之处，因而，宗教组织对民间信仰也不无肯定。关于民间信仰与宗教的关系问题，荷兰籍的汉学家德格如特（De Groot）的古典文献与仪式关系研究以及后来在社会人类学界发展起来的功能主义学说，都认为宗教系统包含民间信仰。19 世纪末，德格如特依据福建民间调查写成《中国宗教体系》（1892）一书，德格如特把民间信仰及其仪式与古典文本传统相联系，认为民间信仰体系是中国古典文化传统的重要实践内容，并得出了民间信仰也是一种宗教体系的结论。此后，社会学界认为中国民间信仰仪式同宗教体系有相同的功能，这一观点在学界得到了广泛的认可。1945 年，英国著名社会人类学家、功能学派创始人拉德克立夫 - 布朗（Alfred Radcliffe-Brown）写了《宗教与社会》一文，文章详细描述了中国宗教的特征。拉德克立夫 - 布朗认为，中国古典的理论家和官员把宗教的地位和功能看得很重要，他们认为严肃认真地举行宗教仪式，有助于维护社会秩序，更好地进行社会生产以保障人们的安定生活。他还指出，中国人对仪式的重视，不仅证明中国宗教的主要内涵是仪式，而且也为人们理解世界上所有的宗教提供了很好的范例。在布朗看来，宗教的主要内容是仪式，而非信仰，因此，不管是何种形态的社会，仪式都可以被看作是宗教体系给予研究。不管是从德格如特和拉德克立夫 - 布朗的相关研究及其结论来看，还是从中国民间信仰的发展历史和实际情况来看，民间信仰与宗教的关系都是十分复杂的。因此，民间信仰问题并不是孤立的个案，而是非常复杂的社会问题，有时与宗教问题也纠缠在一起。

改革开放以来，随着宗教信仰政策的逐步宽松，在广大农村，民间信仰得到了一定程度的复苏。经过科学主义、现代化理念和社会主义思想的洗礼，民间信仰在继承优良传统的同时，其自身也发生了一系列的嬗变。尽管如此，一些民间信仰的自身缺陷及一些别有用心的人对民间信仰的恶意利用也给社会带来了一定的危害，如有人打着神医的幌子行骗，有人利用民间信仰及其场所搞迷信活动，甚至民间信仰有时还可能被邪教组织利用，严重影响社会的安全稳定。邪教组织不仅会处心积虑地骗取广大群众的钱财，以供其进行非法活动或挥霍享受，而且他们常常散布歪理邪说，欺骗愚弄群众，甚至草菅人命，对人民群众的生命财产安全造成了极大的危害。因受邪教组织的蒙骗，一些所谓的信徒整天在家祷告做法事，以致耽误农业生产或其他正常的生产经营活动，给家庭造成重大损失。更有甚者，一些痴迷邪教组织的信徒还会抛弃家庭，外出传教，致使家庭破裂，给其家庭成员造成了巨大的伤痛。不仅如此，有些邪教组织及其成员还会把黑手伸向未成年人，致使一些未成年人荒废学业或中途辍学。

除了误入邪教组织的百姓之外，意志坚定、与邪教组织划清界限的百姓也会深受其害，如一些邪教组织的宣传或传教活动，也会严重影响广大群众的正常生活秩序。有的邪教组织聚会活动非常频繁，有时甚至会持续几天几夜。在此期间，其信徒有时不免会大喊大叫，以致搅得四邻不安，如 20 世纪 90 年代的"灵灵教"。"灵灵教"聚会时，众信徒常常要"唱灵歌"、"跳灵舞"，现场非常混乱。不仅如此，"有的邪教不断在群众中制造矛盾和纠纷，煽动闹事，围攻党政机关。邪教组织'门徒会'散布'信徒不准与外邦人（不信"门徒会"的人）来往'，挑拨群众之间关系，制造纠纷、斗殴，致使有'门徒会'活动的地区经常发生群众械斗事件。他们还恶意挑拨党群、干群关系，把制止他们非法活动的党员干部作为打击报复和围攻的对象，在'门徒会'的煽动下，一些地区多次发生邪教教徒围攻政府、殴打基层干部、阻碍公安干警执行公务等事件，导致一些地区政府无法正常办公。某县就曾发生了 3000 多名'门徒会'信徒围攻乡政府、殴打基层干部和公安干警、抢夺枪支的严重事件，造成了多人重伤"①。*此外，"有的邪教组织还以绑架、伤害等手段威胁信徒不得背叛组织，否则就予以断手脚、割耳朵、坐地牢、毒杀等手段报复，严重扰乱了社会治安秩序"②。"门徒会"是关中地区耀县农民季三保于 20 世纪 80 年代末创立的邪教组织，其活动范围曾波及全国广大农村。"门

---

①　饶咬成、饶丹珍：《农村青年的社会情绪研究》，《郧阳师范高等专科学校学报》2013 年第 1 期。

　*　饶咬成、饶丹珍的论文《农村青年的社会情绪研究》与泰宁公安公共服务网上《警惕邪教死灰复燃》的文章有诸多相同之处，为便于节省笔墨，标注时，我们以前者为准，特此说明。

②　饶咬成、饶丹珍：《农村青年的社会情绪研究》，《郧阳师范高等专科学校学报》2013 年第 1 期。

徒会"散布歪理邪说和反动言论，破坏群众正常的生产生活秩序，唆使组织成员从事违法犯罪活动，给社会造成了重大的损失与危害。1995 年11 月，"门徒会"被国家认定为邪教组织。2006 年以来，全国各地加大了对"门徒会"邪教组织的清查和取缔力度。随着打击力度的加大和"门徒会"真实面目的揭开及广大百姓对其邪恶本质认识的加深，"门徒会"的生存空间正在消失。尽管如此，但我们仍不能掉以轻心。据西部网报道，2012 年 7 月 6 日，河北省承德县公安局国保大队在当地八家乡八家村发现并取缔了"门徒会"邪教组织的一个聚会点。① 由此可见，对邪教组织，我们要时刻提高警惕。

邪教组织的邪恶本质体现在许多方面，在邪教组织内部，因争权夺利、利益不均而引发的争斗也时有发生，有时甚至会导致重大的伤亡事件，如"董先保杀人案件"。据福建省泰宁公安局官方网站"警方提示"信息显示，某省"被立王"的邪教组织骨干成员董先保为了争权夺位，在跟随另一个比他职位更高的邪教组织成员吴远南传教途中，趁其不备，用事先准备好的菜刀对吴连砍数十刀，最后把他的头砍了下来，董先保因此被依法判处死刑，此事曾引起了巨大的社会反响。② 不仅如此，"一些邪教组织带有明显的政治野心，他们散布反动言论，恶意攻击党和政府，他们背后往往有黑手，甚至受国外敌对势力支持和操纵，有的声称要'先夺民心，后夺政权'妄图'改朝换代'，直接危及党的执政地位和国家政权。邪教组织'实际神'曾公开叫嚣要灭绝'大红龙'，他们声称'中国共产党就是大红龙，大红龙是《圣经》中所说的魔鬼，终有一天上帝要征服中国。所有子民和众生要在神的率领下，在大红龙的国家与恶魔大红龙展开决战，将大红龙消灭、不让它继续败坏人类，最终要收复全世界'。邪教组织'全范围教会'谩骂党和政府是'仇敌''魔鬼''红衣怪兽'，煽动信徒'与那些执政掌权的恶魔争战'，邪教组织'呼喊派'鼓吹要'迅猛发展在中共最难控制的农村形成强大的离心势力'"③。如此

---

① 石峥、赵冉：《河北承德县查处一"门徒会"邪教组织非法活动》，2012 年 7 月 19 日，西部网（http://news.cnwest.com/content/2012 - 07/19/content_ 6862729.htm）。

② 《警惕邪教死灰复燃》，2012 年 12 月 11 日，泰宁公安公共服务网（http://www.tnxgaj.com/WrzcNet_ ShowArticle.asp？WrzcNet_ ArticleID =1527）。

③ 饶咬成、饶丹珍：《农村青年的社会情绪研究》，《郧阳师范高等专科学校学报》2013 年第 1 期。

等等的言论不仅是危言耸听，而且是祸害无穷，严重影响着社会的安全稳定。除了散布反动言论之外，一些邪教组织会绞尽脑汁拉拢基层的党员干部，以壮大其实力。在此情形下，一些政治觉悟不高的农村干部有时也难免被邪教组织利用。"在农村，还有一些地方，由于邪教组织操纵着一定数量的群众，某些村干部担心选举时会失去选票，以至于对邪教的非法活动往往是睁一只眼闭一只眼，有的甚至为邪教组织的聚会活动提供场所，客观上助长了邪教发展蔓延的势头。"① 这种现象虽然为数不多，但对基层组织建设的危害性却是不容忽视的。

　　邪教组织及其活动之所以会在农村地区不时兴起，一个重要的原因是他们别有用心地利用了民间信仰，致使诸多不明真相的百姓上当受骗。由于广大农民尤其是中老年农民的文化水平仍相对较低，对邪教的辨别能力相对有限。因此，一些农民就难免被邪教组织蛊惑和蒙蔽，以致加入邪教组织，参与非法活动。这种现象既是当今农村精神污染和信仰危机的重要来源和表现，也是社会主义新农村建设的一大精神障碍。如此等等的现象势必会危及"乡风文明"建设，势必会阻碍广大农村经济社会的协调发展。总之，民间信仰与封建迷信及非法宗教活动的混杂，不仅会严重影响广大群众的身心健康，也会破坏安定团结的社会局面，其危害性是不可估量的。因此，在社会主义新农村建设中，我们要高度警惕上述问题及其现象。

（二）民间信仰活动及其场所管理混乱

　　在当今农村，大兴土木、修建庙宇的现象并不罕见。不仅如此，有的地方甚至还相互攀比。大兴庙宇无疑要耗费大量的人力物力，要占用宝贵的土地资源，甚至乱占滥建现象突出。如此一来，不仅会导致违法用地、违法施工等问题，而且因为管理不善，还会影响当地的精神文明建设和社会稳定。当前，有的地区借发展旅游、招商引资、保护非物质文化遗产及加强与海外联系等名义，打政策的擦边球，大肆修、扩建庙宇或宗祠。然而，对于民间信仰场所的管理却不够规范，有些地方甚至还比较混乱。

　　我们在调研中发现，民间的大部分庙宇都存在着产权纠纷，其管理归属有时也存在一定的争议。此外，民间信仰活动中的财务收支也缺乏规范

---

　　① 饶咬成、饶丹珍：《农村青年的社会情绪研究》，《郧阳师范高等专科学校学报》2013年第1期。

明晰管理。民间信仰活动往往在农闲时节、重大节日、庙会期间由民间信众自发举行，一般不会向政府请求申报。在这种情况之下，由于缺乏严密的组织和管理，加之安全保障制度和硬件设施不一定配套，因此，安全隐患往往比较大。在一些大型的民间信仰活动中，有时会发生火灾、踩踏等突发事件，如关中一些地方春节庙会抢头香的习俗，有时会出现香客受伤的事件。在一些大型民间信仰活动中，一旦发生火灾、踩踏等突发事故，基层政府也是猝不及防，处于很被动的境地。如此等等的意外事故不仅会造成重大人员伤亡和财产损失，而且还会影响民间社会安全稳定。民间信仰活动的混乱主要表现及其原因其实是管理混乱，因此，加强对民间信仰活动的管理无疑是非常必要的。因为只有加强对民间信仰活动的引导和管理，才能更好规避其负面影响，才能更好地发挥其积极意义，才能让其更好地适应当代社会。

（三）一些民间信仰活动不符合社会主义核心价值观的要求

社会主义精神文明既是我们建设社会主义和谐社会的重要影响因素，又是和谐社会建设的重要衡量指标。从马克思主义辩证唯物观来看，民间信仰是基于有神论思想发展而来的，因此，民间信仰与社会主义精神文明建设的要求难免会存在龃龉，对构建和谐社会难免会带来负面影响。事实一再证明，单靠信奉上帝、供奉佛祖是无法促进社会生产力发展的；与世无争、安于现状的价值标准是不利于致富奔小康的；把神明菩萨看作救世主的人也未必能够事事如愿。民间信仰中不当的价值观念与"富强、民主、文明、和谐，自由、平等、公正、法治，爱国、敬业、诚信、友善"四位一体的社会主义和谐价值体系难免存在矛盾，以至于会对社会主义核心价值观的贯彻落实产生诸多负面影响。不仅如此，民间信仰中的一些封建迷信思想也不利于提高广大群众的政治觉悟。

近年来，在个别村落，封建迷信活动又死灰复燃，甚至还出现了非法宗教活动。这些活动往往和民间信仰活动混杂在一起，常常是多种社会矛盾的祸根，严重影响着广大村民的价值观，严重危害着广大群众的身心健康，严重阻碍着社会主义新农村建设与和谐社会建设的进程，严重危害着国家安全与社会稳定。然而，很多群众对这些危害性的认识还不够到位，甚至常常盲目从众。不仅如此，个别党员干部，也会盲目地参与民间信仰活动，在群众中造成了诸多不良影响。此外，我们在调研中还发现，在有些民间信仰活动中，常常能看见未成年人烧香拜佛等现象，这种现象无疑是需要警惕和反思的。

（四）民间信仰活动中铺张浪费现象严重

经调研发现，民间信仰活动的铺张浪费现象主要表现在两个方面：一方面，近年来，庙宇、宗祠等大部分民间信仰场所都得以修缮或重建，其耗资数量之大有时令人瞠目。一些地方大兴土木，有些庙宇及其配套设施修建动辄耗资数十万甚至上百万。不仅如此，有时，还存在互相攀比现象，如今的不少民间信仰场所往往是金碧辉煌。修建民间信仰场所的经费，有来自海外的，有来自群众自愿捐赠的，也有来自摊派的。在修缮或重建民间信仰场所时，常常会给一定范围内群众摊派义工和经费任务。由于广大群众往往对民间信仰比较虔诚，因此，他们一般都会来者不拒，尽力而为。如此一来，民间信仰场所修缮或重建难免会给广大群众增加额外的负担。另一方面，民间信仰活动常常会造成大量的财力、人力的浪费，往往使一些低收入信众不堪重负。民间信仰活动中的浪费无处不在，如烧长香的习俗。西北人非常讲究烧长香，长香即整支香，也指可续接的长根香。在关中一些地方乃至宁夏、甘肃和青海一带，讲究从大年三十晚上到正月初三早晨，香火连续不断。以前，大年三十晚上常常要接长香（用棉花将两根香头缠绕在一起，如此续接二三十根）。如今，市场上有出售的盘装长香。倘若香断为半截，一般要扔掉，不能插在供台上的香炉里。在当地人看来，如果将半截或断截的香插上供台，就会被视为对神灵不敬，就会因此受到神灵的惩戒。烧长香已经成为一种习俗，倘若某家孩子考上大学或有意外的好事，当地人常常会说"人家烧了长香了"；如果某家遭遇不幸，幸灾乐祸的人便会说"那家没烧长香"或"那家烧了断香了"。由于香容易断裂，又要保持干燥，因此，烧"长香"的习俗难免会造成一定的浪费，以致很多信众要反复买香。

在关中地区，民间信仰及其活动比较多，以至于很多村落都有庙宇、宗祠。不仅如此，在关中的民间信仰活动中，常常伴之以"搭台唱戏、欢聚宴饮、观灯游戏"等娱乐活动，可以说是寓敬神祭鬼于娱人的欢乐气氛之中。由此可见，在民间信仰活动中，广大群众也希冀通过某种信仰活动来排解郁闷的情绪，增加生活的乐趣。不过，民间信仰活动中铺张浪费的现象还是需要警惕的。

三　民间信仰出现问题的主要缘由

（一）广大农民还缺乏积极有效的心理疏导机制

市场经济的发展虽然给农村经济社会的发展带来了难得的历史机遇，但也使农村面临着一定发展风险。市场经济的到来，虽然为分产到户制度下的农民提供了更大的发展空间，但在市场经济体制之下，一些群众又常常会感到难以准确把握瞬息万变的社会，以致茫然失措。中国传统农村既相对封闭，又相对稳定。经济体制的变化不仅逐步打破了这种社会格局，而且传统的乡民社会在逐渐变迁的同时，广大农民也面临着社会转型给他们带来的生存风险，甚至有些风险常常让农民群体猝不及防。在市场经济中，利益往往是一些人的行动导向和动力，比较分散并具有较强独立性的农民也不免会幻想成为先富起来的那一部分人。然而，由于诸多原因，面对变化无常的社会以及不断涌现出来的新的社会问题，不少人会发现自己的短板所在，难免会感觉到自身力量的微弱以至于束手无策。在这种情况下，民间信仰往往就成为一些人缓解恐惧的心理港湾。

除了对前进道路上可能出现的风险存在心理困惑以外，对诸多现实问题的困惑是广大农民重要的心理与精神负担之一。中国农民的文化素质普遍偏低，容易出现各种心理困惑，容易陷入非理性的泥潭，容易受到各种愚昧思想的侵蚀。由于缺乏有效的疏导机制，在一定程度上，一些农民的上述心理缺陷也是民间信仰复苏的重要原因。当前，中国大部分农村仍然相对贫困，在农村社会保障制度还不健全，医疗保障制度尚不完善的情况下，处于困境中的农民会存在"看病难、看病贵"的心理恐惧，甚至也有人不免有"小病拖，大病扛，绝症等死"的无奈、悲观心态。尤其是贫困户以及鳏寡孤独等弱势农民群体，他们常常贫病交加，以致对生活缺乏乐观的心态。正是因为如此等等的原因，民间信仰就难免成为一些农民的精神寄托，他们常常以此来填满内心的空虚，医治内心的伤痛，寄托对生活的某些希望。由于民间信仰常常是一些农民的精神寄托，因此，在天灾或者人祸面前，不少农民也会产生祈求神灵保佑的想法。在此情形之下，为了求财祈福和规避灾难，不少人便免不了常常拜佛求神。今天，在一些比较偏僻的农村地区，由于生存条件相当艰苦，经济发展比较落后，当灾难来临时，不少人也借助神灵来抚慰内心的恐惧和不安。不仅如此，在广大农村还存在向观音菩萨求子、向财神求财等风俗，这种风俗又何尝不是把民间信仰作为一种精神寄托。广大农民之所以会把民间信仰作为他们的一种精神寄托，不仅是因为他们无助，也是因为缺乏有效的心理疏导机制，民间信仰也就成了他们抚慰心灵痛苦与宣泄内心苦闷的重要方式。因此，广大农民常常对民间信仰非常虔诚。正因如此，在缺乏有效心理疏导机制的情况下，民间信仰必然就会成为不少农民日常生活的一部分。因此，一些别有用心的人便常常借助民间信仰蒙骗广大群众，使民间信仰出现许多本不该出现的问题，以达到某些人不可告人的目的。

（二）民间信仰常常疏于监管

20 世纪 80 年代以来，中国农村社会经历了深刻的变革。随着人民公社的解体和家庭联产承包责任制的实行，高度集权的社会治理模式和"吃大锅饭"的现象不再是广大农村的主要社会特征。在此形势下，为解放广大农村的生产力，为调动广大农民的生产积极性，家庭联产承包责任制就成了我党农村工作的一项长期政策，致富奔小康就成了农村工作的重要目标之一。正是因为有如此等等的惠民政策相继出台并长期执行，广大农村才实现了跨越式发展，才发生了翻天覆地的变化。尽管成绩喜人，但在此过程中，一些地方过分看重经济效益而疏于基层干部的教育与监管，导致违法乱纪现象也时有发生。由于一些地方对基层干部的监管不力，一些素质较低或党性修养不高的个别基层干部，难免会存在官僚主义作风，甚至贪污腐败现象也屡屡发生。在我国农村民主法制尚未健全，广大农民民主法制意识还比较淡薄的情况下，个别干部的违法乱纪现象不仅可能会导致一些农民对国家主流信仰的动摇，还可能会激化农民与基层政权组织之间的矛盾。因为一些干部在农民中丧失了应有的信誉和威信，因此，一些基层组织的管理效能就会大打折扣。在这种情况下，民间信仰及民间组织的作用就会在无形之中被放大。由于基层政权组织处于农村社会治理的第一线，因此，当一些地方基层干部在广大农民中的认可度大打折扣的时候，基层组织的管理效能必然就会受到影响，基层政权组织对民间信仰的监管与引导也就难以到位。今天，民间信仰方面发生的许多问题都与基层政权组织未能认真履行其监管职能有关。

（三）文化建设还不能满足现实需要

在广大农村，随着改革开放的深入推进和社会主义市场经济体制的确立和完善，广大农民的物质文化生活水平已经有了显著提高。尽管如此，在不少地方仍存在经济建设和文化建设不平衡的现象，以至于广大农村的

文化娱乐设施还不够完善，广大农村的精神文化生活还比较单调。"陕西
省委党校党建研究部主任岳东峰认为，现在一些基层干部在思想观念上仍
然保持'重经济、轻文化'的惯性，忽视农村文化建设和农民精神文化
需求，这是导致部分农村地区'地下宗教热'兴起的重要原因。"[1] 不仅
如此，一些农村基层组织对党和国家的相关方针、政策的宣传、落实的力
度还不够大，以致国家主流意识形态未能深入每个农民的心中。正因为农
村文化建设和思想政治工作存在薄弱环节，因此，一些农民的精神世界难
免会相对空虚。在这种情况下，民间信仰甚至某些不科学的信仰以及错误
的思想观念便会乘虚而入。

　　目前，广大农村正处在社会转型的重要历史时期。广大农村正在从封
闭、半封闭的农业社会向现代文明程度较高的社会主义新农村转变。在城
乡互动日益频繁的时代背景下，民间信仰问题已不仅仅限于留守农村的农
民，进城农民工的信仰问题也是需要高度关注的社会问题。随着我国改革
开放的不断深入，广大农民的跨区域流动以及农民内部的分化，使农民的
价值观正在发生着多元化的变化。"社会学家陆学艺曾把当前中国的农民
群体划分为 8 个阶层：农业劳动者阶层、农民工阶层、雇工阶层、农民知
识分子阶层、个体劳动者及个体工商户阶层、私营企业主阶层、乡镇企业
管理者阶层、农村管理者阶层。"[2] 随着农民群体的分化，贫富分化与身
份差异不仅出现在城乡之间，也出现在广大农村和农民之间。由于贫富分
化与多元文化的影响，一些农民尤其是新生代农民工的精神信仰也发生着
微妙的变化。在这种形势下，当他们处于迷茫与无助境地的时候，一旦缺
失正面的引导与理想信念教育，一些判断力不强的农民难免会迷失方向，
以至于向民间信仰寻求精神的归宿，甚至被一些别有用心的人利用。出现
这些问题的原因虽然非常复杂，但不可否认，农民工群体文化生活的贫乏
与理念信念教育的缺失无疑是十分重要的原因。因此，关注农民工不仅要
关注其物质生活，也要关注其精神文化生活。让他们在物质上富裕起来的
同时，也能在精神上富足起来，成为有坚定信念的社会主义建设者。

---

① 谭飞、陈晓虎、刘书云：《西部农村"信仰流失"警示》，《瞭望》2007 年第 6 期。
② 胡立娟：《构建和谐社会视野下的农民宗教信仰问题研究》，硕士学位论文，东北师范大
学，2008 年，第 7 页。

第三节 优秀民间信仰文化在社会主义
新农村建设中的价值与作用

"生产发展、生活宽裕、乡风文明、村容整洁、管理民主"是社会主义新农村建设最基本的目标任务。其中,"生产发展"是重中之重,是其他目标任务得以实现的物质基础。新农村建设就好比盖楼房,其中,生产乃至经济发展就是这座楼房的地基。如果地基不够牢固的话,即使这座大楼建成,也难免会存在诸多隐患。因此,生产乃至经济发展是新农村建设最基本的目标任务。由于发展经济的根本目的是为了提高广大农民的物质生活水平,使其更快地富裕起来,因此,"生活宽裕"不仅是衡量经济建设效益的重要指标之一,也是新农村建设的目标任务之一。此外,目标任务中的"乡风文明"是精神文明建设的要求;"村容整洁"是环境保护及人与自然和谐发展的要求;"管理民主"是扩大社会主义民主,完善村民自治,保障广大农民当家作主权利的要求。

在以上五个目标任务中,"乡风文明"主要依靠大力发展教育与文化事业去落实。只有大力发展和繁荣广大农村的教育与文化事业,才能不断改善和提升广大农民群众的思想、文化、道德水平。只有广大农民的思想、文化、道德水平普遍提高,在广大农村才能形成崇尚科技文明的良好社会风气,才能形成家庭和睦、民风淳朴、互助合作、和谐稳定的良好社会氛围,才能坚定广大农民积极健康的理想信念,才能使广大农民参与社会主义新农村建设的积极性与主动性充分地发挥出来。当前,民间信仰在广大农村广泛存在,甚至是不少农村日常生活的一部分。因此,在农村文化建设中,民间信仰及其影响力必然是不容忽视的。因此,在新农村建设中,我们要本着科学的态度,既要看到民间信仰的积极意义,也要看到其负面影响,取其精华,去其糟粕,使其为新农村建设作出应有的贡献。

一 民间信仰对新农村建设的影响

在相当长的时间内尤其是在古代中国,广大农民的神灵崇拜取向及其文化认同,常常使民间信仰成为广大民众的一种精神寄托。不仅如此,民间信仰还会影响某些民众的价值观和世界观。因此,民间信仰不仅有时会在价值观念统一、社会道德提升等精神文化生活中发挥重要作用,而且也可能在生态保护、社会力量汇聚以及社会阶层整合等重大事务中发挥重要作用。今天，在中国广大农村地区，民间信仰的影响仍然相当广泛。不过，我们不得不承认，民间信仰是一把双刃剑。民间信仰对当代社会既有积极作用，也有负面影响。从其正面影响来看，农村民间信仰往往具有道德教化与文化娱乐等积极作用。也就是说，民间信仰在新农村建设中也具有一定的当下价值与意义。

（一）民间信仰对新农村建设的积极影响

民间信仰既是不少农民的精神寄托之一，又是新农村乡风文明建设的重要文化资源之一。民间信仰所推崇的忠孝节义、善恶报应等价值理念，无疑为民间社会提供了一种可资借鉴的行为规范；其地域性、群众性、文娱性和神圣性相统一的庆典仪式常常是维系广大农民文化认同感的一条纽带；其崇拜方式、话语艺术、造型艺术所体现的诗情雅韵常常能够满足广大农民群众的某种审美和娱乐需求。不仅如此，民间信仰也有利于整合民间社会的乡土意识。正因为民间信仰在当今社会仍有一定的积极意义，因此，民间信仰与现代化的关系常常是人们关注的焦点之一，也是不少学者的重要研究课题之一。在这种形势下，以民间信仰为切入点，深入研究民间信仰及其文化影响，无疑有利于了解中国基层社会的大众文化及其影响力，有利于社会主义新农村建设。

1. 有助于道德教化，有助于提高民众的思想道德素质

纵观民间信仰的内涵及其历史演变，我们不难看出，民间信仰常常蕴含着敬畏生命、知恩图报、忠孝节义、扶危济困、惩恶扬善以及与自然和谐相处等思想理念。民间信仰中的自然崇拜、土地崇拜就蕴含着热爱自然、爱护环境、珍惜土地等生态伦理思想。祖先崇拜，在祭奠祖先的同时，通过缅怀他们的巨大贡献及其对子女的养育之恩，无疑有利于弘扬尊老爱幼的传统美德，有利于促进家族团结，增强家族成员的身份认同感，有利于构建和谐社会。此外，许多地方神本身就是由维护正义、修德行善、造福百姓的功臣良将或文化名人演化而成的，因此，对他们的崇拜，无疑具有传承中华传统美德，弘扬社会正气的积极作用。不仅如此，民间信仰中有当代价值的思想理念及其派生出来的自律意识与行为准则，还有利于规范人们的日常生活行为。

2. 有利于丰富广大民众的精神文化生活

中华民族拥有丰富灿烂的传统文化，在这些传统文化中，民间文化是

其不可或缺的组成部分。不仅如此，诸多民间文化还与民间信仰有一定的关联。在文化部向社会公示的国家非物质文化遗产名录中，民间文学、传统音乐、传统舞蹈、传统戏剧、传统曲艺、传统美术、传统游艺、传统技艺、传统医药和民俗等项目，无一例外都与民间信仰有或多或少的联系。不仅如此，在某种程度上，民间信仰也往往具有一定的文化娱乐功能，如民间信仰活动中的音乐、戏曲、舞蹈、绘画、灯会、传说故事等，常常具有一定的文化艺术审美价值。不仅如此，这些原生态的文化常常是中国民间义化甚至是传统文化的重要组成部分。民间信仰活动中的文娱活动形式灵活多样，内容丰富，能贴近实际、贴近生活、贴近群众，常常为老百姓所喜闻乐见。因此，在社会主义新农村建设的过程中，民间信仰活动也有丰富广大民众精神文化生活的积极作用。

3. 有益于民族文化认同与身份认同

民间信仰作为中华民族传统文化的重要组成部分，具有一定的民族向心力、感召力、凝聚力甚至是整合力。因此，民间信仰有时也是维系民族情感的重要精神纽带。近年来，在港澳台同胞及海外华人的文化认同与身份认同中，民间信仰发挥着不可忽视的积极作用。海峡两岸和港澳地区人民拥有共同的先祖、相同的血脉和相同的文化传承，这种割不断的文化血脉不仅有利于增进广大港澳台同胞对祖国的感情，而且也有利于推进国家和平统一，有利于实现中华民族伟大复兴的中国梦。今天，在一些地区，每逢某个特定的节日，相关政府部门或者民间有关团体常常会开展一系列的祭祖活动和仪式，这些活动成功地将全世界华人的心连接在了一起，对中华民族的文化认同与国家认同发挥着重要作用。这些活动不仅包括各地的"寻根祭祖"及"文化寻根"活动，也包括层次较高的黄帝、炎帝祭拜活动。如此等等的活动不仅增强了中华民族的文化认同、民族认同与国家认同感，也推动了地域文化与区域经济的繁荣发展，如宝鸡的炎帝民间祭祀活动、韩城的司马迁民间祭祀活动及华阴地区的杨氏文化及其全球文化寻根活动等。

4. 有利于促进区域经济发展

众所周知，文化活动对经济活动有一定的带动甚至促进作用。在此问题上，民间信仰也不例外。民间信仰是我国传统文化的重要组成部分，其不仅是广大民众精神文化生活的重要组成部分，而且民间信仰活动常常伴随一定的物资交易等经济活动。当前，在民间文化活动中，民间信仰活动

常常占有重要的地位。此外，民间信仰活动还常常是基层经济活动的重要
契机，如农村庙会。不仅如此，民间信仰活动还能拉动当地的项目投资并
促进区域经济快速发展，尤其是商品交易和文化旅游，如西安市以财神民
间信仰为基础投资设立的"赵公明财神文化区"等。这种情况在关中地
区比较普遍，凡是民间信仰活动场所的周边地区，都有一定规模和数量的
商业机构及文化娱乐休闲设施。因此，民间信仰活动场所周边的经济活动
往往比较活跃，效益也比较好。

5. 有利于维持社会秩序

以民间信仰为核心的社会组织往往是村民自己发起，自行运作的社会
组织。在一些贫困落后的村落中，当村委会的行政职能发挥不到位时，民
间信仰组织有时也会引导民众参与社会公益事业的相关活动，如铺设道路
和兴修水利等。在贫困村落，由于公益基金缺乏，涉及集体利益的水、
电、路等公共资源常常存在诸多问题，因此，收益较好的民间信仰组织有
时也提供一定的资金支持，或发动募捐，如民间信仰组织的一些爱心工
程。此外，民间信仰也在与时俱进。改革开放以来，在国家的相关政策法
规引导下，民间信仰在继承优良传统的同时，也主动转变其某些观念及活
动方式，以适应现代社会的需要。在"频繁而又广泛的接触中，以信仰
组织领导者为代表的地方精英也根据村落的现实利益对国家政策作出选
择"[1]。尽管这种做法有对国家政策选择性接受的嫌疑，但毕竟是向国家
政策的主动靠拢。由于健康规范的民间信仰常常具有教人以和为贵、尊老
爱幼、敬业奉献、热爱国家等功用，因此，在兼顾当地百姓利益和国家政
策的情况下，民间信仰在维护当地社会秩序方面的积极作用就毋庸置疑
了。除上述积极意义以外，民间信仰及其活动在保护文物古迹，传承保护
非物质文化遗产方面的积极意义也是不容忽视的。

（二）民间信仰对新农村建设的消极影响

尽管民间信仰对社会主义新农村建设有诸多的积极意义，但我们也不
能忽视其对新农村建设的消极影响。因此，在社会主义新农村建设中，我
们必须正视并认真研究其消极影响，趋利避害，做好防范工作。

1. 可能与主流意识存在冲突

---

[1] 吴智强：《民间信仰与社会主义新农村建设》，硕士学位论文，华侨大学，2008 年，第
22 页。

改革开放以来，随着西方思想观念的大量涌入，一些不健康的思想观念难免会渗透到民间信仰之中。如国外宗教势力有时也会通过民间信仰对民众传输西方某些价值观念，严重影响了社会主义核心价值观在民间社会的深入普及。今天，各种宗教思想在农村都有蔓延的迹象，甚至宗教迷信思想在某些村落泛滥。因此，当前农村的信教群众在持续增加。这种现象和趋势不仅为一些地下宗教和邪教组织提供了温床，而且是某些地区封建迷信活动频频出现的重要原因。如此等等的现象与问题不仅对我国原生态的民间文化构成了巨大的挑战，而且其不健康的思想观念也会在不知不觉之中渗透于广大群众的思想观念之中，对其价值取向产生重大影响。此外，受一些功利主义思想观念的影响，农民的实用主义和小农意识在一些地方比较盛行，这种现象对我们所提倡的集体主义和爱国主义思想观念造成了一定的冲击。上述问题不仅会影响民众价值观，还会引发深层次的政治矛盾和宗教矛盾，会对主流意识形态产生消极作用，会危及国家的安全和社会的稳定。因此，对上述问题，我们必须要提高警惕。

2. 可能会瓦解民众奋发图强的斗志

民间信仰的思想基础是有神论，热衷于民间信仰无疑是相信并传播有神论。于是，一些人认为万物都是有感应的、有灵魂的。坚持万物有灵论的同时，还有许多人相信因果报应是天经地义的——种什么样的"因"，就得什么样的"果"，前世注定的，今世是无法改变的。因此，他们不免会主张人要服从命运的安排。如此等等，一旦坚信万物有灵，坚信神能主宰一切，那么就难免会陷入宿命论的泥淖而不能自拔。这些思想对民众的毒害作用是非常大的，以致其丧失奋发图强的斗志和积极向上的精神面貌。

近年来，一些农村地区迷信活动比较频繁，如风水、占卜、相命及巫术等活动经常出现在人们的视野中。不少农民渴望借助某种超自然的力量，去预测命运及其凶吉，幻想通过求助神灵去把握人生的前途，从而达到趋利避害的目的。因此，一些人甚至借助现代科学技术的手段，蛊惑民众，骗取钱财，如电脑算命等。尽管这些迷信活动的规模通常比较小，但其社会危害性还是比较大的。封建迷信容易使人们形成错误的思想观念，失去辨别真假是非的能力，常常会给广大民众的生产生活带来不良影响，甚至会损害民众的身心健康，影响社会主义新农村建设的顺利进行。

3. 可能被不法分子利用，破坏正常的社会秩序自改革开放以来，广大农村的民间信仰有一定程度的复苏。与此同时，相对宽松的信仰环境也滋生了一些邪教、伪科学及地下宗教组织，如"法轮功"、"门徒会"等。邪教组织常常会蛊惑、引诱一些不明真相的农民加入其非法组织。为此，他们常常不惜大肆宣扬，只要加入其组织，生病就可以不吃药、不打针等歪理邪说。虽然伪科学会给人民的生命财产造成重大损失，但伪科学在广大农村的活动却又常常死灰复燃。之所以会出现这种悖谬的现象，无非是因为它们常常披着民间信仰的外衣骗取老百姓的信任，以达到其不可告人的目的。当前，尽管广大农民的知识文化素养有了较大提高，但相比较而言，这一群体的整体文化水平在全社会中仍处于较低的层次。因此，与其他社会阶层相比，广大农民对伪科学的辨别能力相对较弱。如此一来，某些农民就难免被邪教组织所蛊惑和蒙蔽，甚至会加入邪教组织，并参与非法活动。由于民间信仰在民间社会具有非常重要的地位，因而，一旦民间信仰被某些不法分子利用从事违法犯罪活动，那么它的社会危害性就非常大，甚至会破坏安全稳定的社会局面。由此可见，不法分子对民间信仰别有用心的利用，不仅是当今农村精神文化污染和信仰危机的重要根源之一，也是影响广大乡村正常社会秩序和经济社会协调发展的重要原因之一，还是社会主义新农村建设重要精神障碍之一。因此，在社会主义新农村建设中，我们务必要加强精神文明建设，并时刻警惕不法分子对民间信仰别有用心的利用，以确保经济社会协调发展。

二 新农村建设背景下优秀民间信仰的导向和培育路径

从本质而言，民间信仰属于文化精神的范畴，亦属于意识形态领域。民间信仰中的传统美德思想及其广泛的影响力，为其服务于社会主义新农村建设提供了可能性。"信仰的力量在于它决定、支配人的世界观、价值观、人生观，从而在根本上影响人的精神生活和社会活动，并由此作用于社会的发展和历史的进程。恩格斯曾经指出：'就单个人来说，他的行动的一切动力，都一定要通过他的头脑，一定要转变为他的意识动机，才能使他行动起来。''推动人去从事活动的一切，都要通过人的头脑，甚至吃喝也是由于通过头脑感觉到饥渴而开始，并且同样由于通过头脑感觉到饱足而停止。外部世界对人的影响表现在人的头脑中，反映在人的头脑中，成为感觉、思想、动机、意志，总之，成为'理想的意图'，并且以这种形态变成'理想的力量'。"①

　　通过对一些村落的社会环境、民间信仰及其仪式和信仰组织的考察，我们更为深刻地意识到，民间信仰作为一种大众文化，对社会主义初级阶段的精神文明建设有一定的积极意义。优秀民间信仰是对优秀传统文化的生动表达和再现，如民间信仰对中国传统的"和合"文化有一定的继承和延续。优秀民间信仰不仅具有传承传统文化的价值，而且在新农村建设中也能发挥一定的积极作用，如优秀民间信仰在净化心灵、协调人际关系、扶危济困和维护社会安定等方面仍能发挥积极作用。今天，对普通民众而言，民间信仰在精神抚慰方面所起的作用仍是不可忽视的。在广大民间社会，人们常常通过民间信仰及各种仪式活动来传达喜怒哀乐，调剂情绪，寄托对生活的美好期望，以满足其某种心理需求。因此，当人们面临现实生活中的种种困难与坎坷而又难以迅疾解脱时，民间信仰常常以其独特的文化魅力，成为人的一种精神支撑。从实际调研来看，经济相对落后的村落，民间信仰往往比较活跃。广大村民一旦遇到天灾或人祸，又无力克服困难时，便往往会求助于神明，寻找精神寄托。此外，民间信仰也是维系人们情感与社会关系的一个重要纽带。事实证明，民间信仰组织的存在不仅能起到协调村落关系，维护村际和谐的作用，而且在特定的情况下，其还能积极参与到村落的公益事务中去，成为村落公共产品的提供者之一。因此，一些地区的民间信仰不仅能促进地区之间的民间文化交流，而且有利于提升人们的文化认同感、民族认同感和国家认同感。

　　（一）新农村建设背景下促进优秀民间信仰健康发展的方法与路径

　　党和国家"把新农村的内涵界定为'生产发展、生活宽裕、乡风文明、村容整洁、管理民主'。这是一个全方位的系统工程，包括了农村物质文明建设、政治文明和精神文明建设，缺少其中的任何一个方面都是不完整的。因此建设社会主义新农村必须在大力发展农村经济的同时，积极开展精神文明建设，充分吸收包括民间信仰在内的一切传统文化的优秀成果"②。从民间信仰的性质、组织模式及其发展现状等特点来看，在新时期的乡村文化发展战略和精神文明建设中，民间信仰都是不容忽视的。因

---

　　①　陈传善：《论民间信仰对社会主义新农村建设的影响》，《宿州学院学报》2009 年第 6 期。

　　②　同上。

此，我们认为，大力发掘并弘扬民间信仰的积极意义，也有利于促进社会主义新农村建设。为此，我们要探索适当方法路径，积极引导民间信仰健康发展，以提高新农村建设的效率。

1. 培育正确的价值观，积极引导民间信仰健康发展

"毛泽东同志在《湖南农民运动考察报告》中指出：'菩萨是农民立起来的，到了一定时期农民会用他们自己的双手丢开这些菩萨，无须旁人过早地代庖丢菩萨。共产党对于这些东西的宣传政策应当是：'引而不发，跃如也'。"① 由此可见，在毛泽东看来，对于民间信仰虽然不能强制禁止，但也要加强引导。一旦农民建立了正确的世界观、人生观和价值观，那么他们就会自觉做出正确的判断和选择。也就是说，农民对民间信仰等传统文化的认知存在发展嬗变的过程，在这一过程中，国家意识形态和民间信仰之间的关系也可能处在不断的调适之中。因此，在社会主义新农村建设中，当国家意识向基层社会延伸的时候，也应注意国家意识形态与村落的传统文化之间的关系。否则，可能会影响政策的执行效果。同理，在规范与引导民间信仰活动时，也应采取正确的方式方法，在充分调研民间信仰现状的基础上，尊重广大民众的合理愿望，引导民众扬长避短并积极鼓励其向现代文明靠拢，使其自觉走上国家政策所倡导的道路。这样既可使基层社会秩序得以维持，也能让国家意识得到村民的认同。

2. 积极弘扬优秀民间信仰的当下价值，引导信众投身于新农村建设

民间信仰在现代社会中仍有一定的当下价值，如民间信仰及其仪式在群体整合、行为规范、心理疏导、社会救助等方面还能发挥一定的积极作用。从调研情况来看，民间信仰在广大民间社会的影响力仍然不可小觑。发掘和弘扬民间信仰的当下价值不仅能满足一部分信众的精神需求，而且还有利于调动广大民众为构建社会主义新农村贡献力量的积极性。因此，在社会主义新农村建设过程中，我们要因势利导，扬长避短，在摒弃民间信仰中残留的封建糟粕的同时，还要大力挖掘和弘扬其当下价值。为引导民间信仰健康发展，我们不妨通过举办专题报告会或培训班，宣传相关政策法规，加强对民间信仰组织者及相关场所管理者的教育培训与管理工作，积极引导民间信仰与社会主义社会精神文明建设的目标任务相适应。

---

① 陈明文：《我国现代化进程中对民间信仰的批判引导及其启示》，《理论学习与探索》2005 年第 5 期。

为发挥民间信仰在社会公益事业中的积极作用，我们不妨引导和鼓励民间信仰组织利用其筹措的资金，以设立教育基金、公共设施建设基金等方式回报社会。为发挥民间信仰对当地经济建设的带动作用，在发掘民间信仰社会效益的同时，我们也要大力发掘民间信仰经济效益，通过发展民俗文化旅游和开发相关工艺品，促进区域经济快速发展。总之，在新农村建设中，我们要积极引导民间信仰组织及广大信众的民间信仰活动，大力发掘和弘扬民间信仰的当下价值，并利用其影响力和号召力，倡导良好的社会风尚，积极推进和谐社会建设。

3. 理顺民间信仰的管理体制，加强民间信仰事务的管理工作

新中国成立以来，党和政府积极倡导、推行宗教信仰自由政策，并逐步形成了以宪法为原则，以基本法律、行政法规、地方性法规和部门规章等为主要依托的宗教信仰法律法规体系。与此不同，有关民间信仰的专门立法还比较缺乏。因此，对民间信仰的监管，长期以来，主要参照现有宗教信仰管理方面的法令法规的主要精神与原则执行。国家对民间信仰的监管主要体现在"许可"和"规范引导"两个方面，"许可"制度是对民间信仰合法性的判定，只有合法的民间信仰才能得到许可；"规范引导"是对民间信仰活动的一种导向性的带动与矫正作用。新中国成立以来，"国家开始以一种调整了的在场方式在民间信仰的发展中发挥着主导性作用。我们可将这种'调整了的在场形式'称为'引导性在场'，'引导性'主要体现在其对民间信仰的影响方式上，即在政策和管理上重塑民间信仰的发展方向。一方面，国家政策提倡宗教信仰自由、允许宗教场所的合法存在，但也反对封建迷信，禁止利用宗教场所进行破坏社会秩序、损害公民身体健康、妨碍国家教育制度的活动。另一方面，国家通过《宗教场所登记办法》《宗教场所管理条例》等法律条文及各地政府部门出台的相关法规对民间信仰的活动范围进行了规定，民间信仰要生存，必须先要取得国家制度上的合法性，必须在国家和地方政府允许的范围内发展"[1]。

当然，由于民间信仰常常是民众日常生活的一部分，因此，从国家的角度而言，对民间信仰的监管主要是依赖基层政府及其相关职能部门而实现的。就监管内容而言，民间信仰的管理主要包括对民间信仰活动的管理

---

[1]　王荷英：《民间信仰的变迁》，硕士学位论文，华中师范大学，2006年，第33页。

和对民间信仰场所的管理。不管是哪一种管理，自然都包括对人员（组织成员与信众）的管理。近年来，在民间信仰监管方面，尽管很多地方都有可圈可点之处，但我们也不能不承认，对民间信仰疏于管理的现象也屡见不鲜甚至比比皆是。不仅如此，在民间信仰场所管理方面，一些存在多头管理现象的场所常常是问题不断，即要么是纠纷不断，要么是疏于管理。因此，在新农村建设中，我们要从对民间信仰活动及其相关人员的积极引导和必要的监管入手，努力探索并建立一种规范有序的民间信仰管理体制，逐步从政策引导发展到依法管理。

为了加强对民间信仰事务的管理，为了建立健全我国民间信仰事务管理体制，首先，要理顺并完善管理体制。明确民间信仰事务的主管部门，切实将民间信仰管理工作的职责落到实处，无疑是民间信仰监管的核心内容。其次，要实现民间信仰的科学化管理。面对当前某些地区民间信仰泛滥的现象，不仅要严格履行相关审批程序，坚决制止非法行为，而且要建立健全有关民间信仰的规章制度，严把审批关，未经审批不得新建、扩建民间信仰活动场所，要坚决刹住滥建民间信仰庙宇之风。为进一步加强和规范民间信仰组织的内部管理，要倡导建立民主管理机制，健全内部制度，规范财务管理工作，提升民间信仰组织自律意识。对民间信仰场所的管理要严格落实分级分类、属地管理的原则，凡大型民间活动要有相应的风险管控预案，并责任到人，以杜绝不安全事故的发生。最后，要尊重我国各民族的民间信仰习俗，尊重各民间信仰的相对独立性，维护其互不隶属的稳定关系。对于来自境外的民间信仰活动，要秉承"以我为主，对我有利，抵御风险"的原则立场，确保我国民间信仰的健康有序发展。

我国民间信仰内容丰富，种类繁多，因此，在具体管理措施方面，需要分类指导，区别对待，逐步把民间信仰纳入规范化管理。对于比较正规和成熟的民间信仰要积极引导，如祖先崇拜和英雄崇拜等；对于从事封建迷信活动的民间信仰要坚决取缔，如巫术成分的民间信仰活动；对于有潜在社会风险的民间信仰要加强监管，并要加强法制教育，一旦有违法犯罪迹象要坚决制止，如散布歪理邪说的民间信仰组织。当前，仍有个别民间信仰组织及其信众因为立场不坚定，有时难免被邪教组织或黑社会势力利用，社会危害性极大。因此，在新农村建设中，我们要深入基层，密切联系民间信众，了解他们的思想发展状况，成为他们的知心人，以便及时做好引导工作。对于那些带有组织性、突发性的民间信仰群体活动所掩盖的深层次矛盾，要能够早发现，并将有关问题扼杀在萌芽状态。此外，我们还要积极运用现代化的信息收集手段，构建我国民间信仰文化安全预警机制，进一步提升相关部门及广大民众的警觉意识和抵御风险的能力。

4. 加强民间信仰组织的自律意识和大局意识，发挥其积极作用

长期以来，民间信仰组织往往是一种自发的群众组织。尽管政府对民间信仰及其活动有一定的宏观指导，但民间信仰的具体活动却常常是依靠广大信众自愿参与开展的。在此过程中，民间信仰组织往往扮演着活动组织者与管理者的角色。因此，民间信仰能否正常开展活动，能否健康发展，常常与民间信仰组织是否能发挥积极作用，是否能预防和抵御风险有关。一些民间信仰之所以会被某些别有用心的人利用，其原因不仅是某些普通信众缺乏风险防范意识被蒙骗而误入歧途，而且是因为某些民间信仰组织的管理人员立场不坚定或缺乏风险防范意识，致使其信众甚至整个信仰组织误入歧途。在社会主义新农村建设中，我们不仅要承认和尊重民间组织与政府机构并存甚至互相影响的事实，而且要大力提升民间信仰组织的自律意识和大局意识。在增强民间信仰组织风险防范能力的同时，使其在新农村建设中发挥更多的积极作用。

民间信仰组织自律意识和大局意识的提高，关键在于广大信众尤其是民间信仰组织管理成员自律意识和大局意识的提高。近年来，随着民众整体素质尤其是民主法制意识的提升，民众的维权意识和主人翁意识也渐次增强。在此形势下，民间信仰的活动不仅与个人利益有关，有时也与集体利益有关，甚至会介入公益事务，这种形式是广大民众比较熟悉且易于接受的形式。因此，加强信仰组织的自我管理意识和大局意识，无疑有利于促进社会主义新农村建设。因此，在新农村建设中，我们不仅要大力弘扬社会主义核心价值观，还要挖掘和传承优秀民间信仰文化。通过挖掘、传承和开发积淀于乡村文化之中的丰富多彩的优秀民间信仰文化资源，传承优秀传统文化，并在此基础上建设地方特色鲜明的村风与乡风文明，培育内容丰富健康、形式多姿多彩、风格清新质朴，乡土气息浓厚的地域文化，最大程度地激发农村文化建设的自身活力，积极引导民间信仰更好地服务于社会主义新农村建设。

（二）新农村建设背景下规避民间信仰消极影响的方法与路径

当前，在提升广大乡村的整体道德水平，促进农村内部以及相邻村落之间的经济文化联系与发展，丰富广大民众的精神文化生活，传承中华优

秀传统文化等方面，民间信仰仍发挥着一定的积极作用。尽管如此，但不可否认，民间信仰目前还存在不少问题。因此，在新农村建设中，一定要加强对民间信仰的正确引导和监管，并通过多种途径规避其负面影响。

1. 加快发展农村生产力

农民信仰领域的问题常常与多种原因有关，其中，贫困就是极其重要的原因之一。从现实情况来看，只有广大农民真正富裕起来，他们才可能真正地重视现代教育，才可能更充分地享受现代物质文化生活，才可能真正地远离愚昧和迷信。因此，让农民逐步摆脱贫困并走向富裕，无疑是广大农民自觉加强与现代文明联系的重要条件。不仅如此，广大农民价值观的变化，也会影响着他们的精神信仰。与传统的农民群体相比，新时期农民的信仰已发生了一定的变化，如一些人的信仰难免会受其切身利益的影响。在此背景下，脱离广大农民的生活、生产实际单纯地宣扬某些信仰，就不一定奏效。也就是说，经济利益往往对精神信仰有一定的影响。反过来讲，只有广大民众具备了一定的经济实力，他们的精神信仰才不会轻易受外界的影响而改变。当前，之所以民间信仰还有一定的生存空间，无非是因为有现实需求。此外，一些民众之所以会被邪教组织利用，不仅是因为其警惕性不高，而且也可能是因为无钱治病便铤而走险，如邪教组织常常打着"治病不花钱"的幌子蒙骗百姓。由此可见，因为经济实力不足而易受眼前利益诱惑常常是一些人遭遇伪科学甚至邪教组织欺骗的重要原因之一。故而，"加快农村整体的经济发展，解决农民的收入问题，是促进农村社会秩序稳定并且进一步巩固农民政治信仰的重要举措"[①]。

因此，在新农村建设中，我们要团结农村信教群众与不信教群众，采取积极有效的措施，大力发展农村的生产力，让他们齐心协力建设自己的家园，使其真正富裕起来。在此过程中，我们要注重激发农村信众的服务热情，培育并提升其民主法制意识和大局意识，积极引导广大民间信仰信众参与社会主义新农村建设。建设社会主义新农村，要调动一切积极因素，就不能忽视这类群体的力量。在广大民间信仰群众中，也不乏一些很有才能的人，如果他们能积极投入到新农村建设之中去，肯定会对新农村建设产生促进作用。因此，在新农村建设中，我们要竭力激发和调动民间信众的积极性和创造性，并逐步引导他们树立艰苦奋斗的致富精神，用科

---

① 郝涛：《农民信仰问题实证研究》，《太原师范学院学报》（社会科学版）2010 年第 6 期。

学知识武装自己的头脑，树立科学的精神信仰，创造美好的生活。

2. 努力提高农民的文化素质

就当前民间信众的基本状况而言，其对民间信仰的态度难免受其科学文化水平与思想道德素质的影响。民间信仰的大部分信众之所以是老人、妇女，主要有两方面原因：一是他们的文化水平普遍较低；二是一些老人、妇女爱贪图小恩小惠。不仅如此，也与广大农村的劳动力分布情况有关。在多数情况下，农村青壮年劳动力因迫于生计常常会进入城市谋求发展机会，而大多数老人和妇女则会留守在村中。因为他们的精神文化生活往往比较贫乏，因此，貌似丰富多彩的民间信仰活动就常常会吸引他们的注意力。此外，相比较而言，农村的经济社会发展水平较低，加之农村社会保障体系还不健全，因此，一些农民不仅并不富裕，而且还常常会出现因病致贫、返贫的现象。在上述情况下，为了寻求精神寄托，他们就可能会参与民间信仰活动。

当前，不少农村的文化基础设施还比较落后，一些农民的精神文化生活还比较匮乏，一些农民的科学文化素养还有待提高。众所周知，文化素养是树立科学精神信仰的重要基础。因此，不提升广大农民的科学文化素养，就很难使科学的精神信仰获得农民的普遍青睐与欢迎。为了树立科学的精神信仰，就要通过发展义务教育和中、高等职业教育，使农民这个特殊群体在接受科学文化教育的过程中，提升文化素养，并自觉舍弃和抵制落后的精神信仰，将自身的精神信仰与社会主义新农村建设的伟大事业相结合，积极树立科学的精神信仰。为此，在新农村建设中，我们要进一步加大基础教育的投入力度，切实改善农村教育条件，加快农村教育师资培养，加大农村成人教育力度。不仅如此，我们还要通过多种途径繁荣农村文化生活，充实农民的精神世界，提倡科学的、积极的、健康向上的精神信仰，鼓励广大农民早日成为新型农民。今天，文化下乡活动已经成为一种常态。内容丰富、形式多样的文化下乡活动虽然涉及范围有限，但其在活跃农村文化生活中所发挥的作用却是不容忽视的。因此，在文化下乡活动的基础上，我们还应该探寻更多的途径去繁荣乡村文化，以满足广大农民精神文化需要。当然，在乡村文化建设及农民精神信仰的培育过程中，我们也不能忽视传统地方文化的巨大作用，如乡规民约等。在长期的生产、生活中逐渐形成的传统乡土文化，由于其特有的本源性更易获得当地人的认同，因此，其在当地的道德教化作用往往比较突出甚至还会被一些人奉为行为准则。因此，我们可以汲取乡村优秀传统地方文化，丰富社会主义文化的价值体系，培育广大农民科学的精神信仰，以促进社会主义新农村建设。

3. 提升民间信仰的文化品位

在新农村建设中，对于民间信仰中比较合理和优秀的部分，我们应该深入挖掘，并对它们进行必要的规范和引导；对于民间信仰中消极落后的部分，我们要坚决摒弃。这不仅是乡村精神文明建设的需要，也是提升民间信仰文化品位的需要。反过来讲，提升民间信仰的文化品位也是促进民间信仰健康发展，促进新农村建设的重要举措之一。为提升民间信仰的文化品位，我们可以从两个方面去尝试：首先，对民间信仰中的良风美俗要深入挖掘并大力发扬，尤其是其所承载的中华民族传统美德；对于民间信仰所蕴含的文化精神，尤其是与社会主义核心价值观相一致的文化精神，要科学地宣传践行；对于像炎黄、孔孟、屈原、关羽等历史人物故事，可以编写成公众读物；对民间信仰的相关活动及其主张，要取其精华，去其糟粕，积极引导，促进其向现代文明靠拢。其次，要深入发掘民间信仰文化的当下价值，使民间信仰在乡村精神文明建设中发挥更大的积极意义。近年来，在一些地区，民间信仰文化已成为当地的一种文化旅游资源，对当地经济社会的发展产生了一定的影响，取得了较好的效果，有值得借鉴的地方，如关中地区的一些大型民间祭祀活动。总之，提升民间信仰的文化品位，大力宣传民间信仰与时代精神相吻合的积极成分，无疑有利于规避民间信仰的负面影响，有利于促进乡村精神文明建设。

4. 用社会主义核心价值观引领民众的精神信仰

在社会转型背景下，因多种因素的影响，广大民众的价值观及其精神信仰也难免会发生一定的变化。在此形势下，对民间信仰尤其是广大民众的精神信仰进行积极引导无疑是十分必要的。为此，我们要通过丰富多彩的乡村文化活动，将广大民众的精神信仰追求与其致富奔小康的理想信念相结合，用社会主义核心价值观去引领民众的精神信仰，以增强其抵御精神信仰危机的能力。

为此，社会主义核心价值体系建设应该主导广大乡村的精神文化建设，并以此引领广大民众树立科学的世界观、人生观、价值观，引导他们树立社会主义共同理想信念，进而自觉努力践行社会主义荣辱观，在日常生活中养成文明的生活风气和健康的生活方式，以营造知荣辱、讲正气、促和谐的社会氛围和风尚。与此同时，还要积极引导广大民众加强自我管理，以提升其自律意识和践行社会主义核心价值观的自觉性。总之，在新农村建设中，我们要以社会主义核心价值观引领民众的精神信仰，将广大民众对于未来的美好憧憬与科技致富相结合，用先进的科学文化知识武装他们的头脑，充分调动广大民众建设社会主义新农村的积极性，将其精神信仰追求转化为先进的生产力，去创造美好的明天。

5. 正确引导和规范民间信仰活动，促进其健康发展

绝大多数地区的民间信仰不仅历史悠远，而且文化内涵丰富。长期以来，民间信仰在我国广大民间社会发挥着不可替代的作用，它常常是原生态的民间文化，与广大民众的日常生活息息相关，是中华文化不可或缺的组成部分。在历史演进之中，虽然民间信仰有一定的发展变化，但不少"旧"的习俗仍有较为顽强的生命力，并依旧在现代社会发挥着一定的作用。尽管如此，滋生于特定历史文化背景下的"旧"习俗难免与现代文明存在不相适应的地方。当前，国家正在全面建设小康社会。在此背景下，广大人民更应关注现代科技与现代文化的作用。因而，民间信仰的负面影响尤其是反现代化的消极影响必然不利于社会的发展与进步。因此，在新农村建设中，我们有必要对民间信仰加强引导，并力争将其"旧"习俗转换成符合当代价值观念的新型民间文化，使其更好地融入当下民众的精神文化生活，并发挥更大的积极意义。当前，民间信仰在与现代社会的融合过程中还有许多实际问题亟待解决。因此，促进民间信仰健康发展仍然是乡村精神文明建设的一项重要任务。

6. 依法管理民间信仰事务

当前，我国广大乡村的民主法治建设已经取得了一定成绩。乡村法制建设的巨大进步无疑为依法管理民间信仰事务奠定了基础，提供了便利。依法管理民间信仰事务，不仅能保证民间信仰在合法的轨道中运行，而且有利于抵御不良思想的渗透和侵蚀，也有利于打击打着民间信仰幌子的违法犯罪活动。因此，无论在任何时候，任何人都不能以信仰自由和政教分离原则为借口，无视依法管理民间信仰事务的必要性。众所周知，在民间信仰监管方面，首要问题在于对民间信仰活动的规范化管理，因而，我们要不断健全有关民间信仰活动管理的规章制度，积极运用法律手段应对民间信仰活动中潜在的风险和隐患。

从中国民间信仰的现状和特点来看，依法管理民间信仰事务的关键是

对有民族文化背景甚至国际文化背景的民间信仰问题及广大乡村地区时而出现的非法信仰活动的监管和引导。为了维护正常的社会秩序，促进经济社会健康发展，我们要加大普法教育，让广大民众及民间信仰组织知法守法，不触犯法律的底线。与此同时，在处理民间信仰问题引发的各类矛盾纠纷的时候，我们也必须坚持以法律手段为主，来维护法律的尊严，并提高法律的震慑力。对于邪教组织，我们不仅要加强相关立法，而且时刻要提高警惕，群防群治，尽可能地压缩甚至剥夺邪教组织的活动空间，以防范和抵御境外敌对势力和民族分裂势力在民间信仰的掩护下从事违法犯罪活动，确保我国民间信仰活动的健康有序发展。当然，在此过程中，我们一定要坚持实事求是与就事论事的原则，既不能伤及无辜，也不能把问题扩大化，以避免引起社会动荡。对相关人员也区别对待，对犯罪分子要严厉打击，对广大不明真相的信众，要以教育引导为主。不仅如此，还要照顾到广大群众的合理诉求，主动帮助他们克服困难，并尽可能地满足广大群众的精神文化生活需求，使其自觉向现代文明靠拢。为此，在新农村建设中，我们不仅要加强普法教育，而且要加强精神文明建设。

包括农民在内，任何人都是社会的人，因此，农民的精神面貌和思想意识不仅关乎农民个人的发展，而且关乎农村社会的和谐稳定，甚至关乎整个社会主义和谐社会构建的成败。当前，在广大农村地区，一些民间信仰仍带有浓厚的封建迷信色彩，这样的信仰及其活动往往有一定的负面影响，甚至还可能危害广大信众的生命财产安全。当前，民间信仰在某些地区有泛滥之势。对此，我们一定要保持清醒的头脑，要密切关注民间信仰的发展势态，要透过现象看本质，要认真研究民间信仰问题所折射出来的深层次的思想观念问题，尽力满足广大民众的精神文化需求，让广大民众以奋发有为的精神状态投身于社会主义新农村建设和社会主义和谐社会建设的伟大实践之中。因此，在新农村建设中，我们务必要加强教育引导，让广大民众扬长避短，自觉舍弃那些腐朽消极的精神信仰，以饱满的精神状态致富奔小康。

当然，提高广大民众的整体素质，重新建构民众的精神信仰绝非易事，更不可能一蹴而就。因此，我们不仅要有长久的计划，而且要从眼前做起。与此同时，还要双管齐下——既要丰富广大民众的精神文化生活，为精神信仰的转变提供良好的外部环境和重要的契机，又要提高广大民众的科学文化素养，使他们有重建精神信仰的内在动机。当然，经济基础决定上层建筑，要重建广大民众的精神信仰，也要以发展乡村经济为基础。在新农村建设中，我们务必不断完善广大乡村的社会保障体系。与此同时，要大力加强马克思主义、科学社会主义及社会主义核心价值观的宣传与教育，用科学的思想指引广大民众朝着科学的精神信仰迈进。在此过程中，还必须积极引导广大民众走科技兴农之路，让他们认识到科技的力量——既可以破除歪理邪说，也可以发家致富。

尽管我们主张扬长避短，要促进民间信仰向现代文明靠拢，但并不意味着认同根除民间信仰的主张。这种主张不仅是不现实的，也是不科学的。无论从学理来讲，还是从实际情况来讲，民间信仰仍将在中国广大乡村长期存在。因此，我们始终要以科学的态度看待民间信仰。有好说好，有坏说坏，绝不能以偏概全，更不能意气用事。否则，将酿成大错，甚至会危害社会稳定。在新农村建设中，扬长避短仍然是做好民间信仰工作的基本原则。为此，我们起码要做到以下两点：第一，积极发掘并发挥民间信仰的当下价值。民间信仰既然存在，就自然有其合理性。因此，在乡村文明建设中，发掘并发挥民间信仰的当下价值无疑是十分必要的。如民间信仰宣传的某些道德观念，对现代人仍有一定的教化作用；祭祖中对祖宗高风亮节的颂扬，必然有利于传承美好家风，有利于家族成员身份认同；自然崇拜中的生态伦理思想有利于增强人们的环保意识，有利于促进社会可持续发展；对一些英雄人物的崇拜有利于传承中华民族的传统美德。因此，继承民间信仰中的优秀思想观念，并使之融入现代乡风文明建设之中，无疑能促进社会主义新农村建设。第二，尽可能地规避民间信仰的负面影响。在传承民间信仰优秀思想观念的同时，我们也应该清楚地看到，民间信仰中并不全是先进的、优秀的思想观念，还包括不少消极、落后的思想观念如封建迷信等。这些思想观应该是民间信仰的糟粕部分，会对人们精神生活产生负面影响，甚至会危害社会的安全稳定。因此，在新农村建设中，我们既要发掘并弘扬民间信仰的当下价值，又要尽力规避民间信仰的负面影响。

参考文献

一　专著、编著（按第一作者姓氏拼音首字母顺序排列）

1. 安德明：《天人之际的非常对话》，中国社会科学出版社 2003 年版。

2. ［美］艾尔曼：《经学、政治与宗族：中华帝国晚期常州今文学派研究》，赵刚译，江苏人民出版社 1998 年版。

3. （汉）班固：《汉书》，许嘉璐编译，汉语大词典出版社 2004 年版。

4. ［加］卜正民：《为权力祈祷：佛教与晚明中国士绅社会的形成——海外中国研究》，张华译，江苏人民出版社 2005 年版。

5. ［法］皮埃尔·布迪厄、［美］华康德：《实践与反思——反思社会学导引》，李猛、李康译，中央编译出版社 1998 年版。

6. 《春秋穀梁传》，承载译注，上海古籍出版社 2004 年版。

7. 程俊英、蒋见元：《诗经注析》，中华书局 1999 年版。

8. （晋）陈寿：《三国志》，许嘉璐主编，汉语大词典出版社，2004 年版。

9. 曹景清：《黄河边的中国一个学者对乡村社会的观察与思考》，上海文艺出版社 2000 年版。

10. 常建华：《明代宗族研究》，上海人民出版社 2005 年版。

11. 程维荣：《中国近代宗族制度》，学林出版社 2008 年版。

12. 程蔷、董乃斌：《唐帝国的精神文明——民俗与文学》，中国社会科学出版社 1996 年版。

13. 《大学·中庸》，王国轩译注，中华书局 2007 年版。

14. 董晓萍、［法］蓝克利：《陕山地区水资源与民间社会调查资料集（第四集）》，中华书局 2003 年版。

15. 段友文：《黄河中下游家族村落民俗与社会现代化》，中华书局 2007 年版。

16. 段自成：《清代北方官办乡约研究》，中国社会科学出版社 2009 年版。

17. 戴康生、彭耀：《宗教社会学》，社会科学文献出版社 2007 年版。

18. ［美］杜赞奇：《文化、权力与国家：1900—1942 年的华北农村》，王福民译，江苏人民出版社 2004 年版。

19. （唐）房玄龄等：《晋书》，许嘉璐编译，汉语大词典出版社 2004 年版。

20. 冯尔康等：《中国宗族史》，上海人民出版社 2008 年版。

21. 冯天策：《信仰导论》，上海人民出版社 1992 年版。

22. 费成康主编：《中国的家法族规》，上海社会科学出版社 2003 年版。

23. 费孝通：《乡土中国生育制度》，北京大学出版社 1998 年版。

24. 费孝通：《乡土中国》，上海世纪出版集团 2007 年版。

25. ［英］莫里斯·弗里德曼：《中国东南的宗族组织》，刘晓春译，上海人民出版社 2000 年版。

26. ［英］冯客：《近代中国之种族观念》，杨立华译，江苏人民出版社 1999 年版。

27. （春秋）管仲：《管子》，谢浩范、朱迎平译注，贵州人民出版社 1996 年版。

28. 《国语》，上海师范大学古籍整理组校点，上海古籍出版社 1978 年版。

29. 《国语》，邬国义、胡果文、李晓路译注，上海古籍出版社 1994 年版。

30. 郭于华：《仪式与社会变迁》，社会科学文献出版社 2000 年版。

31. 谷生然：《社会信仰论》，中国社会科学出版社 2009 年版。

32. 顾希佳：《社会民俗学》，黑龙江人民出版社 2003 年版。

33. 高丙中：《民俗文化与民俗生活》，中国社会科学出版社 1994 年版。

34. （唐）韩愈：《韩昌黎全集》，世界书局 1931 年版。

35. （战国）韩非子：《韩非子》，陈秉才译注，中华书局 2007 年版。

36. 贺雪峰：《乡村社会关键词：进入 21 世纪的中国乡村素描》，山东人民出版社 2010 年版。

37. 侯杰、范丽珠：《世俗与神圣——中国民众宗教意识》，天津人民出版社 2001 年版。

38. 何星亮：《中国图腾文化》，中国社会科学出版社 1992 年版。

39. ［美］黄宗智：《华北的小农经济与社会变迁——中国乡村社会研究丛书》，中华书局 2000 年版。

40. （汉）贾谊：《新书》，上海古籍出版社 1988 年版。

41. 金泽：《中国民间信仰》，浙江教育出版社 1989 年版。

42. （春秋）孔子：《论语》，张燕婴译注，中华书局 2007 年版。

43. （春秋）老子：《道德经》，崔仲平译注，黑龙江人民出版社 2004 年版。

44. （南朝宋）刘义庆：《世说新语》，余嘉锡笺疏，中华书局 1983 年版。

45. （汉）刘安：《淮南子》，赵宗乙译注，黑龙江人民出版社 2003 年版。

46. （汉）刘向：《说苑》，台湾商务印书馆 1979 年版。

47. （汉）陆贾：《新语》，王利器校注，中华书局 1986 年版。

48. 《礼记》，杨天宇译注，上海古籍出版社 2004 年版。

49. 《礼记·孝经》，胡平生、陈美兰译注，中华书局 2007 年版。

50. 李德顺：《新价值论》，云南人民出版社 2004 年版。

51. 李圣华：《高启诗选》，中华书局 2005 年版。

52. 李学勤：《礼记正义》，北京大学出版社 1999 年版。

53. 李用兵：《中国古代法制史话》，中共中央党校出版社 1991 年版。

54. 梁漱溟：《乡村建设理论》，邹平乡村书店出版 1937 年版。

55. 吕红平：《农村家族问题与现代化》，河北大学出版社 2001 年版。

56. 刘晓春：《仪式与象征的秩序》，商务印书馆 2004 年版。

57. 刘友田：《村民自治——中国基层民主建设的实践与探索》，人民出版社 2010 年版。

58. 刘志军：《乡村都市化与宗教信仰变迁：张店镇个案研究》，社会科学文献出版社 2007 年版。

59. （战国）孟子：《孟子》，杨伯峻译注，中华书局 1960 年版。

60. （战国）孟子：《孟子》，金良年译注，上海古籍出版社 2004 年版。

61. （战国）墨子：《墨子卷三·尚同下》，吴毓江校注，孙启治点校，中华书局 1993 年版。

62. （战国）墨子：《墨子》，李晓龙译注，中华书局 2007 年版。

63. 毛泽东：《毛泽东选集》，人民出版社 1991 年版。

64. 《马克思恩格斯全集》，中央编译局编译，人民出版社 1972 年版。

65. 牛铭实：《中国历代乡约》，中国社会出版社 2005 年版。

66. （宋）欧阳修：《欧阳修全集》，中华书局 2001 年版。

67. 瞿明安、郑萍：《沟通人神：中国祭祀文化象征》，四川人民出版社 2005 年版。

68. ［俄］A. 恰克诺夫：《农民经济组织》，萧正洪、陈越光译，中央编译出版社 1996 年版。

69. 《尚书》，李民、王健译注，上海古籍出版社 2004 年版。

70. （汉）司马迁：《史记》，许嘉璐编译，汉语大词典出版社 2004 年版。

71. （明）宋濂：《元史》，许嘉璐编译，汉语大词典出版社 2004 年版。

72. 石元康：《当代西方自由主义理论》，上海三联书店 2000 年版。

73. 石云霞：《新中国成立以来中国共产党思想理论教育历史研究》，中国社会科学出版社 2007 年版。

74. 宋兆麟：《巫觋——人与鬼神之间》，学苑出版社 2001 年版。

75. ［美］道格拉斯·C. 诺思：《经济史中的结构与变迁》，陈郁、罗华平译，上海三联书店上海 1994 年版。

76. ［美］施坚雅：《中国农村的市场和社会结构》，史建云、徐秀丽译，中国社会科学出版社 1998 年版。

77. （元）脱脱：《宋史》，许嘉璐编译，汉语大词典出版社 2004 年版。

78. （元）脱脱：《辽史卷六十二·刑法志》，许嘉璐编译，汉语大词典出版社 2004 年版。

79. （唐）吴兢：《贞观政要》，骈宇骞、骈骅译注，中华书局 2009 年版。

80. （汉）王充：《论衡》，方家常译注，贵州人民出版社 1993 年版。

81. 王沪宁：《当代中国村落家族文化》，上海人民出版社 1999 年版。

82. 王铭铭：《村落视野中的文化与权力》，生活·读书·新知三联书店 1997 年版。

83. 王铭铭、王斯福：《乡土社会的秩序、公正与权威》，中国政法大学出版社 1997 年版。

84. 王仲田、詹成付主编：《乡村政治——中国村民自治的调查与思考》，江西人民出版社 1999 年版。

85. 王禹：《我国村民自治研究》，北京大学出版社 2004 年版。

86. 王雅林：《人类生活方式的前景》，中国社会科学出版社 1997 年版。

87. 王献忠：《中国民俗文化与现代文明》，中国书店 1991 年版。

88. 王景琳、徐匋主编：《中国民间信仰风俗词典》，中国文联出版公司

1992 年版。

89. 王长金:《传统家训思想通论》,吉林人民出版社 2006 年版。

90. 闻钧天:《中国保甲制度》,商务印书馆 1935 年版。

91. 乌丙安:《中国民俗学》,辽宁大学出版社 1985 年版。

92. 乌丙安:《中国民间信仰》,上海人民出版社 1998 年版。

93. 武文:《文化学论纲——社会文化人类学的解读》,兰州大学出版社 2000 年版。

94. 〔德〕马克斯·韦伯:《经济与社会》,阎克文译,上海人民出版社 2010 年版。

95. 〔德〕马克斯·韦伯:《社会学的基本概念:经济行动与社会团体》,顾忠华等译,广西师范大学出版社 2011 年版。

96. (战国)荀子:《荀子》,高长山译注,黑龙江人民出版社 2004 年版。

97. 萧公权:《中国政治思想史》(上、下),汪荣祖译,台湾联经出版社 1981 年版。

98. 肖唐镖、邱新有、唐晓腾:《多维视角中的村民直选:对十五个村委会选举的观察研究》,中国社会科学出版社 2001 年版。

99. 徐大同总主编:《西方政治思想史(第三卷)》,天津人民出版社 2005 年版。

100. 徐勇:《非均衡的中国政治:城市与乡村比较》,中国广播电视出版社 1992 年版。

101. 徐勇:《中国农村村民自治》,华中师范大学出版社 1997 年版。

102. 徐勇:《乡村治理与中国政治》,中国社会科学出版社 2003 年版。

103. 徐勇、徐增阳:《流动中的乡村治理:对农民流动的政治社会学》,中国社会科学出版社 2003 年版。

104. 徐勇、项继权主编:《村民自治进程中的乡村关系》,华中师范大学出版社 2003 年版。

105. 徐勇:《现代国家乡土社会与制度建构》,中国物资出版社 2009 年版。

106. 徐汉明:《中国农民土地持有产权制度新论》,社会科学文献出版社 2009 年版。

107. 徐良高:《中国民族文化源新探》,社会科学文献出版社 2002 年版。

108. 袁贵仁:《价值学引论》,云南人民出版社 1991 年版。

109. 于琨奇:《现代生活方式与传统文化》,科学出版社 2002 年版。

110. （战国）庄子：《庄子》，张耿光译注，贵州人民出版社 1992 年版。

111. （战国）庄子：《庄子》，孙通海译注，中华书局 2007 年版。

112. （汉）刘向：《战国策》，缪文远译注，中华书局 2007 年版。

113. 《周礼》，林尹译注，王云五编，台湾商务印书馆 1979 年版。

114. 《周易》，黄寿祺、张文善译注，上海古籍出版社 2007 年版。

115. （春秋）左丘明：《左传》，李梦生译注，上海古籍出版社 2004 年版。

116. （宋）张载：《张载集》，章锡琛点校，中华书局 1978 年版。

117. （宋）曾巩：《曾巩集·与孙司封书》，陈杏珍、晁继周点校，中华
书局 1998 年版。

118. （清）赵尔巽：《清史稿》，中华书局 1976 年版。

119. 《治家格言》，吴敏霞、杨居让、候蔼奇译注，三秦出版社 1998
年版。

120. 国家教育委员会组织编：《中国传统道德》，中国人民大学出版社
1995 年版。

121. 中共中央文献研究室：《三中全会以来重要文件选编》（上、下），
人民出版社 1982 年版。

122. 晁福林：《先秦社会形态研究》，北京师范大学出版社 2003 年版。

123. 赵秀玲：《中国乡里制度》，社会科学文献出版社 2002 年版。

124. 赵世瑜：《狂欢与日常——明清以来的庙会与民间社会》，生活·读
书·新知三联书店 2002 年版。

125. 钟敬文：《民俗学概论》，上海文艺出版社 1998 年版。

126. 钟明善：《中国传统文化精义》，西安交通大学出版社 2009 年版。

127. 郑振满、陈春声主编：《民间信仰与社会空间》，福建人民出版社
2003 年版。

128. 张厚安：《中国农村村级治理：22 个村的调查与比较》，华中师范大
学出版社 2000 年版。

129. 张静：《现代公共规则与乡村社会》，上海书店出版社 2006 年版。

130. 张静：《基层政权：乡村制度诸问题》，上海人民出版社 2007 年版。

131. 张维新：《中国古代法制史学史研究：以历代古籍为中心》，上海人
民出版社 2012 年版。

132. 庄孔韶主编：《人类学通论》，山西教育出版社 2004 年版。

二　论文（包括学位论文及报纸、杂志、网站上的文章）（按第一作者姓氏拼音首字母顺序排列）

1. 艾潇：《当前我国民间信仰问题的现状及对策思考》，《云梦学刊》2009 年第 6 期。

2. 白墨：《金钱博弈下的龙门村 "大选"》，《新西部》2008 年第 12 期。

3. 陈菲、王凤英、李现曾：《中国传统文化中的不同价值观群体及其评价》，《中共宁波市委党校学报》2001 年 6 期。

4. 陈保亮：《宗族势力活动：一个必须高度重视的社会问题》，《学习论坛》1997 年第 7 期。

5. 陈传善：《论民间信仰对社会主义新农村建设的影响》，《宿州学院学报》2009 年第 6 期。

6. 陈明文：《我国现代化进程中对民间信仰的批判引导及其启示》，《理论学习与探索》2005 年第 5 期。

7. 陈瑞：《以款县虹源王氏为中心看明清徽州宗族的婚姻圈》，《安徽史学》2004 年第 6 期。

8. 陈春声：《正统性、地方化与文化的创新》，《史学月刊》2001 年第 1 期。

9. 陈新专、符得团：《传统家训道德培育的当代启示》，《甘肃社会科学》2011 年第 5 期。

10. 《 "吹牛" 也要纳税——宝鸡县功镇虚报果树面积吞苦果》，《当代法学》1996 年第 2 期。

11. 崔智友：《中国村民自治的法学思考》，《中国社会科学》2001 年第 3 期。

12. 程伟礼：《对中国古代村社组织历史和理论的思考》，《苏州大学学报》（哲学社会科学版）1997 年第 1 期。

13. 程同顺：《村民自治对中国政治发展的影响》，《中共天津市委党校学报》2002 年第 1 期。

14. 党晓虹：《论传统水利规约对当代干旱地区村民用水行为的影响——以山西四社五村为例》，《兰州学刊》2010 年第 10 期。

15. 丁华东：《会社在徽州区域社会研究中的意义——以明清之际的徽州民间会社为分析中心》，《探索与争鸣》2004 年第 12 期。

16. 丁玲玲：《泉州民间信仰的多元化和功利性》，《经济与社会发展》

2004 年第 6 期。

17. 段自成:《清代前期的乡约》,《南都学坛》(哲学社会科学版) 1996 年第 5 期。

18. 段自成:《清代乡约长的官役化与乡约教化的效果》,《平顶山师专学报》2003 年第 3 期。

19. 傅衣凌:《中国传统社会:多元的结构》,《中国社会经济史研究》1988 年第 3 期。

20. 范丽珠:《公益活动与中国乡村的社会资源》,《社会》2006 年第 5 期。

21. 范正义:《20 世纪 80 年代以来基督教与民间信仰关系研究述评》,《福建师范大学学报》(哲学社会科学版) 2005 年第 6 期。

22. 范素平:《我国村民自治的意义、问题及对策》,《社科纵横》2011 年第 3 期。

23. 冯尔康:《中国宗族的历史特点及其史料》,《社会科学战线》2011 年第 7 期。

24. 关传友:《徽州宗谱家法资料中的植树护林行为》,《北京林业大学学报》(社会科学版) 2003 年第 4 期。

25. 高师宁:《当代中国民间信仰对基督教的影响》,《浙江学刊》2005 年第 2 期。

26. 郭正林:《中国农村权力结构中的家族因素》,《开放时代》2002 年第 3 期。

27. 郭正林:《乡村治理及其制度绩效评估:学理性案例分析》,《华中师范大学学报》(人文社会科学版) 2004 年第 4 期。

28. 郭正林:《乡镇政权缘何会干预村委会选举——基于博弈论的分析与对策探讨》,《行政论坛》2010 年第 3 期。

29. 高丙中:《作为非物质文化遗产研究课题的民间信仰》,《江西社会科学》2007 年第 3 期。

30. 胡锦涛:《坚定不移沿着中国特色社会主义道路前进　为全面建成小康社会而奋斗——在中国共产党第十八次全国代表大会上的报告》,《党建》2012 年第 12 期。

31. 胡立娟:《构建和谐社会视野下的农民宗教信仰问题研究》,硕士学位论文,东北师范大学,2008 年。

32. 胡英泽：《水井碑刻里的近代山西乡村社会》，《山西大学学报》（哲学社会科学版）2004 年第 2 期。

33. 胡荣：《村民委员选举中影响村民对候选人选择的因素》，《厦门大学学报》（哲学社会科学版）2001 年第 1 期。

34. 胡杨：《中国农村精英研究的问题域及其整合》，《河南社会科学》2006 年第 1 期。

35. 胡金龙：《宗族势力与村民自治》，《武汉理工大学学报》2006 年第 5 期。

36. 韩龙：《与民同欢醉乐图——〈醉翁亭记〉与民同乐思想的溯源和现实意义》，《黑龙江生态工程职业学院学报》2009 年第 2 期。

37. 韩晓燕：《〈周礼〉自然资源管理思想浅论》，《兰州交通大学学报》（社会科学版）2007 年第 2 期。

38. 韩茂莉：《近代陕山地区地理环境与水权保障系统》，《近代史研究》2006 年第 1 期。

39. 贺欣：《宗族势力影响下的我国村民自治问题研究》，硕士学位论文，湖北大学，2012 年。

40. 贺雪峰、仝志辉：《论村庄社会关联——兼论村庄秩序的社会基础》，《社会学研究》2002 年第 3 期。

41. 贺雪峰：《论半熟人社会》，《政治学研究》2000 年第 3 期。

42. 郝涛：《农民信仰问题实证研究》，《太原师范学院学报》（社会科学版）2010 年第 6 期。

43. 洪彩华、刘格华：《试论我国古代家训对家庭道德建设的当代功用》，《内蒙古民族大学学报》（社会科学版）2004 年第 3 期。

44. 贾廷秀、周从标：《论民间信仰对社会主义新农村建设的影响》，《理论月刊》2007 年第 7 期。

45. 《警惕邪教死灰复燃》，2012 年 12 月 11 日，泰宁公安公共服务网（http://www.tnxgaj.com/WrzcNet _ ShowArticle.asp？WrzcNet _ ArticleID = 1527）。

46. 金泽：《民间信仰的聚散现象初探》，《西北民族研究》2002 年第 2 期。

47. 李福军：《试论中国商业广告的接受心理原则对民族传统文化的选择》，《当代文坛》2011 年第 1 期。

48. 李宝芬、马元斌：《新农村建设视阈下的文化软实力建设》，《淮北师范大学学报》（哲学社会科学版）2011 年第 4 期。

49. 李银安：《创新弘扬孝文化与构建社会主义和谐社会》，《党政干部论坛》2006 年第 4 期。

50. 李可：《论村规民约》，《民俗研究》2005 年第 6 期。

51. 李朝晖：《民间秩序的重建——从乡规民约的变迁中透视民间秩序与国家秩序的协同趋势》，《学术研究》2001 年第 12 期。

52. 李晓英：《论汉代的乡规里约》，《中州学刊》2006 年第 1 期。

53. 李德芳：《近代翟城村自治述论》，《河北大学学报》（哲学社会科学版）2001 年第 1 期。

54. 李红利：《转型期我国民众信仰引导机制的构建》，《江淮论坛》2005 年第 3 期。

55. 力量：《大学道德教育要更上一层楼——论对跨世纪人才的精神文明模塑》，《齐鲁学刊》1996 年第 6 期。

56. 刘冠文：《传统和谐文化视野下的新农村文化建设》，硕士论文，大连交通大学，2010 年。

57. 刘玉凤：《农村宗族势力的生存逻辑及治理对策》，《求实》2010 年第 7 期。

58. 林国平：《论闽台民间信仰的社会历史作用》，《福建师范大学学报》（哲学社会科学版）2002 年第 2 期。

59. 林国平：《关于中国民间信仰研究的几个问题》，《民俗研究》2007 年第 1 期。

60. 柳维本：《两汉农业生产发展探讨》，《辽宁师范大学学报》（社会科学版）1981 年第 2 期。

61. 卢黄熙、郭继民：《辩证地审视孝文化》，《岭南学刊》2006 年第 6 期。

62. 马艳：《中国孝文化的历史演进及当代重建》，硕士学位论文，延边大学，2002 年。

63. 马艳：《中国古代孝文化演进的原因探析》，《中国校外教育》（理论）2008 年第 S1 期。

64. 马莉：《传承孝文化——建立和谐家庭与社会》，《兰州学刊》2008 年第 1 期。

65. 莫天福：《浅谈宗族势力对村民自治的影响及对策》，《海南师范大学学报》2009 年第 S1 期。

66. 宁可、郝春文：《敦煌社邑的丧葬互助》，《首都师范大学学报》（社会科学版）1995 年第 6 期。

67. 潘旭涛：《民族的根与魂》，《人民日报》（海外版）2014 年 7 月 31 日第 5 版。

68. 潘剑锋、钟建华、周红英：《孝文化与农村精神文明的调查研究》，《文史博览·理论》2006 年第 2 期。

69. 潘剑锋：《建设农村新型孝文化》，《湖南社会科学》2006 年第 6 期。

70. 秦永州：《传统农民价值观念的内省》，《中国农民观察》2002 年第 5 期。

71. 饶咬成、饶丹珍：《农村青年的社会情绪研究》，《郧阳师范高等专科学校学报》2013 年第 1 期。

72. 任敏：《精英流出与农村稳定》，《甘肃理论学刊》2003 年第 5 期。

73. 孙伟平：《老庄道家价值观论纲》，《中国人民大学学报》2012 年第 3 期。

74. 孙冕：《试论乡规民约在新农村建设中的价值和功能》，《连云港师范高等专科学校学报》2006 年第 2 期。

75. 石峥、赵冉：《河北承德县查处一“门徒会”邪教组织非法活动》，2012 年 7 月 19 日，西部网（http：//news. cnwest. com/content/2012 - 07/19/content_ 6862729. htm）。

76. 舒俊：《孝文化的传统涵义及其现实意义》，《高等函授学报》2005 年第 9 期。

77. 谭飞、陈晓虎、刘书云：《西部农村“信仰流失”警示》，《瞭望》2007 年第 6 期。

78. 陶琳：《西方宪政思想流变及其制度演进中的政府权力制约》，《理论月刊》2003 年第 8 期。

79. 仝志辉：《农民选举参与中的精英动员》，《社会学研究》2002 年第 1 期。

80. 台大杰：《从国家与社会研究架构比较村民自治与宗族复兴》，《中国农学通报》2009 年第 7 期。

81. 吴发明、胡秀梅：《关于中国农民传统思维方式的几点思考》，《河南机电高等专科学校学报》2001 年第 3 期。

82. 吴俊艳、吴俊蓉：《老龄化视野下的当代中国孝文化价值》，《乐山师范学院学报》2008 年第 2 期。

83. 吴智强：《民间信仰与社会主义新农村建设》，硕士学位论文，华侨大学，2008 年。

84. 吴思红：《论村民自治与农村社会控制》，《中国农村观察》2000 年第 6 期。

85. 《完善中华优秀传统文化教育指导纲要》，《中国教育报》2014 年 4 月 2 日第 3 版。

86. 王超：《凤翔血铅超标事件折射西部发展困境》，《中国青年报》2009 年 8 月 17 日经济特刊。

87. 王荷英：《民间信仰的变迁》，硕士学位论文，华中师范大学，2006 年。

88. 王勇：《论汉代下层民众的互助活动》，《中国社会经济史研究》2009 年第 1 期。

89. 王文涛：《论基于救助的汉代社会保障》，《天津师范大学学报》（社会科学版）2010 年第 3 期。

90. 王日根：《论明清乡约属性与智能的变迁》，《厦门大学学报》（哲学社会科学版）2003 年第 2 期。

91. 王涤：《关于中国现代新孝道文化特点及其功能作用的探析——兼论提倡新孝道文化中应处理好的几个关系》，《人口研究》2004 年第 3 期。

92. 王天意：《宗族的功能及其历史变迁》，《上饶师范学院学报》2005 年第 2 期。

93. 王建：《近年来民间信仰问题研究的回顾与思考：社会史角度的考察》，《史学月刊》2005 年第 1 期。

94. 王雪：《村民自治中的宗族问题》，《广西青年干部学院学报》2006 年第 3 期。

95. 王龙光：《传统文化与现代化之关系研究》，《新疆师范大学学报》2004 年第 2 期。

96. 王旭瑞：《西部地区新农村建设与乡村传统民间文化》，《人文杂志》2009 年第 1 期。

97. 魏文：《渭南市"一元剧场"破解供需难题》，《中国文化报》2012 年

4 月 11 日第 7 版。

98. 习近平：《把培育和弘扬社会主义核心价值观作为凝魂聚气强基固本的基础工程》，《当代广西》2014 年第 5 期。

99. 谢金森、张国栋、张鼎如、王福梅：《民间信仰误区的解读与矫正——新时期农民信仰问题的调查》，《福建农林大学学报》（哲学社会科学版）2004 年第 2 期。

100. 谢长法：《乡约及其社会教化》，《史学集刊》1996 年第 3 期。

101. 谢金森、张国栋、张鼎如：《民间信仰误区的解读与矫正——新时期农民信仰问题的调查》，《福建农林大学学报》（哲学社会科学版）2004 年第 2 期。

102. 萧正洪：《历史时期关中地区农田灌溉中的水权问题》，《中国经济史研究》1999 年第 1 期。

103. 肖唐镖：《宗族与村治、村选举关系研究》，《江西社会科学》2001 年第 9 期。

104. 肖唐镖：《宗族在村治权力分配与运行中的影响分析》，《北京行政学院学报》2002 年第 3 期。

105. 肖唐镖：《乡村治理中宗族与村民的互动关系分析》，《社会科学研究》2008 年第 5 期。

106. 肖唐镖：《乡村治理中农村宗族研究——在实践中认识农村宗族》，《甘肃行政学院学报》2010 年第 2 期。

107. 徐秀丽：《民国时期的乡村建设运动》，《安徽史学》2006 年第 4 期。

108. 徐勇、徐增阳：《中国农村和农民问题研究的百年回顾》，《华中师范大学学报》（人文社会科学版）1999 年第 6 期。

109. 徐勇：《县政、乡派、村治：乡村治理的结构性转换》，《江苏社会科学》2002 年第 5 期。

110. 许娟娟：《新型乡约若干问题探讨》，《法学论坛》2008 年第 1 期。

111. 项继权：《乡村关系行政化的根源与调解对策》，《北京行政学院学报》2002 年第 4 期。

112. 袁银传：《中国农民传统价值观浅析》，《毛泽东邓小平理论研究》2000 年第 1 期。

113. 袁正民：《宗族势力对村民自治的影响》，《学术论坛》2000 年第 6 期。

114. 杨春英：《别样心理别样人生——中学语文教学中的心理教育渗透》，《黑河教育》2012 年第 7 期。

115. 杨周相：《中国传统孝文化的特点及其现实意义》，《咸阳师范学院学报》2006 年第 1 期。

116. 杨力新：《孝文化对社会主义新农村建设的影响研究》，硕士论文，山东农业大学，2009 年。

117. 杨华：《战国秦汉时期的里社与私社》，《天津师范大学学报》（社会科学版）2006 年第 1 期。

118. 杨建宏：《宋代礼制与基层社会控制》，博士学位论文，四川大学，2006 年。

119. 杨建宏：《张载的礼学思想及其社会实践》，《湖南大学学报》（哲学社会科学版）2006 年第 3 期。

120. 杨嬛、左婷：《中国乡村治理中宗族功能的变迁》，《湖北民族学院学报》（哲学社会科学版）2007 年第 2 期。

121. 喻长咏：《西汉家庭结构和规模初探》，《社会学研究》1992 年第 1 期。

122. 俞可平：《更加重视社会自治》，《人民论坛》2011 年第 6 期。

123. 于海涛：《宗族因素在我国村民自治中的影响及对策》，《南京理工大学学报》2008 年第 6 期。

124. 朱晓哲：《我国社会转型时期的价值观刍议》，《河南商业高等专科学校学报》2010 年第 4 期。

125. 朱晓哲：《当代社会转型期中国农民价值观念的变迁》，硕士学位论文，重庆交通大学，2010。

126. 朱延秋：《村规民约惩戒性条款的静态分析——以人权保障为视角》，《黑龙江省政法管理干部学院学报》2007 年第 4 期。

127. 《中华人民共和国村民委员会组织法》，《人民日报》2011 年 2 月 14 日第 16 版。

128. 《西安芹菜大丰收 6 分/斤 农民自毁菜地惹争议》，2006 年 10 月 31 日，第一食品网（http：//www. foods1. com/content/77281）。

129. 张大勇：《中国社会传统人生价值观与农民价值取向特点》，《中国农业大学学报》（社会科学版）1999 年第 3 期。

130. 张晋藩：《中国古代司法文明与当代意义》，《法制与社会发展》

2014 年第 2 期。

131. 张泽想：《当前村规民约中存在的问题及其对策》，《中外法学》
1992 年第 4 期。

132. 张金光：《有关东汉侍廷里父老伴的几个问题》，《史学月刊》2004
年第 10 期。

133. 张俊峰：《前近代华北乡村社会水权的表达与实践》，《清华大学学
报》（哲学社会科学版）2008 年第 4 期。

134. 张俊峰：《油锅捞钱与三七分水：明清时期汾河流域的水冲突与水文
化》，《中国社会经济史》2009 年第 4 期。

135. 张静：《乡规民约体现的村庄治权》，《北大法律评论》（第 2 卷）
1999 年第 1 辑。

136. 张静莉：《党家村门庭家训理念及其当下价值探析》，《湖北函授大学
学报》2013 年第 6 期。

137. 张广修：《村规民约的历史演变》，《洛阳工学院学报》（社会科学
版）2000 年第 2 期。

138. 张明新：《从乡规民约到村民自治章程——乡规民约的嬗变》，《江苏
社会科学》2006 年第 4 期。

139. 张禹东：《试论中国闽南民间宗教文化的基本特点》，《华侨大学学
报》1999 年第 4 期。

140. 张祝平：《论社会主义新农村建设中的民间信仰问题》，《湖北社会科
学》2008 年第 3 期。

141. 张剑：《关于我国民间信仰问题的理论政策思考》，《中国宗教》2007
年第 7 期。

142. 张志强：《转型期民众社会主义信仰问题研究——对当前影响中国民
众社会主义信仰问题因素的归因分析》，《河南社会科学》2004 年第
6 期。

143. 张继涛、郑玉芳：《新农村体闲文化建设探析》，《湖北大学学报》
2010 年第 1 期。

144. 周文宣：《论市场在资源配置中的决定性作用》，《理论与当代》2014
年第 2 期。

145. 臧知非：《先秦什伍乡里制度试探》，《人文杂志》1994 年第 1 期。

146. 赵世瑜：《明清时期江南庙会与华北庙会的几点比较》，《史学集刊》

1995 年第 1 期。

147. 詹时窗：《传统宗教与民间信仰在海峡两岸交流中的作用》，《世界宗教研究》2001 年第 4 期。

148. 郑振满：《神庙祭典与社区空间秩序——莆田江口平原的例证》，《史林》1995 年第 1 期。

149. 郑玉秀：《论新农村建设背景下新型农民的培育和塑造》，硕士学位论文，华中师范大学，2007 年。